馮其庸文集

虞逸夫 时年九六

冯其庸文集

選堂題

2005年10月作者在白龙堆　　高海英摄

《冯其庸文集》出版说明

冯其庸先生出生于 1924 年 2 月，江苏无锡人，当代著名文史研究家、红学家、书画家。此次由他亲自授权我社出版的《瓜饭楼丛稿》由文集、评批集、辑校集三部分组成。《冯其庸文集》主要是作者撰写的学术论文和专著的新编结集，内容涉及文史研究、散文和诗词创作。作者根据以文章类别相从、以写作时间为序的原则编为 16 卷，计500 余万字。其中，《中国文学史稿》、《〈精忠旗〉笺证稿》和《瓜饭楼诗词草》均为第一次正式出版。其他各集书名虽与作者以前所出各书相同，但此次新编所收文章已有差异，作者编入了后来陆续新写的文章。

鉴于文集中作品写作年代时间跨度超过 60 年，除作者自行修正、补充之处外，作者希望在本次结集时能基本保持最初发表时的原貌，以真实反映内容、形式等多方面的时代特征。因此，在编校过程中，我们只对文章中确属误植的文字、标点和一些无歧义的异体字作了改动，并对同一卷文章中的引文、注释格式等做了适当的技术加工，使之大致统一，其他（包括属于时代、地域风貌及作者用语习惯等）则一律依旧。此外，还需要说明三点：

第一，本文集前 12 卷均采用简体横排；根据内容需要及作者意

1

愿，第13—16卷《〈精忠旗〉笺证稿》、《曹雪芹家世新考》（上、下）和《瓜饭楼诗词草》采用繁体竖排，因此二者在版式、字体、字号上也有所区别，并由作者亲自确定。

第二，《中国文学史稿》（2卷）原稿系1956—1958年间作者在中国人民大学授课时编写的讲义。因当时讲课对象是新闻系的学生，需要在听课与阅读讲义的过程中练习写作，当时高校还没有一部通行的中国古代文学作品选，所以这部自周秦至宋元的《中国文学史稿》较偏重于作品分析，引录原作较多。此次出版印行，作者仅对原讲义的某些文字与格式做了核改，一般不涉及学术观点的变动与后来研究成果的引述，以存历史原貌。

第三，基于文集分卷内容的需要，有些内容在不同卷中有重复收录者：一是诗歌。如《瓜饭楼诗词草》中有些诗歌在收录以怀念师友文章的《剪烛集》和《墨缘集》中亦有收录，如《黄山歌并序》、《题赵朴老书札》、《哭瑷仲师》等，因前者是作者诗歌的结集，自当收入；后者与各卷内容密切相关，不宜删去。二是图版。文集中所用图版，除少数老照片和戏曲剧照外，大多为作者作调查考察时亲自拍摄，是作者学术研究的一个重要组成部分。少数图版在不同卷次中有重出者，这是因为论文所及，无图不能说明问题，故必须有图。

冯其庸先生学术视野广阔，学问博大精深，著述勤勉丰富，限于我们在学养与编辑经验方面的欠缺，难免还存在着不足之处，真诚期望学者专家与读者朋友批评指正。本文集的编辑出版工作是在国家新闻出版总署领导的亲切关怀下，在作者和《瓜饭楼丛稿》的专家委员会的具体指导下进行的，也得到了中国人民大学、文化部中国艺术研究院、中华书局、人民文学出版社、国家图书馆出版社等单位的大力支持，在此一并表示崇高的敬意和衷心的感谢！

青岛出版社

2011年6月

《冯其庸文集》序

  1942 年我在无锡《锡报》上发表《闲话蟋蟀》、《浪淘沙》词等习作，到现在已快有七十年了。曾经丧乱，整个少年时代我是在日本侵略者的战火中度过的，从小学五年级开始失学，一直靠自学。我酷爱读书和写作，也喜欢书画，但因为家贫，无力上学，抗战胜利后，总算考上了无锡国专本科（1946 年春），受到了不少名师的教导，尤其是王蘧常、钱仲联、朱东润先生，对我影响更大。但那时正是解放战争时期，1946、1947 年，我又连续参加"反饥饿、反内战、反迫害"等学生运动，没有好好读书，辜负了名师的教导。但我在参加各种活动之余，也不敢放松，所以还勉强从事研究和写作。

  将近七十年来，我陆续写了一些诗词、散文、论文和专题研究的著作，现在把它编成文集。"文革"中诗词、文章有所散失，但主要部分还幸运地保全了下来。

  《秋风集》是散文集，主要是回忆童年和青年时期的文章，也有后来写的一些到大西部调查的文章，还有一些杂文和短文。

  《逝川集》是有关历史研究方面的文章。为了调查玄奘取经之路，我曾于二十年间十次去新疆：三次上帕米尔高原，一次深入塔里木盆地，直到塔里木河边；两次穿越塔克拉玛干大沙漠，第一次是在沙漠公路修建之前穿越的，另一次是在公路修通后穿越的。我还积数年的时间，整整绕塔里木盆地走了一圈。2005 年，虚岁八十三岁那年，我还穿越了罗布泊到楼兰、龙城、白龙堆、三陇沙，入玉门关到达敦煌。

为了写《项羽不死于乌江考》，曾于二十年间，前后两次从垓下经东城到乌江进行调查。凡垓下古城、灵璧、淮河南岸的钟离古城（俗称霸王城）、靠山乡之霸王寨、少十步、大泽、古阴陵城遗址、东城遗址、四溃山（虞姬墓）等处，直到乌江的项王庙，无不进行了详细的调查，终于确证项羽确是死于东城。我还到了内蒙的额济纳旗去考察古居延海，考察汉肩水金关，还到了俄国人盗宝的黑水城，见到了盗宝发掘的现场遗迹和黑水城的全貌。我还在祁连山深处，3000 米以上的崇山里找到了北魏的金塔寺。我常常以实地调查来充实自己和验证书本的记载，我写《曹雪芹家世新考》就是长期调查，包括对古文献调查的结果。

《文心集》，是偏重于古典文学研究方面的文章的结集，但从上世纪 50 年代到 70 年代末，政治运动较多，直到爆发"文化大革命"，不可能有安定的时间作研究的整体规划，所以这些文章，常常是即景而作，时间跨度也较大，写得很不集中。直到 70 年代中期以后，我才集中研究《红楼梦》。所以我将有关研究古典文学的文章都收入本集。

《春草集》是我研究古典戏曲的论文集，其中也包括我写的戏曲评论文章。我从小就喜欢戏曲，1947 年在上海，还有幸听过孟小冬的《搜孤救孤》，这是她最后一次舞台演出。1954 年到北京后，正值京剧和地方戏曲鼎盛的时期，我得以饱看当时所有名角的演出，只有程砚秋因身体关系已辍演外，其他老一辈的名角，差不多都曾反复看过。我是把听戏当作学习来对待的，所以我把演员看作是我的老师，我还与他们交了朋友，可惜老陈凋谢，不少老前辈、老朋友都已作古了。

当时全国的地方戏不断到京来汇演，因此我也看了不少地方戏，我感到中国的地方戏太丰富了，而且它们的渊源有不少比京剧还早，其中还保存着不少传统戏曲的史料，是研究戏曲史不能不重视的，可惜我没有能从这方面作进一步的探索。

《剪烛集》是我怀念师友的文章，回顾我这大半生的经历，除了父母兄长以外，我的成长是离不开师友的帮助和教诲的。平生最受教诲的，是王蘧常先生、钱仲联先生、冯振心先生和朱东润先生，1946年在无锡国专时，还受过钱穆先生的教诲。王、钱、冯、朱四位老师，我终身受教，从未间断，一直到他们逝世。

此外，我还受到社会上著名学者和艺术家的鼓励和熏陶，我到北京第一个拜识的是唐兰先生，那是因为王蘧常先生的特意介绍。之后不久，我又拜识了叶圣陶、俞平伯、顾颉刚、游国恩、周祖谟、季羡林、任继愈、周绍良、启功、张光年、何其芳、黎澍、李新诸先生，后来因郑州博物馆藏"曹雪芹画像"和讨论《再生缘》的问题，又获交郭沫若院长，承他十多次写信赐教，也曾当面商讨，正是获益甚多。绘画方面，我中学时代就幸遇诸健秋老画家，给我以热情的鼓励和教导，特许我到他家里看他作画。到北京后，又遇周怀民、许麐庐、启功先生的指点，后来又得到刘海粟、朱屺瞻、唐云、谢稚柳、杨仁恺诸大师的教导，使我得以对绘画略窥门径。我把怀念学界师友的文章，编入《剪烛集》，把怀念书画界师友的文章，编入了《墨缘集》。

《漱石集》是我研究《石头记》古抄本论文的结集。《石头记》最早的抄本是"甲戌本"、"己卯本"和"庚辰本"。我对这三个本子用力最多。幸运的是我与吴恩裕先生一起发现了"己卯本"是怡亲王府的抄本，这是《石头记》抄本研究上的一大突破。之后我又发现了

"庚辰本"是据"己卯本"抄的，而且保持了"己卯本"的原行款，也就是保持了曹雪芹原稿的款式，这对研究《石头记》的早期文字是很有用处的，这是破天荒的一次发现。"甲戌本"我发现它是一个据"甲戌"原本重编的本子，其抄定年代较晚，但其文字当是"甲戌"的旧文。我还与其他同志一起到前苏联去考察鉴定过 列宁格勒 藏 本《石头记》，并达成了两国联合出书的协议。我对《石头记》的其他重要抄本，也都作了研究，我把这些研究文字都编入了《漱石集》。

《沧桑集》是我研究曹雪芹家世的论文集，这是在《曹雪芹家世新考》以外的文章，我前后研究曹雪芹家世三十多年，曹雪芹的百年家世是经过大起大落的，最后"落了片白茫茫大地真干净"，这是真事，不是虚夸。所以我感到要真正理解《石头记》，明白曹雪芹的苦心，第一就是要弄清楚曹雪芹家世的大起大落，要弄清楚曹家的所谓巨额亏空，实际上是为康熙南巡而造成的亏空，曹家是无辜的（还有李煦家），所以《石头记》里不时流露出悲凉之感，流露出一种"怨愤"的情绪。其所以要"真事隐去"就是因为有苦无处诉，有冤无处说，说了要惹来灾祸；第二是要对明、清之际，直到曹雪芹时代的社会、经济、思想、风俗、制度等等有一个全面的了解，因为《石头记》这部书是康、雍、乾时代社会思想风俗的大综合，它具有的思想深度和社会生活广度都不是别书可比的，只有对这方面有深入的了解才能对《石头记》有深入而正确的理解；第三是必须深研《石头记》的早期原始抄本，因为这些抄本还未被后人篡改，还能够探索到《石头记》的真意，后来的本子经人篡改，总不免有局部的走样，甚至还有根本性的改变，如后四十回的思想与前八十回，就有根本性的差异。所以我认为只有对以上三个方面作深入的研究，才能正确地认识《石头记》。

我编在《沧桑集》里的这些论文，是对我的《曹雪芹家世新考》

的补充，也是专题性的深入探讨。

我的《曹雪芹家世新考》是对曹雪芹家世的专题性的考论。我在写作过程中，发现了曹雪芹家世的一系列的重要史料，我第一次运用它来论证曹雪芹的家世，包括论证曹雪芹祖籍是辽阳的问题，可以说这些新发现的十分可信的曹家的历史档案史料，为曹雪芹家世研究翻开了新的一页。此书自 1980 年问世，至今已三版，收入本集是第四版。

我把《石头记》作为小说研究的文章，另收入《解梦集》。其中有专题论文，也有短文。三十多年来，我对《石头记》的研究，主要就是"家世研究"、"抄本研究"和《石头记》故事情节、人物形象、思想等等的研究，后者的文字都归入本集。

《蒋鹿潭年谱考略》，是我 1948 年在上海合众图书馆写成的，当时顾廷龙先生是馆长，因为是王蘧常先生的特意介绍，所以我直接受到了顾老的指点的，这也是我写的第一本书。我从上海回到无锡后，讲词学的吴白匋老师继续指导我，吴先生是我毕业论文的导师，这本书也就是我的毕业论文。但原稿在"文革"中被毁了，现在的这本书，是我据当时在上海所收集到的大量原始史料重写的，1986 年由齐鲁书社初版，此次又作了少量的增补。为了配合《〈水云楼诗词〉辑校》的阅读，故把它编入辑校集，与《〈水云楼诗词〉辑校》、《重校〈十三楼吹笛谱〉》合为一书。

《中国文学史稿》，是我在 1956 年到 1958 年赶写出来的，当时讲课的对象是中国人民大学新闻系的学生，他们不仅需要了解中国文学史，而且更要学写作，但苦于没有教材，只好自己编写，所以这部《中国文学史稿》较偏重于作品的分析，为此书中引录原作较多。但由于社会的思想越来越"左"，政治运动又多，越到后来，越要求简略，连课程的钟点也大大削减了，所以没有能写完。当时是油印讲义，写好的稿子还有元、明部分，因为这部分还未印成讲义，"文化大革命"一来，原稿及后面的部分都毁了，现在根据的是当时的油印本，也是从听课的学生手中找到的，我自己的油印讲义，早在"文革"抄家时被抄了。这部讲义能重新找到，真是万幸。此次又稍稍作了修润和增补。

《瓜饭楼诗词草》，是我从小时起直到现在的一部诗词稿子，以前从未出版过，因为我自觉诗词创作虽然从小就喜欢，但却未学好，所以不敢贸然出书。到了今天，我已快九十岁了，所以略加删订，成此一集。

在这部文集中，要特别说一下的是《〈精忠旗〉笺证稿》。《精忠旗》的原作是明代的李梅实和冯梦龙写的，全文约七八万字。我从历史剧创作的角度，搜罗有关岳飞的史实，把与这部历史剧的情节有关的部分一一笺证出来，让读者看看古人是怎样运用史料创作历史剧的，一经笺证，篇幅竟增至四十多万字。编集的时候，既不能编入"评批集"，更不能编入"辑校集"，所以只好把它作为学术性的著作编入"文集"，我想读者是能理解的。

收在这部文集里的共十三种，十六卷。这是我从开始写作到今天的总和，勉强合成一集，以免散失而已。此中是非得失，敬请读者指教。

冯其庸

2010 年 5 月 2 日于瓜饭楼

《冯其庸文集》编辑凡例

一、本集所收，包括冯其庸先生的学术著作、散文创作、诗词创作三类。

二、学术著作中，除《逝川集》、《曹雪芹家世新考》、《沧桑集》、《解梦集》、《漱石集》、《剪烛集》等等以外，还包括对古籍的笺证著作，如《〈精忠旗〉笺证稿》。因《精忠旗》原文仅数万余字，而笺证的文字约有四十余万字，故作为学术著作收入本集。

三、冯其庸先生的其他各种著作及与别人合作的书，一律不收入本集。

四、为了阅读方便起见，本集采用专题编缀的方式，不采取编年方式。

五、冯其庸先生"文革"以前的诗词，基本上都已散失，现在所收，主要是"文革"以后的创作，"文革"以前的诗词，只凭记忆，回忆了若干首，略加编年。"文革"以后的诗词，采取编年的方式，少数师友赠诗及唱酬之作，亦附入原唱，并署明作者姓名。

六、冯其庸先生收入本集的文章诗词，基本上保持原发表时的文字，遇有要加说明的，则采取附记的方式加以说明。

七、凡属学术论辩的文章，因有著作权等问题，一律不附对方的论文。

《冯其庸文集》编辑委员会

2009 年 5 月 12 日

《冯其庸文集》书目

国家出版基金项目
NATIONAL PUBLICATION FOUNDATION

冯其庸文集

卷一 秋风集

青岛出版社

秋舍集

寬堂

图版目录

1.母亲

2.父亲和侄儿

3.童年读书的老屋（一）

4.童年读书的老屋（二）

5.老房子的大门

6.1943年高中一年级时在老家门口

7.常给作者送南瓜的邓大婶

8.冯巷西尽头的"一步两顶桥"（1940年前后
作者初学摄影时第一次拍摄的作品）

9.冯巷西头的河道，村民在洗涤
（作者的第一次习作）

土地房產所有證存根

蘇南區無錫縣土地房產所有證第二聯（縣存）一九五一年五月 日 字第壹仟柒號

項別	土 地		房 產

項別

區名鎮鄉名 玉祁 黃石街鄉

戶主 馮其庸　人口 二

地　可耕地 陸段　肆畝玖分玖釐
　非耕地 壹段　名畝陸分叁釐壹毫

房屋共 貳間
地基共壹段力畝壹分本釐肆毫

土地

座落種類地名畝數　四　　至長寬尺度　附屬物備考

- 塘灣圩 水旱大壙頭 壹畝式分 東鄰阿泰南阿邦 北馮宜保
- 環綸里 水田環綸裡 陸分叁釐 西大路北馮正
- 環綸里 攻墓環綸裡 壹毫式毫 東馮宗北馮宗定
- 塘濟圩 棉花田 壹畝叁釐 西馮本全鳴南唐一
- 塘濟圩 秋裕里 伍分玖釐壹毫 東馮華鑾宗南馮其庸
- 塘灣圩 水田大秩田 壹畝伍釐 西馮夫庸北馮其
- 馮巷 桑田二湯上 貳分陸釐壹毫 東邪寶慶北邪李芳

房產

座落種類地名間數　地基畝數　地基四至　地基長寬尺度附屬物備考

- 塘灣圩汽屋馮巷 貳間　壹分叁釐式毫 東西馮仲庸南古塌庫西馮仲庸南古塌庫北馮宗栽

10.1950年土改时作者分到土地房屋的档案

6

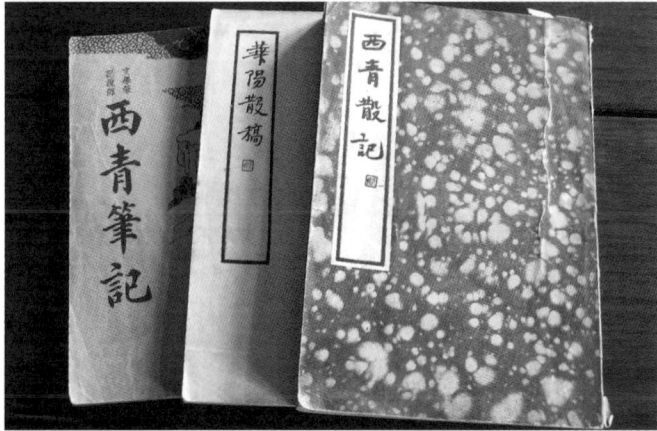

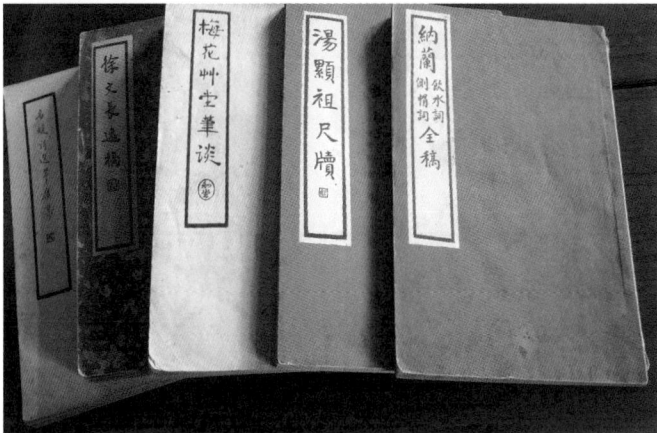

11.作者失学后所读的部分书（一）

7

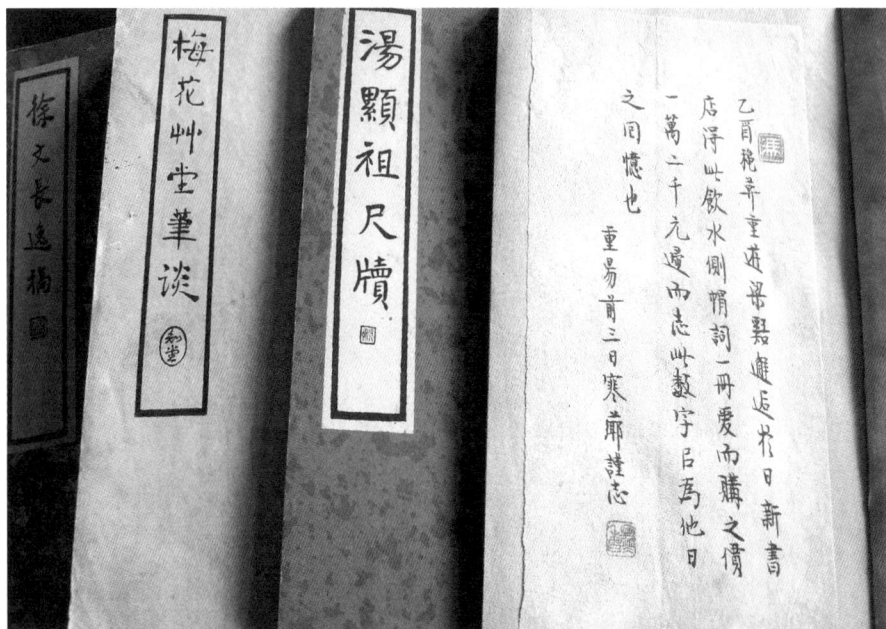

12.作者失学后所读的部分书（二）

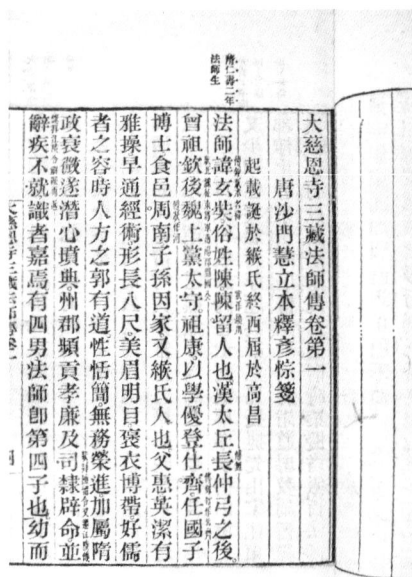

13.作者失学后读的
《大慈恩寺三藏法师传》

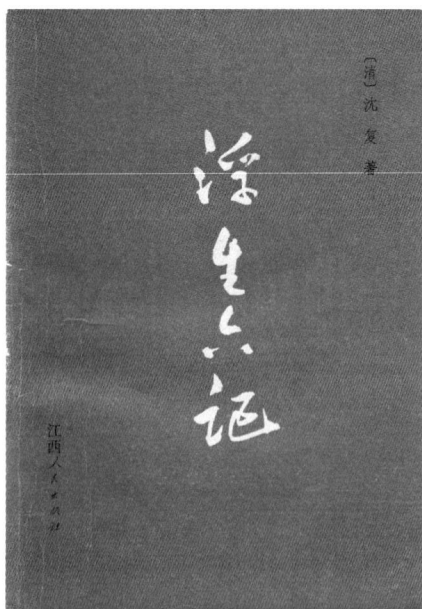

14.作者失学后读的《浮生六记》（此是现
代印本，原本是俞平伯校订本，已失落）

15. 《浮生六记》作者沈复画《水绘园图》（上海博物馆藏）

16.1942年发表在《锡报》上的散文《闲话蟋蟀》

17.1947年发表在《大锡报》上的《澄江八日记》

18.1946年在无锡国专的成绩单

19.1948年在无锡国专的毕业照

10

20. 在无锡国专的毕业合影（一）（前排右三为作者）

21. 在无锡国专的毕业合影（二），前排是老师冯励青(右三)、吴白匋(右四)、
朱东润(右五)、王震(右六)、俞锺彦(右八)、冯振(右九)、蒋石渠(右十)

無錫國專三十七年度畢業紀念刊

張元濟書簽

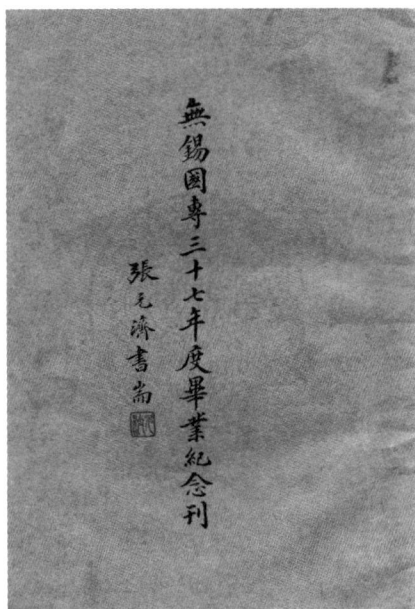

22.无锡国专毕业纪念刊封面
（张元济题签）

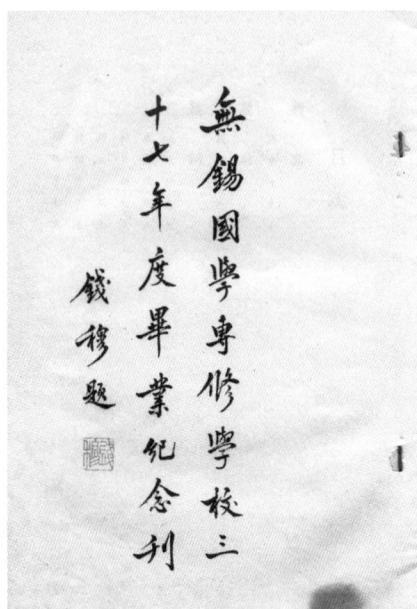

無錫國學專修學校三
十七年度畢業紀念刊

錢穆題

23.无锡国专毕业纪念刊
（钱穆题签）

24.1946至1948年在无锡国专的注册证

25.1949年4月23日参加中国人民解放军

26.1950年在无锡市第一女中

27.1955年与夫人夏菉涓在八达岭长城

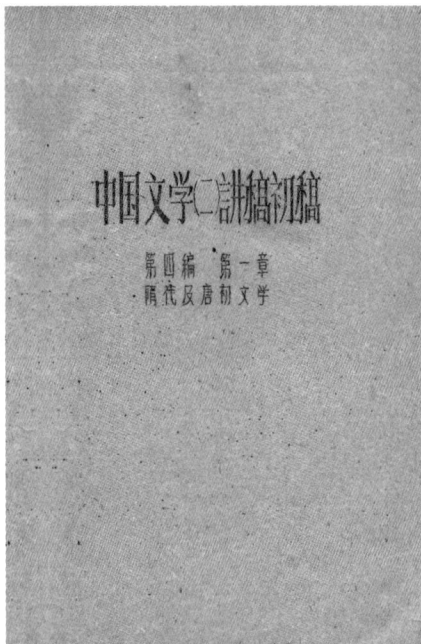

28.1956年作者编写的《中国文学
史稿》油印本封面

29.1962年作者主编的《历代文选》

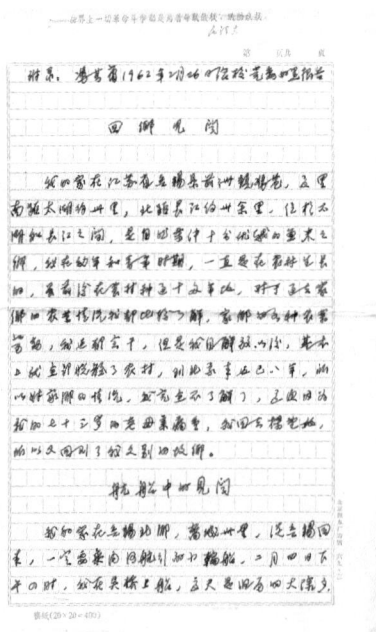

30.1962年作者写的《回乡见闻》首页

31.《回乡见闻》末页

32.1964年去西安"四清"前全家留影

长安社教工作留念 一九六五·五 北橋於王曲

33.1965年"四清"工作结束时工作队合影

材料清单　　　　　第1页

编号	材料名称	页数	备注
✓4.	工作日记	75页	
✓5.	北京日记	121页	
9.	绿皮 人民文学出版社赠日记本	82页	
✓6.	生活（人大圈纸奖）	112页	
11.	黄皮白纸笔记本	195页	
✓13.	人民文学出版社赠绿皮日记本	8页（有字）	
✓14.	人民文学出版社赠棕皮日记本	9页（有字）	
10.	黄皮白纸笔记本	163页	
✓12.	淡绿色皮白纸笔记本	92页	
✓	工作日记（淡绿皮）	7页	
✓	青年日记（有"国营苏南"字样）是同事的日记。		
✓57-58	红皮日记	100页	
面下7号	人民文学出版社赠绿皮笔记	102页	
翻面下8号	材料出版社赠绿皮日记	73页 预28页	

34. 1966年6月第一次抄家时所留清单第一页

16

材料清单   第二页

56.6月-9月   日记   乙本

56.9.-57.9.   日记   乙本

59.60.61.   日记   乙本

62.-66.   日记   乙本

57.-58.   日记   乙本

✓ 红布皮"锦"日记本   44页有字.

面上"劳伦斯的印记" 62页有字

✓ 工作日记(图案:猫和鼠儿) 8页有字.

✓ 黑皮红边 英字笔记乙本 68页.

★ 英字日记(一) 65.8.31开始 19页有字.

党支部会议记录 乙本 (英红皮记).

✓ 四本连不起 楷诗书(史抄) 21页有字(劳伦斯方本)

50.-54年日记共 9本.

英字笔记和杂记 17本

冯建晋
王永慧子

35.1966年6月第一次抄家时所留清单第二页

17

材料清单　　　　　　　　　　第三页

✓ 电话号码本　2本

✓ 1963.7.于欧和图书档案笔记本乙本

✓ 戏曲问题讨论第一册　乙本

　　　　信件：185件

　　　　诗稿：　8　件

　　　　其他材料　12　件

　　　　郧稿　3　件（关于辛弃疾）

　　　　反稿　20　件

　　　　"三国论式"讲稿　小册子反稿乙份

　　　　旧讲义　9　份

　　　　文学讲义　8　份

　　　　部分手稿　27　份

　　　　讲稿底稿　7　件

　　　　　　　　　　　　　　　冯建章
　　　　　　　　　　　　　　　王继善
　　　　　　　　　　　　　　　66.6.25.

36.1966年6月第一次抄家时所留清单第三页

18

37.1975年在黄山

38.与钱仲联先生在吴梅村墓前合影

39.麦积烟雨

40.祁连山深处之金塔寺，寺在百丈悬崖上，有危径可攀登（1998年10月3日摄）

41.小积石山

42.在腾格里大沙漠考察

43. 嘉峪关

44. 唐北庭都护府故城北门

45.唐北庭都护府故城北门之柱道遗迹

46.在塔克拉玛干大沙漠

47.塔克拉玛干大沙漠（一）

48.塔克拉玛干大沙漠（二）

49.塔克拉玛干大沙漠深处的胡杨树

50.在塔克拉玛干大沙漠南端所遇之驼群（一）

51.在塔克拉玛干大沙漠南端所遇之驼群（二）

目　录

目　录

3

自　序

收在这本集子里的文章，都是我用散文的文体写的。有一部分就是写的散文，有一部分则是我用散文写的回忆朋友的文字和序跋，最后还附了四篇长诗和我二十来岁时发表的两篇散文。这两篇散文已经是劫后的余烬了，为了纪念，所以我仍收录了它们。

古人散文的观念是很宽泛的，所以《昭明文选》里收有辞赋和诗作。我自己认为从严格的意义来说，从文体的区分来说，诗与文的形式和文体是不同的，不能互相混淆。这是研究古典文学和研究中国文学史的最起码的常识。但从另一意义来说，诗与文与辞赋，也自有其相通的一面。《孔雀东南飞》、《陌上桑》、《木兰辞》，诗也，然而它们采用的是叙事的文体。杜甫《自京赴奉先县咏怀五百字》、《北征》，诗也，然而他所采用的也是叙事的文体，试看"皇帝二载秋，闰八月初吉，杜子将北征，仓忙问家室"，其诗句何等像散文。反之，向秀的《思旧赋》，王粲的《登楼赋》，陶渊明的《归去来兮辞》，江淹的《别赋》、《恨赋》，丘迟的《与陈伯之书》，庾信的《春赋》，谢庄的《月赋》，以至于后来苏东坡的前后《赤壁赋》，其意境和素质，与诗又有什么两样。不仅如此，六朝书柬，晚明小品，又何尝不可以说就是中国式的散文诗。所以我认为：从文学形式而观之，则诗、赋、文皆各有定体，不能相混；然而，从其文学素质而观之，则诗中有文，文中有诗也。这就是我收录这几首长诗在散文集中的"理由"，更何况我的诗也不大像诗，顺口可诵的散文而已！

再有，在古人的观念中，除了诗以外，各体皆可以称散文，如古人的政论文、书信、碑记、题跋、笔记、祭文、契约等等等等，无一不可以作散文。我认为这个概念是确切的，是符合实际的，我之所以把各种不同类型的文章结为散文集，就是基于这个观念。

我为什么给这个集子取名为《秋风集》，理由可能可以讲出很多，但最主要的有两点：一是取秋风故人之意，因为集子中收了不少怀念旧友之作，特别是其中有的朋友已经作古了；二是集子中有一些文章，回忆到我童年和青年时期经常挨饿的秋天，使我当时倍觉秋风多厉而又多感，现在一读这些忆旧的文字，仍不免觉得有点秋风秋雨之感。

总之，散文者，散漫之文也。所以我也散漫无际地收了各种文章，识者观之，或将窃笑，然敝帚自珍，而况朋真耐久，挚友的深情难忘，平生所经历的苦难和灾难也难忘，阅者或能谅其心迹耳！

1988 年 5 月 4 日于吴门旅次
时寓东吴宾馆之玉户楼

我 的 母 亲

天下最伟大的爱是母爱，天下最无私的爱也是母爱。

唐代孟郊的《游子吟》说："慈母手中线，游子身上衣。临行密密缝，意恐迟迟归。谁言寸草心，报得三春晖。"

我就是从我母亲的身上，深深体验、感受这种伟大的、无私的、寸草春晖般的爱的。

我的母亲姓顾。我们家，除了父亲以外，谁也不知道她的名字，所以至今我仍不知道她的名字。姨母和舅舅，都叫她大姐，因为她在姐妹兄弟中是老大。村里人都叫她某某妈，这某某就是我们弟兄三人的名字。

母亲非常能干，能做宴席，村上邻里有什么婚丧喜庆活动，都来请她去办宴席，她都乐于帮忙。母亲还善缝纫，我们兄弟三个和姐姐的衣服都是她自己做的，她还会纺织，家里有一架织布机，我小时常看她织布，我也曾学着织过几次，但她不让我学，说这不是男孩学的。母亲特别热心于邻里亲友的事情，乐于尽力，所以村里的人对她特别亲热。

我的家，是一个贫穷的家，全村四五十家人家，我们属于贫困户。但与一般的贫困户还不同，因为我的曾祖父是有功名的——不知是秀才还是举人。我家老屋的大厅柱子上贴满了纸条，是用官方的模子印的，老人说这都是报录，是考中功名的报单。我家老屋的大厅上还有两块匾额，其中一块是"馨德堂"，另一块是当时的无锡知县官装大中写的，是"谊笃桑梓"四个字，可见我家的贫困户与一般的贫困户还不一样。

还有一点不一样，是我常听堂叔在酒后说：别看我现在这样，我堂上的匾是谁家也没有的！这无异是说，我现在虽然不如你们，可我的祖宗却比你们强。这种没落子弟的思想意识，也与一般的贫困户不一样。

从我有记忆起，头一件记得的是我母亲的啜泣声。

我小时，跟母亲一起睡。常常是半夜里被母亲的啜泣声惊醒。一般的小孩都是睡得很死的，我也一样，但母亲的啜泣声却常常把我惊醒。后来才知道，母亲有时竟是终夜啜泣！什么原因呢？我初时不能理解，后来慢慢地知道了，母亲的哭泣，总是因为第二天断粮了，揭不开锅了，眼看着一家人都要饿肚子了，或者因为明天又有要债的来了，她无法躲避，也无法对付，所以只能独自啜泣了。

这种啜泣的声音并不高，但是母子连心，我虽然幼小，只要一听到母亲的哭声，我的心就像针刺的那样，非常难以禁受，更不用说睡觉了。后来，只要听到类似的声音，就会引起我强烈的心跳或别种痛苦的感觉。所以，从小我就多感多忧，我也很少有开心的时候，我从不记得我有过大笑。因为我的家只有忧愁，没有欢乐。而这忧愁的重量，却多半是由我母亲一人承担着！

我的父亲从来不管家事，他与我的曾祖父已隔了两代，我们家与曾祖父时的门庭早已大不一样了，但他却仍旧以世家子弟自居。抽鸦片，玩乐……

他与我家的一个亲戚华子远极为要好，华也是一位没落的世家子弟，通文墨，能吹箫、笛，能饮善酿，善看茧。每到春、秋季收蚕茧时，茧行请他看茧，他只要用手一抓，就能知道茧里边已经成蛹还是没有成蛹，然后以他的话来定茧的收价。如卖主不信，可以当场剪开来验看，总是百试不爽。他还善算，可以闭着眼睛打算盘，尽管数字极大，也不会错。他还会斗蟋蟀，他掌牵草，引导蟋蟀打斗，可以使败者转胜。所以每到秋天蟋蟀开斗时，人们下赌注总要下在华子远这一方，以保证能赢。

我小时曾到华伯伯家去过，记得他还特别称赞我，说我有慧心，说将来能读书。他送给我不少古代的信笺，都是空白的，解放后我还保有一部分，后来我才稍稍懂得这都是极名贵的信笺；他还送给我好多个红泥白地的精美蟋蟀罐，内有描金盏，我一直珍藏着。解放初期还在我的老家，现在当然早已不存在了。华伯伯不幸早世，我未能多向他请教。据说，他是酒痨死的，他喝的酒都是自己专酿的、隔了若干年的陈酒，所以他每年都酿酒，储存着，按着年代喝。因为他的酒特浓醇，他又是以酒为命，终于得了酒痨。我记忆中一位绝顶聪明风雅的父辈就这样消逝了。

我只听过父亲吹过几次笙和箫，也听他偶尔吹过笛子。有一次，是一个月白风清的良夜，他忽然兴发，吹起笛子来了，一曲《梅花三弄》，穿过我家篱边的竹林，飘向远处，顿觉周围环境、境界特别清幽，月亮也仿佛格外亮了。这时我仿佛觉得父亲还是有两下的。养蟋蟀是每年秋天看他养的。自华伯伯去世后，再也不见他有这些活动了，但鸦片烟却一直抽着。家里仅有的几亩薄田，都被他抽鸦片卖光了。有一年，我的老祖母领着我到地里去采桑叶，却碰到有人来说，这田已经卖给他了，我们不能再采桑叶了。这件事当场把我的老祖母几乎气倒，回到家里，祖母把父亲痛骂一场，她自己也伤心地哭了！

还有一次，父亲与母亲打架，目的是逼母亲给他钱。我母亲哪有钱，只得去向亲友邻里借贷，让他抽烟。而这一次次的债务，都要由我母亲来偿还。

　　所以，我母亲的终夜啜泣，一部分原因也是为了父亲。那时，我两个哥哥都在外当学徒工，一个姐姐在家里，上了几年学就无钱上了，后来她又患肺病，很重，又无钱吃药，只能耗着。面对着家里的这种状况，我母亲哪能不忧伤呢？

　　我九岁上小学，在镇上，离家约两华里，每天背着书包上学，中午还回家吃饭，饭后再去，傍晚回来。每到交学费的时候，也总是我母亲最为难的时候。我那时还不能尽知母亲的苦，所以每到学校催交学费的时候，我也回家催，母亲总是好言安慰我，说过不几天就能交了。但是母亲到哪里去找这两块银元的学费呢？有一次，我看到母亲为拿不出学费而哭了，我幼小的心灵突然也悲痛起来，竟放声痛哭，母子俩竟哭在一起。但我不是为母亲不给我学费而哭，我是为母亲而哭。我觉得我的母亲太苦了，太没有人疼惜她了！我对母亲说，我就不上学吧，在家里多干点活，还可稍稍减轻家里的负担。我母亲坚决不答应，她说，再过几天就能想到办法了。其实，当时亲友家也都借过钱了，前债未还，不可能再借新债了。后来还是母亲回娘家找我外祖母弄到的钱，交了这次学费。所以，这次交学费的事，是我毕生难忘的事。

　　那时，家里实在穷，每到秋季青黄不接的时候，家里就断粮。抗战刚开始的时候，两个哥哥都失业回家，那时，哥哥都已成家，所以家里凭空增加了四五个人口，已是十口之家了，生活更艰难了。

　　抗战爆发的一年，我刚上到小学五年级，学校就停办了，老师也逃散了，我也不再交两元钱的学费了，完全在家种地了。

　　到了秋天，我家真正的断粮了。记得有一天做早饭时，老祖母坐在灶前哭泣，因为锅里没有米，无法举火。而母亲还在张罗，最后只好用麸皮、青菜一起煮了一锅，还不能每人吃饱。我母亲总是不先吃，等孩子们吃饱了她再吃。这样的日子不是一天两天，而是每到秋来经常如此。

我的母亲

为了度过困难，我家自己种的几亩水稻地里，有一部分就是种的籼稻。什么叫籼稻呢？就是成熟得早的稻，也叫早稻，我家常常是连早稻都等不及，当它在八九成熟的时候，就把稻穗割下来，脱粒后放在灶上焙干，再脱壳煮成稀粥；或者大部分用南瓜，加几把米一起煮，这样的饭，已经是最好的饭了，根本不用菜，就可以吃得非常满意了。

我有一位邻居叫邓季方，他早先也是较困难的，所以他的姐姐很早就出外打工，后来一直失去音讯。我80年代到台湾去，却得知他在台中已相当富裕，他看到报上的消息知道我到了台湾，特地约我见面。总算见了一次。真是"相对如梦寐"！——这当然是后来的事情。季方家里后来渐渐好转，因为他家人口少，只有季方和他的母亲（一个弟弟在外），所以他们每天都能吃饱，用不着吃南瓜了。每当他看到我家断粮时，就抱着南瓜来救济我们，有时还送一两斗米来，共同支撑着渡过难关，人们说"患难见真情"，只有经过危难，饿过肚子的人，才能真正体会到这"人情"之可贵！

我的生活中，春天也是一个难关，真是"年年春荒人人愁"。春天的缺粮比秋天还难过，因为秋天是收获季节，缺粮还可以找到南瓜等替代，况且地里的稻子也快熟了，总是有指望了。而春天却只是开花的季节，不是结果的季节，什么吃的都找不到。我家每到春荒时，只能吃地里种的和野生的"金花菜"，一种开黄色小花的菜，它属苜蓿科。还有与它同科的"荷花浪"，学名"紫云英"。那是农民种了沤肥用的，常常大片地种植。春天开形如荷花而特小的红色小花，远看如烟似浪，所以习惯叫它"荷花浪"。它的味道与"金花菜"稍有不同，但它却是遍地都能长的"菜"，所以，我家几乎每顿都吃"金花菜"，有时稍稍加点米一起煮，没有"金花菜"时就用"荷花浪"，因此，我一直管"金花菜"及"荷花浪"叫救命菜。前年，我侄儿从老家给我带来久违的"金花菜"，我吃着仍是当年的滋味，尽管它已作为一味野菜给人尝新

5

了，但在当年靠它活命的人眼里，它仍是我们当年活命的菜，它比一般的野菜更加滋味无穷！

当时，母亲让我做的还有两件事，也是我永远忘不了的：一是上当铺当当。家里实在没有什么可当的了，为了生活，只能勉强凑一些去换钱，当铺里的老人有的是认得我们的，所以母亲感到实在拿不出手，只好让我去了，因为人家不认识我。当铺的柜台高，我人小，站在柜台前还到不了柜台那末高，上面如不认真看的时候，还看不到我。所以只要我踮着脚递上去，上面喝多少钱，你说"可以"，就可以拿着钱走了。尽管这样，我每次去当铺时，这份心情是难以形容的。

另一件事是母亲让我去买米。那时，人家买米总是几担（以百斤为"担"）一买的，而我家买米，最多也只能买一斗两斗，经常是几升，因为实在没有钱。有一回，好容易得了一点钱，足够买二斗了，母亲让我到街上去买，又怕我身体瘦小背不动，又怕背着二斗米（太少了）在街上走，熟人看见了太难为情了，母亲让我买了米，就从胡同里往街后走，她在街后的小道上等我，然后接了我由她背着回家。那时我太小，不能体会母亲的这一份苦心，尤其怕我瘦小背不动的怜子之心，还觉得我已背得动了，何必母亲自己背呢！现在想想，那时我如果再懂事一点，也许能给母亲增加一些希望和欢乐，减少一些痛苦和忧愁，只恨我当时太不懂事了！

记得日本鬼子第一次进村时，我与母亲正在厨房里，从厨房的漏窗通过虚掩着的大门的门缝，可以看到门外的情景。那天，全村死静，一点别的声音都没有，气氛有点不对。我从漏窗中往外张望时，刚好看到一个日本鬼子扛着上了刺刀的枪在走，前面是一个领路的翻译，后面好像还有什么人。我大吃一惊，告诉母亲鬼子进村了，现在正由东往西走。母亲急了，忙忙地给我两块面饼，一双鞋子，叫我赶快逃走。她说：你从村后走。我说家里没有人，你和祖母怎么办？她说你快走罢，别的管不得了，再晚就走不掉了。说着把我一下推出后门。我也不敢多想，真是慌不择路，我从后门外的小路直向西北面的荒地里走，一直钻进了一个大甘楝（一种像芦苇似的陆生植物）岗，躲在一个茂密幽深的甘楝丛里。稍稍喘过气来，却发现左边就是一条通行的大路，我的藏处离路太近，但要想换地方已经晚了，远处已有脚步声来了，我只好藏着一动不动，但心里却直惦记着母亲和祖母的安危，也弄不清父亲、哥哥、姐姐怎么不见？脚步声过去后，整个周围是一片死寂。一直躲到傍晚，忽然听到有人叫喊，说鬼子走了，躲着的人出来罢！一连听了几遍，像是村里人的声音。偷偷往外一望，原来其他甘楝丛里也躲着人，都纷纷出来了。我赶忙出来，匆匆往家里跑，仍从后门进去，看到我母亲、祖母平安无事，父亲、哥哥、姐姐也都回来了，心里落了一块石头。我母亲看我回到了家，那一份欢喜的心情更无法形容了！后来知道，我父亲和姐姐他们被隔在村东头，不敢再往家里走，总算这一次大家都平安。

抗战大约进行到第三、四年的时候，我家里连续死了三个人。先是我姐姐的去世，她一直患严重的肺病。那一年日本鬼子清乡，到村里来抓女人，久病在床的姐姐，受到极大的惊骇，顿时就昏过去了，后来病势愈来愈重，终于不治。我母亲既无比伤心，又要尽力筹措殡葬。最大的问题是买不起棺材，好容易买了一口薄皮棺材把姐姐埋葬了，这对我的母亲无异是雪上加霜，既伤痛姐姐，又愁生活，我看她一天天地消瘦……我除了心里着急以外，可就是没有一点办法！

这时，幸亏我的大哥能做些小买卖，帮助母亲解决些困难。当时唯一可做的就是到苏北去挑一担花生回来卖，算能赚几个钱，但对我的家来说，也是杯水车薪，解决不了根本问题。不久，二哥又弄了一台缝纫机，能做些活，这样也略略有些收入。

不幸就在此时，我的祖母又去世了。祖母终年八十三岁，她是全村最受尊敬的老人，一辈子从未与人发生过争执。她总是教我们做人要能吃亏，千万不要占人便宜，这好像是她的格言。她小时还见过"长毛"，即太平军。祖母的去世，无异又给母亲加了重压，我不知道她当时怎么张罗过去的，只是觉得自祖母去世后，家境更加堕入困顿了。

哪里想到，第二年的夏天，我的伯母又因精神病发作，乘人不防时半夜里投水死了。我的伯父是很早就去世的，我没有见过。他留下一个女儿，在上海家里。大哥是过嗣给伯父的，所以伯母和她的女儿一直和我们亲如一家，伯母的女儿出嫁后，伯母就完全与我们一起住，有时也到上海女婿家住。这次犯病，就是从上海回来犯的，她硬说她的外甥女被她毒死了，她不小心误把毒药当调料做菜，所以闯了祸。她说与其等着来抓，不如自己死罢。我们给她百般解释，她总是说她说的是事实，我们的解释是骗她。有一天她竟服了大量的安眠药，幸亏被我母亲发现得早，请医生来抢救，总算抢救过来了。养了一段时间慢慢恢复了，为了防意外，母亲就与她同睡。不料有一天夜里，她竟用剪刀企图剪断喉管自杀，剪刀把颈部剪开后，弄得满地是血。母亲听到声音起来点灯看时，发现她还在剪。母亲大惊，连忙夺下了她的剪刀，叫醒我们连夜请医生来抢救，把伤口堵住，总算又一次抢救了过来。不想隔了些时，正是大伏天，下半夜人们正熟睡的时候，她却走出了大门，跳到后门外的河里自杀了。我母亲一觉醒来发现她不见了，连忙叫醒我们，我们便四出寻找，都找不着。那时我已大了，就独自一人跑到后边的河边去看，却发现她在河里半浮着。我吓得心头乱跳，连忙大声呼叫，父亲听到立即赶来，毫不犹豫地跳到河里，把她驮上岸来，但已经气绝了，再也救不过来了。于是我家又遭到一次意外的灾祸。只好把剩下的田地卖了一些，稍稍从优地殡葬了伯母，我上海的姐姐也赶了回来，一起料理了丧事。

从伯母去世后，我们家真正已到了山穷水尽了，我不知母亲如何张罗的，仍旧保持着以瓜菜代饭的生活。父亲眼看家里已贫无立锥了，也就下决心戒了鸦片，事实上不戒也没有任何办法了。

我们的生活，就靠我们弟兄三个拼命种田，苦苦干活，有时也靠大哥二哥做点小买卖以帮助糊口，勉强过着风雨飘摇的日子。中间又碰到一件大事：我的三舅父被日本鬼子活活打死了。

三舅父是个小学教师，自己也种田。那年，日本鬼子扫荡，洗劫了我外祖父的村子——浮舟村。大腊月，把村民都投入河里摸枪，鬼子说游击队的枪都藏在河底下了，但哪里摸得着什么枪，村民们在冰冷的水里耽不住，浮出水面，鬼子就用竹竿把他们顶下去，所以不少村民很快就被淹死冻死在水里了。三舅父是个知识分子，日本鬼子就说老百姓都是与游击队一气的，知识分子都是暗通游击队的，怎么会不知道游击队的行踪？怎么会不知道他们把枪藏在什么地方？于是就把三舅父吊起来毒打，三舅父就是不开口，鬼子就在他嘴里塞了两个煮熟的鸡蛋，又用一把毛竹筷子打进他的嘴里，再继续打，很快三舅父就被噎死打死了。

正在毒打三舅父的时候，就有人送信来了，我母亲急得不得了，不顾危险，拉着我就往舅父家走。浮舟村离我家约十几华里，快走也要一个来小时。到我们赶到时，鬼子已不在了。村民有的出来了，母亲赶着与村民一起把三舅父放下来，拔出了嘴里的筷子，抠出了嘴里的鸡蛋，但人早已死了。正在这时，听说鬼子又来了，母亲连忙拉着我钻到一个大草堆里，叫我尽量往里钻，她在外面把草堆弄好，看不出一点痕迹，就嘱咐说不是她来叫就别答应，说完，她也就走了。不多一会，我听到鬼子的皮鞋声来了，我一动都不敢动，听到他们说里头有人罢？有人说没有人。一个鬼子用刺刀直往里捅，我屏住气一动也不敢动，鬼子捅了两下，见没有动静，也就走了。我仍不敢动，怕他们走原路回来，直到傍晚我母亲来叫我时，才从草堆里出来，总算又一次逃过了灾难。母亲知道我躲过了鬼子的刺刀时，也为我捏一把汗。

　　这整整八年在日本鬼子刺刀下的生活，实在是惊涛骇浪、惊心动魄的生活。这血与火的生活，一时是写不完的，日本鬼子犯下的滔天大罪，虽罄南山之竹，也是写不完的。……

　　抗战胜利后，我就离开了母亲，上了无锡国专。毕业后几个月，无锡就解放了，我也入了伍。不久又被留在无锡第一女中工作，这时我还常常能回家看母亲，我还把母亲接到无锡城里住过一段时间。1954 年 8 月，我被调到北京中国人民大学，这一下，我就与母亲离得远了。初到北京，人生地疏，我很不习惯，往往为了搭校车进城上课，早晨四五点钟就要起床，那时月亮还在天上，秋末冬初的风已经刺骨的冷了，况且我只身一人远离家乡，举目无亲，更加增加我思念母亲，思念亲友的思绪。我有一首《远别》的诗，就是抒发我的这种情绪的，诗云：

> 一别故乡三万里，归心常逐白云飞。
> 酒酣始觉旧朋少，梦冷正怜骨肉微。
> 月上高城添瘦影，风来塞北薄秋衣。
> 茫茫南国金风起，日暮高堂望子归。

　　记得 1958 年，曾回去过一次，那时母亲还很健康。

　　1962 年正是三年困难时期，我的家乡饿死了人，家里来信，说母亲病了，我连忙请了假，带了些大米、面粉（当时在农村有钱都买不到），特别是知道农村闹蛔虫，我特意买了不少杀蛔虫的药，准备送给村里人用的。到家后，看到母亲骨瘦如柴，我不禁失声痛哭，原来医生说她的病弄不清楚，不敢用药，哪知我到家的前一天，母亲嘴里忽然吐出来几条大蛔虫，因此确知母亲的病也是闹蛔虫，于是把我带回去的"驱蛔灵"先给母亲服下。很快，母亲就一连几天，腹泻出来的都是蛔虫。这一下，病情明白了，就是因为饥荒，吃青菜萝卜，吃一切勉强可吃的东西。况且有一段时期，农村刮共产风，把家家户户自己的锅灶都砸了，全村吃大锅饭，我家也不例外，母亲每天到食堂排长队吃饭，食堂又不卫生，所以不少人肚子里长了蛔虫，有些人就是被蛔虫穿破肠胃而死的。我母亲总算还没有被穿破肠胃，因而得救了。蛔虫杀尽后，又到医院诊治。开了点药，一边吃药，一边吃米汤、稀粥。过了几天，母亲就渐渐好起来了，脸色也转过来了，也能下地走动了。这时我已在家耽了半个月了，母亲知道我快走了，就对我说，我嘱咐你两件事：

一是我为了抚养你们，解放前借了一些高利贷的债，现在政府是不许放高利贷了，可这是现在，不是当初。当初如果没有这些高利贷我是养不活你们的，你们就只有饿死。我是用借高利贷债把你们养活的，现在长大了就不认账了，这样的事我不能做。你仍要依当时言明的高利贷连本带利给我还清，否则我没有面目见人。何况借钱给我们的都是村上的劳苦人，她们在上海工厂做工，积了点钱，借给了我们，能不还吗？你只要给我把全部债还清了，我就死也瞑目了，这就是你对我的真正的孝！到我死的时候，你不回来也不要紧，我仍旧会很高兴的！

二是你不能看着你嫂子、侄儿、侄女饿死。你们搞运动，说你大哥参加国民党，二哥参加三青团，你们要划清界限。但我一辈子种地，一辈子与他们在一个锅里吃饭，他们又没有参加国民党、三青团，他们也是种地人，他们有什么罪？划清了界限就让他们饿死吗？总之你寄钱养活我，我只能与他们一起吃饭，我不能自己吃饱了让他们饿死！

母亲的话，深深刺进了我的心里。我就是因为每月给母亲寄生活费，母亲一直是与大嫂和侄儿、侄女一起生活，于是每逢政治运动或支部会就要批判我，说我划不清界限，说我包庇反革命分子家属。事实上，大哥于50年代初去香港经商，后又到了台湾，大概在60年代初死在台湾，由台湾同乡会为他殡葬。这是我前几年去台湾时由我同村旅台六十多年的乡友告诉我的，而且他离开大陆后一直是经商，没有任何别的活动。但这些情况，50 年代到 60 年代的我们怎么能得知呢？那个时候，我们的政治是越"左"越革命，所以面对着这样的批判，我只有作检讨，但检讨并不能解决真正悬在我心里的问题，这就是我母亲提出来的：难道要让他们饿死吗！

当时我面对着垂暮之年的母亲、毕生在苦难中的母亲，她的这两点嘱咐，我是从心底里紧记的，所以我就对母亲说我一定记住你的嘱咐，遵你的嘱咐办。

到 1965 年末，我终于把母亲的全部高利贷债还清了，为此，她老人家高兴得特地让大嫂给我来了封信，说她从此心里舒坦了，再也没有什么牵挂了！

我本想请几天假，回去再与她老人家过几天心情舒坦的日子的。谁知还没有等我安排好，一场史无前例的"文化大革命"爆发了，我是最早被打入"刘少奇、陆定一、周扬"这一所谓的"黑线"的，从此我被投入了黑暗和灾难的深渊！

1966 年的秋天，一个大雨滂沱的日子，红卫兵正在声嘶力竭地批判我的时候，却飞来了我母亲去世的电报！我几乎为此晕倒，我向红卫兵请假奔丧，他们是铁石心肠，断然拒绝了我的请求，只准我发电报回去，而且还要经审查！

长夜难眠，我不知道我的母亲怎样去世的？又怎样成殓安葬的？那时，"文革"风暴正在席卷天下，一切正常的、正当的人间关系都被破坏了，我却正当此风暴的前端，我一辈子所有的痛苦加起来，也没有这一次的痛苦深，没有这一次的痛苦剧！

悠悠苍天，曷其有极！

2002 年 6 月 6 日于京东且住草堂

大块假我以文章

——往事回忆

　　我并没有学写过散文，也不懂得散文的定义。我读李白《春夜宴桃李园序》，其中有一句说"大块假我以文章"，私心领悟，觉得此意甚是。

　　我从小生长在农村，自有知识起，就与庄稼打交道，十岁左右，就下地劳动，整整劳动了十多年。我每年要播谷、育秧、拔秧、莳秧，一直到秋天收获。我也每年要锄地、种麦、排水、壅麦，一直到5月炎天冒暑收麦。我的家乡是养蚕地区，每年春蚕秋蚕两季，因此，我也熟悉养蚕的全过程，从采桑喂蚕到蚕老上簇，这一切，在我的儿童时期和青少年时期，都是习以为常的事。

　　想起了童年的往事，常常使我心酸。还在我十二三岁的时候，家里穷得无米下锅，也无钱买米，母亲好容易借到一点点钱，最多只能买一斗米。那时米店里卖米，都是几担几担卖的，你去买一斗米或几升米，真是羞于启齿。母亲每次都叫我去买，有时买一斗或两斗，买了米不敢走街上的大路，因为怕碰见熟人，不好意思，母亲就叫我走街后的田间小路；又怜惜我年小瘦弱，背不动两斗米，她自己往往跑到半里路外去等我，等我买了米回来，她就接着背回家去。

最令人伤心的是我十五岁那年，秋收农忙，家里劳动力少，又雇不起短工，父亲、哥哥和我一起下田劳动，收割稻子。从弯腰割稻到担稻回家，整整有一个月的紧张劳动。连续挑了好多天稻，我瘦弱的身体实在支持不住了。稻担是连稻草带稻穗一起挑回家的，大人一次可挑一百多斤，我当时只能挑七八十斤。稻田离家远的有一里路，也有半里路的。肩上挑了稻，中途不能停歇，因为一停歇，稻穗就会折落在地上，所以挑稻担必须一肩到家，最多是左右肩换挑，换肩时担子也不能落地。我连续挑了一星期以后，一天晚上到家就病倒了，浑身发烧，大腿两内侧肿胀剧痛，禁不住在床上呻吟。我祖母坐在床前看着我心疼得落泪，可大哥却说我偷懒装病。当时我听了真是满腹含冤和伤心，祖母为此狠狠责备了大哥。第二天总算烧退了，我负气仍然去地里劳动。

也是这一年的夏天，正是耘稻的季节，我的两腿和脚上生了五个大疖子，红肿溃烂，化脓。右脚的脚背上一个，右腿外侧两个，左腿膝盖内侧关节处一个，左小腿外侧一个，都有铜板那么大，连走路都不好走。但耘稻的季节是不能错过的，那时稻叶已长得高过膝盖，我仍要下地劳动，直立在稻田里用耘耙来回推拉除草。一天劳动下来，我腿上的五处溃烂的伤口被锋利的稻叶割得流血不止，收工后到河边把脚洗净，但伤口疼痛有如刀剜，我只能强忍着回家。我满以为这次这些伤处将要不可收拾了，谁知躺了几天，因为伤口的腐肉被稻叶割净了，反倒一天天好起来了，至今我的腿上和脚上还留着这五个大疤痕。它记录着我童年的这一段最辛酸最艰难的生活。

最使我难忘的还有两件事，一件是我养了几头山羊，每天要放羊和给山羊割草。有一年母羊生了一只小羊，这是独生的，长得特别好。小羊生下来只要一会儿就能走路，到养了个把月时，就像小孩一样的淘气了，走路经常蹦着横着走，有时爬到母羊的背上，有时拼命去撞奶吃，那股天真无邪的劲，我至今不能忘记。就是这只独生的小羊，正在最淘气的时候，还没有给他系上绳子，就被过路的人"顺手牵羊"地牵走了，我无限痛惜的感情至今犹新。

为了割草喂羊，我常拿着镰刀、竹筐到荒坟上去割草。有一回，发现茅草丛里有一个云雀的窝，眼看着云雀飞进去了，我悄悄地走过去一把将草窝抓在手里，用镰刀将草窝齐地面一割，草窝就离地而起，云雀在窝里无法出来，终于被我捉住了。但是看着这小东西惊慌得急剧喘气的样子，我实在不忍心害它，还是让它飞走了。当我一放手时，只听"雀"的一声，云雀已经飞到半空中了，再听到"雀"、"雀"两声，就飞得连影也没有了，那时我感到很痛快。

还有一件使我一直负疚的事。有一次，也是在割草的时候，我看到一只野兔蹿进岸洞里去了，那是两头通的洞。我在一头对准洞口张了一个麻袋，把进去的洞口用土块堵死了，然后在岸洞上边用棍子使劲地敲，兔子受惊后蹿出来，一下就蹿入了我的袋中。当时我不假思索地拿起麻袋就地扑打，不消几下，兔子自然就死了，成了我的猎获物。但当拿回去剥开皮来时，却发现肚子里有三只已经长成的小兔，这等于是让我一下杀了四只兔子。当此时，我心里泛起了一阵极不好受的感情，这种感情我无法形容，但至今也一直不能忘掉。

还有一年，家乡发大水，水漫到我的家里，床底下，桌子底下，都有四五寸深的水，大人急得不得了，我却坐在春凳上当作乘船，玩得很带劲。水稍稍退后，我就光着脚到水沟里去捉鱼，那一回竟被我捉到半桶鲫鱼，全家大吃了一顿，真是乐不可支。

我幼时，最爱捉蟋蟀，而且也颇懂此道，不仅能识别蟋蟀的优劣，还能做很好的蟋蟀草，用来引逗蟋蟀搏斗。每到秋天晚上，篱豆花开，我拿了一盏灯，钻到篱畔屋角，循声而往，乐此不疲。有时翻开砖瓦，却爬出来蜈蚣，即使这样也不退却。我清楚地记得当时我有一誓，誓曰：儿时一切可玩的事，将来长大了可能就不感兴趣了，就要抛弃了，但惟独这捉蟋蟀、斗蟋蟀的乐趣，我发誓不能抛弃！现在想想当时的这些誓愿，真有点好笑。

我家的后门外，就是一望无际的田畴，每到春天，景色是很迷人的。你可以看到大片大片望去像紫红色绒毯似的紫云英，我们俗称它叫"荷花浪"，因为它的花虽很小，样子却像夏天的荷花。因为它一望无际，远看颇似红色的波浪，所以这个俗名我觉得很有意思。与荷花浪相间的是大片的金黄色的油菜花，还有更加无边无际的绿油油的小麦苗以及白的萝卜花、李子花，红的野桃花等等。当你站在田塍上或地势较高的土冈上放眼望去，真是红、黄、绿、白、紫五彩缤纷的一片锦绣天地、彩色世界，然而最最令人难忘的是我们一群孩子，在割草之余，往往到地里采了许多青豌豆和嫩蚕豆，到荷花浪地里躺着吃，其味道真是清香而又鲜嫩。蚕豆的花也是很好看的，浅紫色，花瓣中心还有一点黑色，样子远看就像一只只合翅停留在豆叶上的紫蝴蝶。

我小学五年级时，就碰到抗战爆发。眼看着我的三舅舅被日本鬼子吊起来活活打死。我的堂房姑妈为了保卫她的女儿，用粪勺狠狠砸了一个日本鬼子的脑袋，日本鬼子当时吓得以为遇上了游击队，立即逃跑了。但事后却开来了大队人马，烧杀抢掠，全村的人都跑了，就只有我的姑妈没有跑，等着鬼子来将她残杀，以换取全村老百姓的生命和房子。结果她被开了膛，砍成了四块！多么残暴的侵略者！多么伟大的母爱！多么伟大的民族气概！这一切，永远是我不能忘却的记忆。

抗战时，我家实在穷，无力逃难，只是听说日本鬼子打来了，我眼望着无锡城里熊熊的火光，彻夜通红，虽然我家离无锡城还有三四十里，但火焰的气势，真是急如燃眉。隔了两天，有人说日本人已到了离我家十华里的青旸了，我们手无寸铁，更没有国家政府来发布什么命令或指示，只能在家坐以待毙。大哥为了弄清情况，壮着胆半夜里起身去青旸看个究竟，我那时虽然还只有十三岁，但也不敢睡觉了，一直坐着等待消息，到天快亮的时候，大哥气急败坏地回来了。他说他到了青旸，只见满地是死尸，枪支也散了一地，日本人还在远处搜索，死的当然都是中国人，但也不是正规军，是当地的民兵（商团）。

这之后，我就哪里也不敢去。过了几天日本鬼子果然来了，我把大门紧闭，从门缝里看到了一个日本兵，肩上扛着枪，枪上刺刀闪亮，前面走着一个翻译，那时整个村庄像死一样的静寂。我母亲从门缝里看到了日本鬼子，吓得不知如何是好，忽然去拿来一双鞋，两块饼，说赶快逃罢。鞋子走路要穿，我不知所措，拿了鞋，揣了两块饼，就从后门逃出去了。但十几岁的孩子，孤身一人，逃到何处去呢？我只好往我经常割草的荒坟堆里跑，我藏在一丛甘稞丛里，一直蹲到天黑，也不见动静。这时我好像冷静些了，我不知道父亲和两个哥哥跑到哪里去了，更不放心家里还有八十岁的老祖母和母亲、姐姐。我决定趁天将黑的时候悄悄回家，好在我走得并不远，很快就到家里，此时全家人都已回家，正在惦记我不知藏在何处？我们庆幸这次总算没有大难临头。这是我第一次见到日本鬼子，也是日本鬼子第一次进我们村子的情景。但这之后就惨了，村上的妇女被污辱，被劫走，我的堂房姑妈被惨杀，总之每隔一段时间，就要来劫掠一次，真是鸡犬不宁，人命危浅，朝不保夕！

后来，我家更加穷困了，全家十口人，种地地太少，经商没有钱，我只能看见母亲的哭泣。每到开饭，总是让我和两个哥哥、父亲先吃，实际上我的母亲、祖母、大嫂、姐姐都没有可吃的了，我发现了这种情况，到手的饭也不忍下筷了。到了春天，我们就吃金花菜，大锅的金花菜，稍加几把米粒，就勉强充饥了，金花菜真是我的救命菜啊！所以至今我仍爱吃金花菜。今年春天，家乡的侄儿忽然给我带来了一篮子金花菜，我对着碧绿的金花菜，想起了以往的岁月，我的眼泪仍然无法控制。

　　我最害怕听到我母亲的哭泣声，因为我小时一直随着母亲睡，经常在半夜以后，被母亲的啜泣声惊醒。我深知母亲因为明天又没有下锅的米了，或者明天又要有要债的来了！这样呜咽的声音，整整听了好多年，以至于形成了我心理的一种反应，只要听到类似的这种声音，我就会心跳、就会哽咽。

　　我的母亲，是一位伟大的母亲，慈祥的母亲。我家的全副担子，父亲从来不管，全是母亲担的。父亲为了抽大烟，把仅有的几亩地都卖光了，母亲为了抚养我们，到处借债，那时借钱有多困难啊！我上学一直交不起学费，老师催我交学费的时候，我总是不敢回家告诉母亲，但母亲总是会知道的。有一次，为了两块银元的学费，母亲暗暗地流了好多天的眼泪，后来我也不知道是从哪里来的钱，我终于交掉了学费，但我始终没有敢问母亲是从哪里借来的。

　　1962 年，家乡大饥荒，不少人饿死了，我母亲也病重，我立即从北京赶回家里，带了一点面粉和粮食。到家后，见到母亲骨瘦如柴，我情不自禁地失声痛哭。医生说，她的病弄不清楚，不敢随便用药，但忽然从母亲的嘴里吐出来了几条很粗的蛔虫。这一下明白了，就是因为饥荒，吃青菜萝卜，吃一切勉强可以吞食的东西，这样肚子里就长满了蛔虫，有的人就是被蛔虫穿破肠胃而死的。幸亏我早听说农村有这种情况，在北京买了杀蛔虫的药回去，立即就用了这种药，一连几天，母亲腹泻出来的都是蛔虫，幸亏我大嫂耐心地收拾侍候，三天以后，情况才逐渐好转。

　　这回，我在家一直耽搁了半个多月，直到母亲脸色有些好转，能吃粥饭了，能下地走了，我才离开。临别时母亲对我说，我嘱咐你两件事：一是我为了抚养你们，解放前借了一些高利贷的债，现在政府是不许放高利贷了，可你仍旧要按当时言明的高利贷连本带利给我还清，否则我没有面目见人。因为他们也是劳动得来的钱，当时如果不借给我高利贷，你们就只好饿死。我是用高利贷把你养活的，现在长大了就不认旧账了，这样的事我不能做。你只要给我全部债还清了，那么我死了也瞑目了，这就是你对我的真正的孝顺！到我死的时候，你不回来也不要紧，我仍然会很高兴的！二是你不能看着你嫂子、侄儿、侄女饿死。你们搞运动，说你大哥参加国民党，二哥参加三青团，你们要划清界限。但我一辈子种地，一辈子是与他们在一个锅里吃饭的，你侄儿、嫂子有什么罪？划清了界限就让他们饿死吗？为什么吃饭要划清界限！总之你寄钱养活我，我只能与他们一起吃饭，我不能自己吃饱了让他们饿死！母亲的话，句句刺到我的心里。当时，我每个月要给母亲寄生活费，因为家里人口多，大哥参加过国民党，早在 50 年代初就到香港，后来到了台湾，病死在台湾了；二哥因为参加过三青团被长期隔离审查，失去工作，于是全家人的生活，就只有指望我给母亲寄的一点生活费来维持了。也因为这样，我每月总是尽量多寄一些钱，然而，就是因为这件事，每逢政治运动，我就要受到批判，就说我划不清界限，甚至说我包庇反革命分子家属。我虽然不得不作检讨，但是心里却一直回答不了一个问题，就是我母亲提出的：难道划清了界限让他们饿死吗？

当我在受批判无法寄钱时，我要感谢我的妻子，她总是悄悄地代我把钱寄了，有时没有钱，就寄点衣服或什么的，让他们卖了救急，或让他们冬天御寒。

母亲的两点嘱咐，我一直没有敢忘记，终于到"文革"前夕，把全部高利贷还清了，母亲为此高兴得让大嫂给我写了一封信，说她从此心里舒坦了，再也没有什么牵挂了！然而，万万没想到，就在这时，史无前例的"文化大革命"爆发了，我是最早受到冲击的，我的名字被划入"周扬、陆定一、刘少奇"这一条所谓的"黑线"上了。我第一次受大会的批斗是 1966 年的秋天，那天是倾盆大雨，我的衣服尽湿。我没有回答任何问题，听着那些声嘶力竭的批判发问，心里只觉得可悲、可痛。我知道那一天全国有不知多少知识分子在遭殃，中国的历史竟会逆转到如此程度，这是谁也想不到的。我心里认为这场滂沱大雨是天在哭，老天爷在为人民的大劫大难痛哭！我当时心想，有些人的名字，是永远也无法与这场置国家、人民于千古奇灾的暴行分开来了。我一直默默地念着"卫律之罪，上通于天"这八个字。这是它自动地从我的记忆里跳出来的。我认为即使倾长江之水，也无法洗清这场暴行对我们的国家、民族、人民、历史所犯下的滔天罪孽。这真正是"史无前例"的，人民和历史将永远永远地记住这场空前的浩劫！

正当批斗我的时候，我家里的电报来了，像晴天的霹雳一样，我的母亲去世了！这个打击，比起当时对我的"批判"来说，要重千万倍，那种"批判"，除了表明无知、野蛮、不人道以外，还能有什么呢？这对于一个精神健康的人来说，虽然痛苦，却不值一哂。然而，我母亲去世的消息，却真正让我痛不欲生。我要求回家奔丧，但造反派们是铁石心肠，不可能被"批准"的。"哀哀父母，生我劬劳"，"欲报之德，昊天罔极"！我这一辈子所尝的人生最深最剧的痛苦，莫过于此了！为人子者不能报父母养育之恩于万一，那么与动物何异？然则谁为为之？彼苍者天，曷其有极！

我童年的时候，除了伟大的母爱外，还有我的老祖母的特殊的慈爱。人们都说我很笨，那时我自己也觉得真是很笨，似乎我什么也不懂。但是，每当我遭到责骂或责打时，老祖母就会挺身而出，并且说，我不是笨，是还没有开窍！那时我也不明白我究竟是笨，还是没有"开窍"，只是对老祖母的疼爱，真是刻骨铭心地不能忘记。全村的人没有一个不说我祖母好的。我从未见她与任何人争执过，她总说人要能吃亏，不要占便宜。然而，这样的好人，却生了恶疾——皮癌。那时人们并不认识这种病，只是满身的溃疡，总有几十处。我母亲和大嫂总是轮流为她洗疮口，敷药，到后来满屋子不仅是药味，而且还有一种溃烂的味道，这样躺在床上整整三年。我当时正上初中，除了去地里干活外，就是上学，每天也总到祖母的床前看看，但我毫不懂得忧愁，只是痴痴地看着慈祥的祖母，这样不知不觉地竟过了三年。有一次，祖母听见我走过，就叫我过去，抚摸着我的手，叫我做农活时不要太重，要好好读书，说完她颤抖的手从枕头底下摸出两块银元，说这是上海韵华姊姊给她的，一直舍不得花，现在用不着了，给你上学罢。祖母的话声仍是那么平稳，我当时竟笨得一点也没有想到会有其他变化。我接了这两块银元，从祖母房里出来，将银元交给了母亲。母亲叫我上学去，当我转身的时候，却看见母亲的眼泪簌簌地落下来了，我当时竟没有能觉察这潜伏着的悲剧，仍旧上学去了。哪知还没有等到放学，家里的人就来叫我赶快回去，祖母病危了。我顿时觉得如五雷轰顶，拼命地往家里狂奔，当我奔进大门时，只见满屋的人都在哭泣，我抢着跑到祖母的床前，她似乎已经没有知觉了，但她的眼睛没有完全合上，也许她是在等我，我多么希望她能看到我啊！

祖母去世后，我的心神一直飘忽着，有一次，我忽发奇想，要画一张祖母的像，因为祖母只有一张二寸的照片。但是我从来没有学过人像画，居然相信只要虔诚，就一定能画像。我在房里默默地祝祷，向祖母的照片磕了几个头，紧闭房门，我真的开始画起来了，整整画了半天，总算画完了，自己端详着，觉得起码有七八分像，于是我把这张像一直珍藏着，直到家乡解放，我离开家乡后，才不知道怎么失落的。

正如我祖母所说的，可能我后来真的慢慢地"开窍"了，我特别喜欢读书、写字和作画，每当下地干活刚刚回来，连脚上的泥也顾不上洗，就走到房里写字或读书。我经常早读和晚读，早读就是早晨4点钟左右醒来后，躲在帐子里点了蜡烛读书，一直到天亮起床后下地劳动，干早活。两个钟点早活后才回家吃早饭，然后再下地。晚读就是晚上秉烛读书到深夜。我用这种方式，读完了《论语》、《孟子》、《左传》、

《战国策》、《史记精华录》、《东莱博议》和《古文观止》等书，还读了《三国演义》、《水浒传》、《西游记》、《聊斋志异》、《西厢记》、《秋水轩尺牍》、《雪鸿轩尺牍》、《唐诗三百首》、《古诗源》等等，后来又读到了张岱的《陶庵梦忆》、《西湖梦寻》、《嫏嬛文集》，还有史震林的《西青散记》、《华阳散稿》，以及沈复的《浮生六记》，我对张岱的文笔以及晚明的小品简直欣赏到了极点，我还搜集了明末吴江叶氏一家的诗文集，沈宜修、叶小鸾的诗文，真是秀气逼人，令人爱不释手。总之，十来年的种地，也等于是我上了十来年自修大学，我觉得书籍是一个广阔天地，什么知识都可以从书本里找到。我常常拿着书到地头去读，或者在放羊时、割草时读，因为总有休息的时候，这就是我读书的机会。我读《古诗十九首》，有些诗句似懂非懂，我也不求甚解，因为当时也无法求甚解，但是读久读熟了，有时也能自己领悟。有一次，我在地里锄地的时候，脑子里想着"胡马依北风，越鸟巢南枝"的句子，忽然悟解这是写思乡之情，胡地来的马依恋着北方吹来的风，越地来的鸟，筑巢也要择南枝，因为可以稍稍近家乡一点。还有"相去日已远，衣带日已缓"，这个"缓"字，我长期不得其解，后来也忽然想通了，"缓"与"宽"的字义可通，"宽"就是"松"，"松"的同义就是"缓"。当然这些都是我后来读书找到的根据，当时只是一时的触机领悟，只是直觉地感到"缓"作"宽"讲，这句诗就完全可以通了。其意就是说，离家的日子久了，因为想念亲人，以至于身体消瘦，所以衣服和带子也都显得松了。当我一旦解悟到这些诗意以后，我真正感到无比高兴，真有点陶渊明说的"每有会意，便欣然忘食"的味道。在我幼年读书的过程中，这样的解悟是有不少的——当然其中也有解错了的。我深深感到读书或读诗，一是要功力，文字、音韵、训诂之学不可不治，史学不可不治，这是大厦的基础；二是要能解会，要能领悟。如果只有死读书，不能贯通融会，不能妙悟，缺乏灵气，那么也终究不能有所发明的。我每每回想起童年时自得其乐的读书之乐，常常为之陶醉，这可以说是我童年的赏心乐事。

可是我的命运太悲惨了，日本鬼子打进来后，我的两个哥哥失业回家，生活无着，也常常引起家庭的不愉快。特别是一连三年死了三个人，先是我的姊姊素琴去世，去世时才只有二十岁左右，她是长期患病，家贫无力医治，日本鬼子闯入我村，她受了惊骇，病情日重，不久就去世了。姐姐的死，加重了家庭的经济困难。第二年又遭伯母之死。伯母是患精神病死的，她年轻时就守寡，一直与上海的女儿一起生活。回到农村后，就与我们一起生活，我们生活得很和谐，但她却日夜想念她的小外甥女，竟致精神失常，硬说她做菜时不小心误用了毒药，外甥女已被毒死。因此她痛不欲生，采取了种种手段自杀，都被我母亲发觉后救止了。但最后有一天夜里，却趁我母亲熟睡，她悄悄出门投河死了。那是一个大伏天，母亲醒来发觉伯母失踪，就连忙叫起我们四处寻找，这时正当是半夜里，终于我发现了她的尸体浮在后门外的河里，那时我还只有十五岁，吓得慌忙跑回来叫我父亲，父亲立即泅水把她救起，但已来不及了。伯母的死，我家更加显得窘迫万状了，谁知第三年又遭祖母之死，这样我的家庭确实已经无力承受这连续的打击了，可以说，从此我们一直过着半饥饿的日子，每到秋天青黄不接的时候，全家人就常常会挨饿。所以，每年秋天，等不及稻熟收获，为了解决全家的挨饿，不得不到地里将已熟的稻穗割下来，然后放在锅里焙干，再脱粒、去壳、去皮，勉强拿来煮粥。但这样的方式只能救一时之急，且谷穗未熟透，就有一部分谷粒不能去壳去皮，所以这个方式不能让我们度过整个早秋的饥饿。幸亏在地头、屋边的空地上种了不少南瓜，常常丰收，可以用南瓜来当饭吃。南瓜还有一个好处，长老了熟透的南瓜固然好吃，就是因为缺粮急于要吃，那么没有熟透的南瓜也一样可以充饥，所以一个秋天，在稻子登场以前，我们有一大半时间是靠南瓜来养活的。但我家人口多，自种的南瓜也常常不够吃。我永远忘不了我的邻居邓季方，他常常采了他家种的南瓜给我们送来，有时还送一点米来，这样我们才勉强度过了几个秋天。我现在给我的书房取名"瓜饭楼"，就是为了不忘记当年吃南瓜度日的苦难的经历，同时也是为了不忘记患难中给我以深情援助的朋友，可惜他不幸早已去世了。

　　我生平所经历的坎坷，特别是童年和青年时期所受的苦难，是写也写不完的。我常常这样想，从另一个意义来说，每一个人的经历，也就是自己写的一篇文章，或者甚至是别人或别种社会原因强使他写的文章。当然，有的人是欢乐的文章，有的人是苦难的文章，有的人是富贵的文章，有的人是飞黄腾达的文章，有的人是帝王将相的文章，有的人是侠客义士的文章，有的人是坎坷终生的文章，有的人是含冤莫白的文章，也有的人是甜酸苦辣、尝尽人间各种苦味的文章，甚至有的人是漆黑一团的文章，有的人是负罪累累的文章。至少在我的眼里已经看到了各种各样的人的文章了，已经看到了我的不少有才华的朋友，写完了他们的辛酸的文章、含冤的文章，或者五彩缤纷的文章、奇功殊勋的文章，或者像戏剧一样的文章，像诗一样的文章，像梦一样的文章而交了他们的卷了！

　　至于我自己呢，现在还在写这篇充满艰难困苦、甜酸苦辣，充满着人生的热情、人间的友情和爱情，充满着学术上的探奇和幻想精神的文章。

　　总之，我现在写的是一篇暂时还写不完的文章。

1988 年 4 月 29 日写于京华瓜饭楼

1988 年 5 月 2 日写毕于淞滨旅馆

稻 香 家 世

近来，我读了不少学术名家的传记或回忆录，发现他们大多数都有很好的学术家世，有的则是官宦之家和学术之家的结合，有的则是几代人都是著名的学者或藏书大家，因此他们从小就得与学者名流相接，从小就得薰沐于前辈学术风流之间，对于他们得天独厚的家世，我真是艳羡不已。

读了这许多前辈名家的传记，想想自己，真觉得是一穷二白，一无所有。

我家世世代代都是种田的，如要说家世，则倒可以说是"稻香家世"。

听我祖母讲，我的曾祖父算是有功名的，但是什么功名，是秀才还是举人？则不清楚。我小时还见我家老屋的屏门上和柱子上贴了不少报录，据说这就是考中后由报子送来贴上的，但那时我年纪小，看了也不懂，所以分不清楚是秀才还是举人。但也有人说，这是捐的，不是考中的，是秀才，不是举人。究竟如何，谁也说不清楚。

我的曾祖父名锡瓒，字秬香。我读中学的时候，还从家里的箱子里找到一篇秬香公七十岁的寿序，只剩了开头几页，封面也没有了，文章的后部也没有了，但印得很讲究，是用红色的八行笺印的。文章是四六骈文，读起来朗朗上口，那时我还能背得出来，可惜现在我竟一个字也记不得了。至于这篇断尾巴的文章，则经过近六七十年的风风雨雨，早就不存在了。作为先人的遗泽，我家老屋大厅上，还有三个匾额，一个是"馨德堂"，是谁写的已记不清了，但书法堂皇而端庄，是极具典范性的。另一个是"谊笃桑梓"，是当时的知县裴大中写赠的，这块匾一直是家里的传家宝。据说这块匾是光绪五年（1879 年），知县裴大中捐资兴修水利，以杜绝家乡的水患，秬香公也出资出力，助成其事，乡里皆传颂，所以由裴大中写赠的。另有一块匾，是"宾筵望重"。是谁写的，是什么来历，我已经不清楚了，但其辞意，也是称赞秬香公好接宾客，望重乡里的意思。这三块匾，我小时候是常见的，而且一直保存到"文革"前破四旧才被统统破掉，同时破掉的还有一直挂在厅堂正面的一幅六尺整幅的文徵明的青绿山水，据说也是祖宗所传，至于真假，那时根本不懂，也不知道值钱，所以根本没有人问真假，最后是一火了之。

　　我距离我的曾祖父已经有百年以上的历史了，我连我的祖父和伯父都未能见到。我不是出生在老屋里的，我是出生在祖父分家时分得的一所普通的农村住房里的。常听祖母说，曾祖父有三个儿子，长名济瀛，即我的祖父，次名湘瀛，三名環瀛。三个儿子各分老屋的一部分，另外再各起一幢新屋。我祖父是老大，就要了原来堆柴草杂物的一所房子，没有另建新房，房子甚简陋。祖母说，祖父是忠厚老实人，又是老大，不能争，分了这幢房子他就满足了。其他两个弟弟都另建了新屋。

　　我只记得小时祖父的堂屋里也有一幅四尺中堂，是边寿民画的芦雁，上面题的是"鸿雁于飞"四个字，还有款字。我那时哪知道边寿民是扬州八怪一流的人物，是画芦雁的名家。后来我读《西青散记》，里面还记到边寿民的事。但这时这幅画早已化灰了，因为不懂，谁也没有觉得可惜。与这幅画相配的是一副四尺的对联，联语是集禊序，文曰："不期而遇，清风故人；相喻无言，流水今日。"这是谁写的，我已记不起了，反正这对子也早已与中堂一起化灰了。

祖母说，我祖父并不认识多少字，一直是自己种地的。在我的住房的最后面，是一所猪圈和一所牛圈，那时祖父养了一头牛，常用以耕田。有一次，我祖父到牛圈边喂牛，竟被牛愤怒地用角挑了一下，把他的胸挑伤了，穿的一个棉背心也挑破了。祖父的伤养了很久才好起来，后来就将牛卖了。以后就再也没有养牛。因为祖父没有多少文化，我父亲也只是能写信，家里从没见有什么藏书，所以堂上挂的边寿民的画和那副对联，也可能是曾祖父传下来的。不仅我的祖父没有多少文化，就连我的二位叔祖，也从未听说过读书识字，他们留下的房子虽比我祖父的好，但也未见留下一本书，更没有听父祖辈讲起上代有谁是读书的。

我的曾祖父虽然有过功名，但从未听说他著书立说，也没有留下他的手迹，更没有当过什么官或长，大概只能算是当地的一位乡绅，而且也只有到他本人为止，他的三个儿子一个也没有继承的，更没有读书的。

现在在我的手里，总算还保存着一点秬香公的遗物，那就是当时的知县裴大中亲笔写的一副对子，句子是：

家藏瑶草香延客
人与梅花淡接邻
　秬香四兄大人属
　浩亭裴大中　　中臣　亭浩
　　　　　　　印大

这副对子不知什么机缘，我一直带在身边，至今还完好无损。这算是我家百年前的一点故物了，其他所说的老房子，和我出生的房子以及两位叔祖的房子，都早在十几二十年前就统统拆毁了，我现在回到家乡，真正是"所遇无故物，焉得不速老"！

我的家世，从真实的情况来说，实在是一个种田的家世。说文一点，就叫做"稻香家世"。正好，我曾祖父字"秬香"，倒也是对劲的。因为我的曾祖父有那末一点点功名，大厅上又有三块匾额，其中有一块还是知县老爷写的，所以子孙们都自己觉得高人一头，我亲自听我的堂叔醉后常说的一句话是：我堂上的匾额是可以压死人的！虽然从他这一辈起早已败落得几乎一无所有了，但那种鲁迅说的阿Q意识却还是很浓烈的。

我没有见到我的祖父一辈，但我亲眼见到了我的堂叔一辈和我的父亲一辈，他们一辈的情景，无论从我的家世和那个时代来说，我觉得都还是值得一谈的。

我曾祖父的次子是住在老屋里的，他的名字叫湘瀛，我没有见过。但他的儿子，也即是我父亲一辈的堂兄弟，我是见到的。他叫祖武，可能比我父亲小一点，所以我称他祖武叔叔。记得我上小学的时候，他生活得还比较好，穿着也较整齐，但到抗战开始后，他的生活就愈来愈坏了。也不知道他是做什么的，只知他每天往街上跑，到天黑了才回来。他有三个儿子，长名宗焕，次名宗煜，三名宗志。宗志与我年纪差不多，比我略长，我们俩常在一起，而且感情很好，我母亲也很喜欢他，他已没有母亲，所以对我母亲很亲。他后来到上海当学徒，不久就参加革命，到了苏北在陈毅的部下。但家里都不知道他的踪迹，都一直很惦记他。上海解放后不久，我突然收到了他的信，他已到了上海，在华东军管会工作。他让我去上海，我见到了他，还见到了与他一起的陈丕显同志。他的两个哥哥，据说抗战前就在上海参加了黑道，在上海沦陷时期就已经不在了。

祖武叔孤身一人在家里，后来沦落到衣食不周，我经常看到他穿一件破烂的黑大衣，满头乱发，一脸胡子。有一次，他忽然摔倒在老屋的厅堂上，等到我们去扶他起来时，人已经疯癫了。他说屋顶上匾额背后祖宗藏有财富，他是爬上去取财富摔下来的，之后，就一直疯疯癫癫。但只要有钱，就拼命喝酒。终至在一个严冬，他死在了他家的后门边。我母亲因为有几天不见他了，怕他没有吃的，到老屋去看他，才发现他已经死了。

我的另一位堂叔叫祖寿，他的父亲叫環瀛，住在我家的紧西边，他有两个女儿，两个儿子，都是我很熟悉的，他的小儿子与我差不多年纪，大约略小一点。

祖寿叔一生嗜酒，一日三至四次喝酒，喝醉了就骂人。他的妻子早已死了，两个女儿在上海工厂里做工，每月寄钱给他，他把钱都买酒喝了。他经常说的一句话就是：我家的匾额是可以压死人的！尽管喝酒的钱不愁，但后来酒愈喝愈多，钱终于不够了，有一次为了找钱，几乎把房子都拆坏了，他硬说房子的墙壁里有钱，其实他已经疯了。那是1942年左右，抗日战争正在艰苦的时候。

有一次，他忽然大吐血，真是吓人，总算抢救过来了，但不久，就完全疯了，完全没有理智了。不久也就死了。

我这两位堂叔的死，都是在我小时候，我还都亲眼见过。都是拼命喝酒，想钱想得发疯，最后疯癫而死。

听说，祖寿叔的两个女儿都参加了中国共产党，他的小儿子也工作得不错。

这是我亲眼见到的两个家庭的毁灭和新生，其时间都是在抗战后期。

我没有能见到我的祖父，也没有见到我父亲的哥哥，即我的伯父。他们都死得早。但前面说过，我祖父是一直种田的，到我父亲手里，家里只能靠种田过活，所以我很小就下地干活了。但我父亲抽鸦片，把家里的田地卖掉了一大半，本来一共才十多亩地，卖掉了一大半，只剩几亩地了，田里的收获养不活全家，所以债台高筑，有的还是高利贷。

我父亲与两个堂叔排名，他叫祖懋，字畏三。也像两个堂叔一样，整天在离家三里路的前洲镇上茶店里喝茶、聊天。此外就是泡烟馆，抽鸦片。我小时，他还曾带我去过一次烟馆，那时我根本不懂，只是等他抽完烟后一起回去。后来，他就在家里的小阁楼上躺着自己抽了。

农忙时，父亲也下地干活，有时请点散工，我是天天下地劳动的。母亲虽然舍不得，也只能让我去干，因为实在没有钱雇工。有一次，母亲让我姐姐素琴也下地，姐姐一直有肺病，很瘦弱，虽干不动活，眼看着农活要抢季节，也不能不下地。但干了两天，就病倒了，母亲、老祖母为此痛哭，我也很难过。我对母亲说，不要再让姐姐下地了，让我多干点罢，其实我那时才十来岁，又能干多少呢？

姐姐就是因为这样，病情加重，母亲无法，雇了一条小船，送姐姐到江阴去求医，我也一起去了。那次花了不少钱，但病却未有丝毫好转。

姐姐与两个哥哥一样，都只有初小毕业。那时，两个哥哥都在外当学徒，家里只有父亲、母亲、祖母、姐姐和我，平时姐姐很爱护我，管教我也很严。她自己喜欢画画，常常自己练习作画、写字。可惜家里贫穷，连饭都吃不饱，她的病就一天天拖着。有一次，日本鬼子下乡杀人放火，抢女人，村上的几个年轻女孩子都被抢去糟蹋了，我姐姐正病在床上，受此一惊，病情更重。因为家中没饭吃，母亲怕我饿坏了，就把我送到外祖母家，在舅舅家吃饭，干点零活，母亲也随着住几天。不想，突然，我大嫂从家里赶来，说我姐姐病情不好，要我母亲赶回去，于是我就跟着母亲急忙赶回家里。到家时，姐姐已经断气了。我母亲、祖母都痛哭失声，我更是第一次遭遇这样痛心的事，眼看着天天与自己在一起的姐姐没有了，这种悲痛的心情我简直无法形容。成殓的时候，要亲弟弟捧她的头，我父亲抬着她的脚，母亲扶着她的身子入棺。当我扶着她的头抬起来时，她的鼻孔里流出来许多白色如豆汁一样的东西，我急忙把她安放到棺材里，全家悲痛欲绝。后来，别人说姐姐实际上病重已经很久了，所以去世时自然就熄灭了，而鼻子里流出的白色液体，是内部早已坏了的结果。

总之，这是贫苦人家的悲剧。姐姐死时才二十二岁，我以往从来没有认真写到过她，但姐姐的样子，永远浮在我的眼前。现在，我已经过八十岁了，但一想起姐姐，我那童年的悲惨生活，全部又回到了我的眼前。

抗战开始后不久，两个哥哥都失业回家了，有钱的人家都逃难了，我们村是有名的穷巷，没有一家逃难的。这时全家唯一可以谋生的就是种地，但这时家中已只有四五亩地了，其中还有几亩桑田，所以种地也无法解决全家的生活，但也只能拼命干了。这时，父亲已戒掉了鸦片，与两个哥哥和我一起下地种田。我已经十四五岁了，已是一个全劳力了。一年四季的农活我全能干，春秋两季要忙着养蚕，可以增加点收入，我与哥哥、嫂嫂、母亲都下地采桑叶，桑叶最好是半嫩不老的，如是下过雨或露水太重就不能采，采了也要晾干。太湿的桑叶蚕吃了容易致病。有时碰到雨天，蚕不能停叶，只能采回来后，一叶一叶地把它擦干，再喂蚕。蚕吃叶时，沙沙有声，听着别是一种滋味。蚕要经过三眠，最后一次叫大眠，大眠以后蚕就长大了，成熟了。你可以看到蚕头和蚕身都是发亮透明的，再不是通身青色的了。这时的蚕都要仰起头来四面摇晃，实际上是在寻觅可以吐丝结茧的环境。这时就要赶快采蚕上簇，蚕一上簇，就忙个不停地吐丝结茧，经过几天的时间，茧就可以结成，封闭在茧里的蚕就慢慢地变成蛹。到蚕成蛹后，茧就算成熟了，可以采下出卖了。这时蚕农总希望茧行有个好价钱，那就一春的忙碌辛苦不算白费了。我每年采茧后，总要挑着茧随父兄到茧行去卖茧，有时卖到较好的价钱，全家都很高兴。我家因为春秋两季都养蚕，所以养蚕的全套活我都能干。特别是我母亲和大嫂是养蚕的能手，全村如发现有蚕瘟的苗头时，都要请她们去观察，采取紧急措施以避免酿成损失。

春秋两季的养蚕，虽然有些收入，但收入不多，只是借以补贴而已。我家的主要生活来源，还是靠种地，夏秋两季的麦子和稻子的收获，才是全家生活的依据。

我从六七岁开始下地干活，一直到1949年无锡解放，我参加解放军，才离开农村，其中有十六七年一直没有离开农活。家乡一年四季的农活，我不仅能干，而且都是在行的。水稻的活，从育苗、做秧田，到拔秧、插秧、耘稻、摸草，一直到秋收割稻、担稻、脱粒、牵砻（脱壳）、春米（去皮），我全都能干。麦子方面，从锄田、做麦垄，到播种麦子，麦子出青以后的培土、施肥，第二年5月麦黄季节，从割麦、抢收到脱粒，我也全能干。老农说，种田要学会三缩退：蒔秧、绞绳、固田岸。这三缩退第一个就是蒔秧，因为蒔秧是在水田里向后退着插的，一次自右至左横插一排六棵秧，右脚外两棵，两脚之间两棵，左脚外两棵。蒔秧时必须弯着腰，左手执秧把，右手插秧，从右到左横插过去，插完一横行，右脚先退后一步，再插第二个横行，插到左边，左脚再往后退一步，如此轮流。而插好的秧，横看，要是一条横线，竖看要是笔直的六根直线。所以每一棵秧，前后要对直，左右要看齐，不能歪斜。高手插秧，不停地往后退，直到插完，直起腰来一看，眼前是笔直的六条竖线，横里是一行行的横线，我经过一二个插秧季节的学习，也就完全熟练了。每年农忙，我三舅和小舅都来帮忙，总是我三舅占第一行（每行是六棵秧的位置），小舅占第二行，我占第三行。因为他们快，我刚插完半竖行，他们第一、二行就插完了，紧跟着就插第四、五行，到我把第三行插完时，他们的第四、第五行也插到末尾了。我经过他们不停地追赶，后来也就熟练而快起来了。也就能赶上他们了。农活中的绞绳、固田岸都是粗活，可以说不学就会。

农活中的挑担，也是要磨练的，我不仅能挑担，而且能左右换肩。因为无论是收麦子或稻子，一担上肩，都只能直挑到家，中途不能停歇。因为一歇，麦穗或稻穗就折断在地上，所以必须学会左右换肩。我在家，经常要从一二里外的地里把稻麦担回，中途必须换肩。换肩时将右肩一耸，身子略侧，左肩往后一凑，扁担就从后背转到左肩上了，既不着地，也不费力。"文革"后期，我在江西余江干校，采茶季节，我就负责担茶。采下的茶叶尤其不能着地，着地就会沾泥土气。一百多斤的担子，我总是能一肩到底，这就是靠中间的换肩。农活中还有戽水，也是费力而要训练的。我小时常去学戽水，水车转动慢的时候没有什么难处，最难的是大家使劲发力，脚步飞快，而要脚脚踏在车槌上，一脚不虚。如一脚跟不上，随之而转过来的车槌就会打在你的脚背上，所以有时候跟不上时，只好两手把住横杆，两脚悬空地吊起来，这样就被讥笑为"吊田鸡"。但这也只要训练几次，胆子放大，快步往前赶，也就能脚脚踏实了。我到后来，经常与他们一起赶车，轻快如飞，毫不在乎了。

回想起年青时种田的情景，真是一言难尽，当时的许多苦活，现在想想都是乐趣。所以，我每次回乡，都要去看望青年时与我一起干农活的朋友，想想当时天真而无拘的情景。

回顾我的家庭，从祖父经父亲到我，这三代人从未断过种田，如再往上数，实际上我曾祖父和他的上辈，也是一直种地的。经过这么多代人，家里从没有传下一本藏书来，也没有传下一个人的手迹来。我曾祖父可能是读书的，但估计也不会很深。据说有一部记载家乡水患和治理水灾的书，叫《治湖录》，里面记载着他治水的业绩。我家乡古称芙蓉湖，是一大片湖泊。故书名《治湖录》。他的功名，有说是捐的，有说是因治湖有功，清廷赠的，我觉得这可能更近乎事实。

另外，上数四五代，我家的亲戚中也没有一家是以读书为业的，在古代讲究门当户对，所以这也是值得注意到的。

因此，实实在在，我的家世，是一个真正的"稻香家世"！

2002 年 8 月 22 日写毕

我 的 读 书

我出生在江苏无锡北乡前洲镇后面的一个农民家庭里，家境贫寒，我虚龄九岁上小学。记得第一天上小学是我的堂姐带我去的，堂姐叫冯韵华，在小学里当老师，校长是刘诗堂。大家习惯叫他诗堂先生。诗堂先生办事认真而又和蔼可亲，大家都很尊敬他，我至今还能清楚地记得他的面容。

后来，诗堂先生不知为什么走了，也许是年龄太大了吧，可学生还一直想念着他。后来来的一位校长叫俞月秋，一来就推行"新生活运动"，只记得一项内容是靠左走，其他都忘记了。有一次上国文课，这位俞老师出的作文题目是"上张学良、杨虎城将军书"。那时正是"西安事变"，张、杨扣押了蒋介石，迫蒋抗日。内容是让学生写信给张、杨两将军，劝他释放蒋介石。其实那时我们年龄都很小，对于时局根本不懂，一个小学生，能懂什么呢？后来才明白，这个写在黑板上的大题目，实际上是写给上面看的。

还有隐约记得的一件事，是我们正在上"纪念周"的时候，突然传来消息，说日本人炮轰沈阳城，炮轰北大营。那时沈阳在哪里，我根本不知道，但日本鬼子侵略中国这是清楚的，虽然还都是小学生，却群情愤激，以至于我现在还历历在目。

　　小学里的事，我搜尽枯肠，也只剩这两件事永远忘不了了。当然后一件事情时间比前一件更早一点。

　　我小学上到五年级，抗日战争就爆发了。有一天我背着书包上学，忽然日本飞机在头上转，撒下来大批传单，捡起一看，上面印着"暴蒋握政权，行将没落"。走到学校里，学校却早已关门了，老师一个也不见了，我只得转身回家。可我书包里还装着一本《三国演义》，是学校图书馆的，也无法还了，这就成了我失学后的一本最佳读物。从此这本书伴随了我好多年，我读了一遍又一遍，因为无书可读，只好反复读这本书，到后来有许多段落的文字，许多人物对答的精彩语言，许多回目，我都能背得出来。一部《三国演义》，培养了我阅读古典小说、古典文学的兴趣。

　　我失学后就在家种地，那时我虚岁十四岁，眼看着镇上有钱的人家都逃难了，但我们村子——冯巷，是有名的穷巷，没有一家能逃难的，我的亲友，也没有一家能逃难的。农家的孩子从小就与土地和庄稼打交道，我那时已经天天下地干活了。

　　我从《三国演义》开始，后来又借到了《水浒传》，看了真带劲。我看的是金圣叹的评本，仔细读金圣叹的评，启发我边读边品味。我读的《三国》也是带评的，是毛宗冈的评。可开始我急于看故事情节，往往把评跳过去了，后来才知道看评更能让你领会书中的意思，特别是让你注意欣赏文章的佳处，细微到用字用词，有时也有醒人的批语，这样我读得更入神了。就这样，我除了农活以外便沉浸在读书里，千方百计到处借书看，后来我又借到了《西厢记》，也是金批本。我一读《西厢记》的文辞，真是满口生香，尽管还似懂非懂，但越读越爱读，以至于拿来熟读背诵，有不少精彩的段落和词句，我都能背诵，《西厢》这部书也一直不离手。后来我又借到了《古诗源》，这本书连封皮都没有了，

36

可能前半部分已经丢失了，我特别爱读里面的《古诗十九首》，虽然仍是半懂不懂，但觉得意味醇厚缠绵，可以味之又味。还有《孔雀东南飞》，即《古诗为焦仲卿妻作》。读后使我十分震动，恰好我二舅父顾仲庆在芜湖工作，他到我家来，我问他芜湖离庐江有多远？他非常奇怪，问我为什么问这个问题。我告诉他我读了《孔雀东南飞》，上面写着是在庐江发生的事。他虽然没有读过这首诗，但觉得我小小年纪就这么喜欢读书，就这么喜欢追根究底，很是难得，因此就特别喜欢我，与我讲了庐江有周瑜墓，有小乔墓等等，更加引起了我的兴趣，可惜我至今也没有到过庐江。

这段时间共约三年，我真读了不少书，连《论语》、《孟子》、《古文观止》、《东莱博议》、《聊斋志异》、《西游记》、《夜雨秋灯录》、《浮生六记》等等都读了。有一次，我二哥到苏州去，给我带回来《西青散记》、《西青笔记》，还有《陶庵梦忆》、《西湖梦寻》、《嬗嬛文集》等等，还有叶天寥、沈宜修、叶小鸾的书，这一直是我想读而找不到的书，我开了一个书单给二哥，想不到竟能买回来，当时我如一朝暴富，天天夜以继日地沉浸在这些书里。尤其是张岱的《陶庵梦忆》等书，使我废寝忘食，有不少文章我都能背诵，连《自为墓志铭》这篇长文我也能背。我觉得《西青散记》文有仙气，而《陶庵梦忆》、《西湖梦寻》则有逸气。我读《浮生六记》也是全神贯注的，因为我的家离书中所写到的东高山、江阴都很近。尤其是东高山，只有数里之遥。有一次我有便经过那里，还特意去东高山，但事隔二百多年，世事梦幻，到哪里去寻找呢？

我这一段时间，生活很艰苦，家里常断炊，祖母、母亲、大嫂常对着空锅哭泣，没有东西给我们吃。每到秋冬，经常吃南瓜度日。而日本鬼子又不断到乡间来扫荡，清乡，抢掠、杀人。我的亲姐姐素琴，从小就一直领着我、爱护我教导我的，她有心脏病，可家中无钱可医，就是日本鬼子来扫荡时受了惊骇，心脏病发作而去世了。我的堂房姑妈因为日本鬼子强暴她的女儿，她拿起粪勺当头猛击日本鬼子，鬼子以为游击队来了，就逃跑了。她的女儿是一时得救了，她却被重来的大队鬼子开膛破肚，砍成四块，壮烈牺牲了！我的三舅父是小学老师，是当地有名的书法家，日本鬼子把他吊起来毒打，要他说出游击队的行踪，他就是不说，被活活地打死了。不久，我的老祖母得癌症去世了，我的亲伯母又得疯病去世了，我的家真正破碎了，我天天面对着母亲的哭泣，自己无法安慰她，我们的生活真的在水深火热之中。

但是，不管怎么艰难，总得生活下去，我与两个哥哥一起，天天起早落黑在家种地，我还养了四五头羊，就这样苦挨着。我幸亏有这些书，其他脑子里都不去想，一有空就读书，最好的时间就是夜间，我往往点着油灯或蜡烛，天天读到深更半夜，而且早晨还早起早读，这样几年中间，我把借来的和买来的书都读完了，我感到真是开卷有益，读书是能开启人们的心灵的，虽然我对古书仍是半懂不懂，但我觉得比前似乎多懂了一点了。不过，我当时的读书是杂乱无章的，只好拿到什么就读什么，既不懂得系统地读书，更没有老师指导，只是暗中摸索而已。所以我非常羡慕别人能读中学、大学。总算，我十七岁那年，镇上办了中学，我得到家里的支持，就去考了中学，入一年级。国文老师叫丁约斋。十分器重我，说我书比他们读得多，领悟得快。但丁老师当时究竟教我读了些什么，我真的一点也想不起来了。丁老师有四件事是永远不能让我忘记的：一是他坚持要去看看我的家，说我是书香门第。天晓得，我父亲仅能写信，究竟识多少字我也不知道。祖父是老早就去世了，我都没有见过，更没有听说他读书，连他的名字至今也不知道。曾祖父冯秬香，倒是读书的，可能中过举，只记得我住的老屋厅堂里的柱子上、屏门上贴满了报录，老人说这是考中后来报喜的，厅上的匾额叫"馨德堂"，是当时的知县老爷裴大中写的。过去还有一篇曾祖父的寿序，刻本，红字印刷，文章是四六骈文，写得极为精彩，朗朗上口，我以前也能背诵，本子也一直在身边，可后来一次次的运动，本子早丢了，连脑子里记得的也早已没有了。丁老师说我是书香门第，此话用来说我的曾祖父，大概还可以，用来说我当时的家，早已是稻香门第甚至是饥寒门第了，哪里还有一丝书香味道？可丁老师还是要去。结果到了我那虽大而破落不堪的家里，真是让他失望。但他从我的旧书架上找到了一部《安般簃诗钞》，一部《古诗笺》，清初刻本，可能还有其他几种书，他就大为高兴，说这种书，一般人家是不可能有的，好像证明了他的"书香门第"的说法。其实这几种书，都是我的一位朋友送给我的，他倒是真正的"书香门第"，几间屋子里堆满的都是古籍，零乱地堆砌着，任凭鼠咬虫蚀。他说你喜欢古书，随意拿罢，不拿也就全毁了。我看着真心痛，又无法进去仔细挑，只好在门口拿了几种。想不到这几种书却证明了我这个早已不存在的"书香门第"。

二是丁老师对我说："读书要早，著书要晚。"这句话深深地影响着我。"读书要早"，可是我已经晚了，而且是无师自读，暗中摸索，已经无法弥补了，再也早不了了！"著书要晚"，这句话倒是他说得过早了。一个初一的农村孩子，离著书还远着呢！我心想我能著书吗？也许晚到最晚最晚也未必能著书。但丁老师的意思是早读书，可以多读书，早开启智力；晚著书是让自己的思想更成熟，见解更可靠，不致贻误后人。丁老师的话是非常宝贵的，所以至今我一直铭记在心。

三是我在旧书摊上买到一册《水云楼词》，曼陀罗华阁刊本，刻得很精，著者是蒋春霖，字鹿潭，是咸丰时期的大词人。这本书好用古体字，如"夢"字刻作"𡺪"，"花"字刻作"芲"，"散"字刻作"㪔"，"瘦"字刻作"瘶"等等，我开始不认识这些古字，但反复琢磨，也就慢慢地认识了。可是词是长短句，押韵的规律不像诗，所以一时无法准确断句，那时我还不知道有万红友《词律》，也不知道有简易的《白香词谱》，只是自己反复推敲，寻求韵脚，然后琢磨着断句，结果有不少算是蒙对了，有一些却搞错了。为了明白究竟，我又去请教丁老师。丁老师一读这本词集，就说好，是大家。那些难认的古字，我一一读给丁老师听，居然都读对了，他大为高兴，说识字是读书的第一步，一定先要学好"小学"。然后把我不会断句的一些句子教我断句，经过这一番教导，《水云楼词》都能依词律正确断句了。后来我又得知有万树《词律》，又是请我二哥去苏州时买到了，木刻书一大套，我好不欢喜，随即将《水云楼词》逐阕与《词律》对照断句识韵，至此，一部《水云楼词》算全部读通。我非常喜欢《水云楼词》，所以差不多整本词我大部分能背诵。这是我喜欢读"词"的开始。至今我还保存着我启蒙时期读过的这本词集，不但如此，经过五十多年的搜求，我现在拥有的《水云楼词》的版本，可能是最多者，连蒋鹿潭钤自己的"水云楼"章的本子都被我搜集到了。解放前，我连《水云楼词》的原刻板的下落都弄清了，记得有一位姓周的老先生，是蒋氏的亲戚，刻板在他手里，他愿将全部词集的板子卖给我，我一个穷学生，如何有力买，只好望板兴叹！

因为《水云楼词》的古字，丁老师说"读书要先从识字始"，我就一直记着这句名言。所以我更加爱好和注意这类篆写的古字。又过了多年，我才读到《说文解字》这部书，读甲骨文和金文的书，那是更晚了。

四是我上初中一年级时，丁老师就教我们写文章。丁老师每次都嘱咐，写好的文章，自己必须读三遍到五遍，方可交卷，自己没有反复读过的文章，不准交卷。我对这一规定，特别赞成。因为我上初中前，一直自己学写文言文，我是喜欢边写边念的，每完成一篇文章，自己就背得出了。上初中后写的是白话文，但我的习惯不改，也照样反复读，甚至能背。我自己觉得文章多读几遍，有些不必要的字词，自己就会感觉出来，意思好不好，畅通不畅通，也可以通过自己的阅读有所发现。所以至今养成了我写文章的习惯，自己写的文章，总要反复读五遍到十遍，就是给人写信，我也总要重读一遍到二遍，看看有没有落字，有些话说得妥不妥。我自己觉得这是一个很好的习惯，是非常有益的习惯，其实这一点，过去鲁迅就早已说过。可见这确是一条宝贵的经验。

丁先生只教了我们一年就辞去了，后来再也没有能见面。

我初中毕业后，就考入无锡城里的省立无锡工业专科学校，录取的是染织科，功课以数理化为主。这可与我的爱好大大相反，所以我的数理化功课成绩很差，有时还不及格。可我的语文课的成绩总是最好的，作文尤其突出，常受老师表扬。还有我的图画成绩也是最好的，我也常常练习写字和作画。我的国文老师是张潮象老先生，他是无锡有名的词人，别号"雪巅词客"，书法也很好。有一次，他在课堂上讲《圆圆传》，讲到吴三桂开山海关迎清兵入关时，竟痛哭流涕，大骂吴三桂叛国投敌。学生听了，非常感动，大家心里明白他是在骂与日本人合作的汪伪汉奸。但大家都为他捏一把汗，因为我们的课堂上，经常有日本人穿便衣坐在后排"听课"的，老先生年龄已很大，根本不知道这些情况。幸好那一天没有日本人来"听课"，总算没有出事。当时学校有好多位著名的语文老师，还有一位叫顾钦伯，诗作得好，与张潮象老师也是好友，我是住宿的学生，顾老师也住在学校里，所以我常去请教他，听他讲诗。还有一位讲印染学的范光铸老师，写一手《麓山寺碑》，当时给我写了好多幅字，我一直珍藏着。是他告诉我，《红楼梦》里都是讲做诗的，劝我快读《红楼梦》，这是我第一次听到《红楼梦》的名字，也是第一次读它，但却没有能读完。那是 1943 年的下半年，我虚岁二十一岁。我在无锡工专读了一年，就读不下去了，因为家里实在负担不起，加上我又不喜欢数理化。虽然我非常喜欢张老师、顾老师和范老师，但我无法继续下去，所以 1944 年的夏天，我又失学回到了家乡种地。不久，就被聘当小学老师，但仍没有脱离种地。所以我老家与我差不多年纪的农民，都是与我一起干过活的，家乡的农活，我也件件能拿得起来，包括挑担、插秧等等。

不过，还有一件事我始终没有脱离，这就是读书。我一直记着丁老师说的话："读书要早，著书要晚"，"读书要从识字开始"，"写好了文章自己要多看几遍"。

我现在快到八十岁了，回过头来想想，丁老师的这几句话，仍旧是对的，我现在无论是读书和写作，总是不敢忘记这几句话。而且总是觉得自己读书太少，自己的古文字学的功夫太差，自己写好的文章更要多读几遍，五遍到十遍才敢放手！

如果能加我一倍年寿的话，我一定从现在开始再从头学起，以前学的，实在太少太浅了！我感到中国的学问实在太深太广了，如果真的让我再从头学起的话，现在我可能知道该如何学习了！

2001 年 11 月 16 日夜 12 时于京东且住草堂

闲 话 蟋 蟀

南吕在律，凉飙动地，远瞩平原，秋草萋绿。小窗人定，焚香寂坐，砌下乱蛩，如吟愁赋，暂入酸肠，清泪盈把矣。

犹忆舞勺之年，最喜促织，麀眼疏篱，荒榛丛蒿中，披棘而觅，倾耳而听，虽足瘃目眩，不惮也。既得，则饲以栗黄，饮以清露，居旧陶盎，视连城拱璧，犹不啻焉。虫之良者，号红麻头、白麻头、青项金翅、金丝额、银丝额等；每角，胜则翘翅矜鸣，似报其主。里中游侠儿，颇有以为业者，遂至一虫之值，高至万金，草虫纤物，声价若此，可胜浩叹！

月上东轩，银红寂寂，小酌斋头，天香浮斚，一闻蛩吟，有动于中，默忆古人名句，清意盎然。如古诗云："明月皎夜光，促织鸣东壁。"翁森《四时读书乐》云："篱豆花开蟋蟀鸣。"吴文英《齐天乐》云："可惜秋宵，乱蛩疏雨里。"周邦彦《齐天乐》云："暮雨生寒，鸣蛩劝织。"周密《玉京秋》云："一襟幽事，砌蛩能说。"蒋鹿潭《月下笛》云："只后夜酒醒时，满地鸣虫自苦。"张崟远《菩萨蛮》云："蛩声唧唧金井梧。"张持远《声声慢》云："露滴寒蛩，草根慢诉哀声。"王敬哉《满庭芳》云："叫彻寒蛩，又是黄昏将近。"宋玉叔《满江红》

云："试问哀蛩，缘底事终宵呜咽。"李竹西《念奴娇》云："蛩吟凄断，落叶和愁积。"腹笥不富，所忆仅此而已。

金井梧畔，红蓼汀边，振翅一鸣，便赚得墨客骚人，如许清词，缙绅处士，挥金如土，能不唏嘘乎？

（原载 1942 年《锡报》）

澄江八日记

江阴古延陵地，春秋属吴公子札，战国时楚封春申君黄歇，自汉迄元，为乡，为县，为国，为望，为军，为州，为郡，为路，沿革不常，明隶南直之常州府，其地北滨大江，东连常熟，西界武进，南界无锡，中峙三十三山，江以南一剧邑也。明末典史阎应元，率众抗拒清兵，守八十余日，死清三王十八将，士卒七万五千有奇，城破之时，场内外数十万居民，同心死难。及清兵屠城毕，男女老少，仅存五十三人而已！今秋余为母校青城中学招生事，遂至江城，游览所至，因纪其大略如次：

八月十四日晨，余偕罗君天农，先至江阴布置招考事，七时许乘澄锡路汽车启程，一路虽甚颠顿，然以司机持重，故甚平安，沿途禾黍油油，青山掩映，风景至为幽美。抵江阴北门，已九时许矣。下车后即转赴石牌，访陆君持伦，车经君山之侧，一抔隆然，上建祠宇，山下荒冢累累，满目凄凉。据《江阴城守记》载"敌骑日益，依君山为营，瞰城虚实"，即此处也。约行二十分钟后，过黄山要塞，营房依山结构，甚为整齐，长江即在其北，江防要塞也。旋至石牌，该处为江阴东北乡之一小镇，濒长江，依山（长山）而居，居民约二百余户，名曰安全

45

村。据云：该处民性甚为强悍，附近各村，均惧之。抗战时，日寇亦多有被杀者。下车后，晤持伦、文龙二君，稍坐，文龙即设酒相待，酒饭既毕，即与持伦、文龙趁原车同赴城中，至城南征存中学，晤俞允明先生，蒙代接洽报名考试处。薄暮，天农返锡，持伦、文龙同往访高不危君，余宿东方旅社，独处无聊，命酒消遣，酒阑，闻逆旅主人云：四眼井即在其左，乃信步往访，该井周围，宽约丈余，井口以四石圈分围之，故云四眼井。井圈凿有"义勇阆泉"四字，据《江阴城守记》载："城破之日，居民投四眼井死者，四百余人。"今观此井之宽广，信矣。夜，持伦、文龙偕高君来邀晚餐，高君居处，即在文庙东侧，县立中学之后，本拟一观文庙，以天黑而罢，九时许始偕持伦、文龙归宿。

十五日晨，八时许，不危兄又来邀早餐，不忍拂其意，遂又往，早餐毕即偕文龙至县中，转至明伦堂。据《江阴城守后记》载："闰六月初一，诸生许用德，悬明太祖御容于明伦堂，率众拜且哭曰：'头可断，发不可剃。'"余今亲临其地，见四壁萧然，阶前荒草纵横，两壁有平定金川，平定青海，告太庙碑，半系满文，低徊久之，乃出。至文庙，则断垣残瓦，不堪置足；大成殿半已倾圮，庭中行环桥三，古柏数十株，矗立半空，下多植黄豆，纵横没径，兴国寺即在其南，有塔耸然入云，塔顶倾圮，相传该寺为三国时孙权所建，塔顶为清兵攻城时炮火所毁，周身亦洞穿，满目苍凉，令人浩叹。寺基亦仅存周围土墙，寺前红墙与"兴国寺"三字，尚危然独存，其余一片瓦砾荒草而已。十时许，至征存中学，晤吴君文治，因同至南城，城门甚低，外有套城，曰朝宗门，上有"忠义之邦"四字，明末抗战后所书也。饭后偕文治游中山公园，树木甚森郁，北部皆高冈，冈后绕有小河，即玉带河，《江阴城守记》载城破之后，投此河死者，叠尸数重。侧有观音寺，寺内藏唐僧怀素草书《多心经》石刻，余即偕文治往观之。由寺中一小童导至侧首一暗室中，中立佛龛，两旁停灵柩数口，佛柜之后，此碑巍立壁间，共五方，高约丈许，笔势纵横，艺林珍品也；春间吾友邵君雪泥曾拓之以归。

十六日，耀先、士莲自锡来，因同至石碑，再晤持伦，饭后步行至占文桥，路途甚遥，薄暮始抵文治府中，该村名曰南庄，居民约百余户，村后有小山，曰稷山，其侧有香山，昔苏东坡曾读书于此，至今山上读书堂，洗砚池，景物至为清幽，当晚，留宿南庄。

十七日，辞文治，步行至王家埭，已午时矣，即于该处民家，买酒煮饭，饭后乘车至石牌，再晤持伦，因同至长山侧江边闲眺，江中波平浪静，一望无际，对江烟树凄迷，不可辨矣。天甚热，持伦等均解衣入江中洗浴，余亦趁兴参加，值潮落，江水甚浅，离岸步向江心可里许，约经半小时，始登岸缓步而进，登车返江阴城，是夜宿城南征存中学。

十八日，昨晚乘凉时，闻俞允明先生言，明伦堂侧，去岁开垦，发现古井一口，并有石碑，系明末某公殉节之所，早晨余即独步往寻，至明伦堂，遍觅不得，转辗无法，乃询之土人，始知在明伦堂右侧屋外。复由当地土人导往，为余将周围丛草拨开，则一碑斜立于井畔，碑文甚清晰，明末冯公厚敦夫人王氏，与其女弟殉节之处也。按《江阴城守记》载："训导冯厚敦公服缢于明伦堂，妻与姊投井死。"今视其碑文曰："明邑司训冯公厚敦，乙酉之变，衣冠缢于明伦堂，孺人王氏及女弟同赴此井死焉。乾隆壬子秋，煦董修邑志，得步邑之贤士大夫后尘，乃与瑞征……访忠烈之遗迹，扬幽闺之懿节，因请于王夫子，恩勒之负珉贞以志不朽，邑人赵时煦立石。"低徊久之，归校闻烈女祠前湖即在校后，当日应元投湖被逮之处也，即往觅之，惜荒草没径，无可问津矣！栖霞禅院，应元被害之处，闻亦在附近，恨湮没，不能复寻忠烈遗迹矣。

十九日，偕耀先同至云亭，车中甚挤，抵云亭已午餐时矣。访金君懋鼎，同餐于其外祖姜府，饭后同视该镇，市容尚整齐，约可数百户，镇口有山曰羊头山，据云乱时该处常有土匪盘据，今幸安宁矣！薄暮车返征存中学。

二十日，偕士莲乘车至周庄，经绮山，道侧有古墓，墓道左右，罗立石人石马，明兵部尚书徐晞之墓也。至周庄，其南有小山曰砂山，昔应元尝奉母隐居于此。《江阴城守后记》载："时旧典史阎应元，已升广东英德县主簿，以母病未行，会国变，挈家侨居邑东之砂山。"周庄离城约二十里不足，江阴东乡之大镇也。居舍鳞比，居民环聚，有千余户，小汽船往来甚便，江阴城中有二侯祠，即纪念明末殉难之忠臣吴桢、吴良也。其母妻即居于此，下车后，即于镇中登行茶楼品茗，俟占文桥轮船不至，延至六时许，才步行，沿途早禾已垂垂欲黄。过伞墩遥望一小丘，绿树荫浓，四周小溪环绕，垂柳丝丝，景物殊幽，据云系越王勾践第五子之坟，墩上有一洞，深数十丈，高可容人，吾友文治，曾提灯往探之，内空无一物，余以时已垂暮，遂未往游，至占文桥南庄，再晤文治，已掌灯矣。

二十一日，午后大雨，仍留南庄。

二十二日晨，偕士莲至占文桥，于镇上觅得小车一辆，即沿东横河一直回江阴城。沿河两岸，均皆高冈，冈上甘稞丛生，树木茂密，每值一村落，必有小桥一二架，横跨河上。居民大多以织布为生，民风至为朴实。道经三官殿，市容尚称热闹，居户约百余家，《江阴城守记》载"泗善港葛辅弼父子，率兵五百人，自负剽悍，入城赴援，备保咸出兵助之——至三官殿勉强交战，歼焉"，即此处也。复经十余里，始抵浦鞋，此间离城已近，以车夫年迈，余甚惜之，即发资遣归，步行入江阴东城，城门高大如南门，有额曰"春晖门"。午时，至征存中学，余以溽暑蒸人，客居不便，急欲返锡，遂辞耀先、士莲先归。此行也历时八日，深蒙持伦、文治诸兄相待，然恨暑气熏蒸，来往不便，手头又乏书籍查考，致未能详考澄江旧迹，仅得其梗概而已，异日有缘，当图重游也。

（原载 1947 年 10 月 22 日《大锡报》）

我的第一本书

——我与上海图书馆

我的第一本书——《蒋鹿潭年谱考略》，是 1948 年在上海图书馆的前身——合众图书馆写成的。

我怎么会到合众图书馆写书的呢？这有一个过程：我是 1946 年春，抗战胜利后考入无锡国专的，那时无锡国专刚从广西桂林迁回无锡，我是抗战胜利后第一届考入无锡的无锡国专的。那时国内的形势是国共两党由和平谈判走向破裂，然后揭开解放战争的序幕。记得自 1946 年起，国统区的社会就非常混乱，物价飞涨，国民党的接收大员掠夺贪污，民怨沸腾，于是以青年学生为主的各种社会运动此伏彼起，相继不断。当时无锡国专的学生也卷入了当地的学生运动浪潮，先是反对校内的贪污问题，接着是沈崇事件、反饥饿运动等等。我当时是校内反贪污运动的学生代表，后来发展到与校外的运动相结合，形成全市学生运动的合流。按我当时的思想认识，我只是一个爱国的有强烈正义感的青年学生，政治上并没有多少认识，只觉得国民党的贪污腐败，依靠美国打内战，对外奴颜婢膝，还镇压青年学生，等等等等，深为可恶；而共产党完全是正义的，是符合人民利益和社会发展的趋势的。这只是思想上的认识，在组织上我还没有直接与党联系。但是，因为我参加了学生运动，又是校内的代表，后来校内又发生了反对一位国民党教授的运动，我又是运动的代表，于是遭到了国民党特务的监视。1947年的下半年，我受到了学校的处分，原定是开除，但在教授会议上为我的事，教授们大吵了起来。有一位老教授俞锺彦先生竟然举起茶杯掷向了那位国民党的教授，据说俞先生也是国民党资深的人物，与李宗仁私交很深。他教我们诗词，对我特别钟爱。还有一位年轻的冯励青教授，也起来大声疾呼地反对，而教务长冯振心先生私底下是爱护我的，由于那两位教授一闹，冯振心先生就顺势作了决定，不开除，留校察看。另一位高涤云同学，则遭到了开除。正在这时，我与高涤云都接到了地下组织的通知，让我们离开无锡。这样，高涤云就由我帮助安排到我的老家前洲小学教书，我与他在农村住了一段时间。同时设法与上海无锡国专（无锡国专的上海分部）的教务长王蘧常先生联系。王先生早些时来无锡处理校务，我作为学生代表，曾与王先生见面多次，甚获好感，因此即设法与王先生沟通。不久，即得到王先生的口信，要我立即到上海无锡国专，这样我就于1948年初春到了上海，同去的还有老同学沈燮元、张仁迪两人。

到了上海的无锡国专以后，我很想认认真真地读点书，当时教授阵容很强，王蘧常先生开先秦诸子课，主讲《庄子》，童书业先生讲秦汉史，王佩玱先生讲目录学，葛绥成先生教地理学，朱大可、顾佛影先生讲诗学，张世禄先生讲音韵学等等等等。而王蘧常先生为了让我多读书，就介绍我去拜见顾廷龙先生，他是著名的目录版本学家，又是合众图书馆的馆长。

我见了顾廷龙先生以后，先生十分照顾，特给我留一个专柜，每天借书不用再办手续，所用的书放在专柜里，第二天自己取用，这样节省了很多时间。这时我正在写《蒋鹿潭年谱初稿》，我除了依靠合众图书馆的资料外，还到福州路上的旧书店去找书。我差不多把福州路上的旧书店都查遍了，有时就干脆住在温知书店，经理王兆文先生是我的书友，这样我在福州路上的书店里搜集到与蒋鹿潭同时的不少淮海词人的词集，还有蒋鹿潭友人杜文澜、徐鼐、陈百生、宗源瀚、乔松年等人的集子。甚至连钤有蒋鹿潭的"水云楼"章的《水云楼词集》我也搜集到了。这样，我以合众图书馆作为我的基地，在那里开始写作，经过半年的时间，基本完成了初稿。中间我还遇到车祸，撞伤了腿，有较长一段时间不能去合众，顾先生还托人来问，为什么不去看书？知道我受伤以后，还嘱咐我好好养病，书柜仍保留着。等我病愈以后，终于在那里完成了此书的初稿。之后，我又清抄了一遍。"文革"中，我的清抄本丢失了，而我在合众图书馆时的初稿本侥幸还保留着，大部分的资料还保存着，所以我又下决心依据初稿，重新撰写此书。并增写了《〈水云楼诗词〉辑校》，合为一书。

1982年6月，我收到顾老从上海寄给我的信，告诉我上海图书馆要出纪念论文集，希望我撰稿。顾老的信说：

其庸同志：

　　昨奉手书，敬悉一一。

　　承许为敝馆纪念论文集撰文，光我篇幅，至深感荷！

　　大著《蒋鹿潭年谱考略》，甚好。希望得暇命笔。为荷！

　　近阅杨殿珣君年谱目录，鹿潭年谱尚付缺如。尊作出，足弥此憾。

　　闻京中炎热，上海尚不过二十八九度。诸惟珍摄。匆复，不尽一一。祗请

撰安

弟廷龙敬上

6.20

那时我的《蒋鹿潭年谱考略》已重写完成，我当即将稿件寄奉，后来即在上海图书馆的纪念论文集上发表。这就是说，我的第一本书，即是在上海图书馆的前身合众图书馆写成的，而它的发表，又是在三十五年后的上海图书馆的论文集上发表的，到 1986 年，此书才由齐鲁书社出版。

之后，我一直保持着与上海图书馆和顾老的联系，那时，顾老常到北京来开会，他一般都住在张自忠路和敬公主府内的招待所里，刚好是与我的住处一墙之隔。我在住处五楼的阳台上，可以看到顾老在隔壁庭院里散步。有一天，顾老竟然跑到我的五层楼上来闲谈，这真是我意想不到的事。后来顾老到北京来住了，我曾到他的住处拜望过他。

1998 年 5 月，我在中国美术馆举办书画展，展前，想请顾老参加开幕式，又怕他年高不能来。我即打了一个电话，开始顾老因耳背，听不明白是谁，后来听明白后，立即说：能来！能来！这样，顾老竟光临了这次展览，使展览倍觉生色。顾老当时身体甚好，兴致也很高，想不到到 6 月 9 日，就查出顾老患肠癌，已是晚期，虽经抢救，到 8 月 22 日，终于不幸逝世！令人无限痛惜！

顾老去世后，我与上海图书馆仍保持着亲密的关系，馆长陈燮君先生（现任上海博物馆馆长）每次来北京开会，总要来见面。馆里业务方面的同志也多次访问过我。特别是 2000 年 9 月 27 日到 10 月 2 日，还承上海图书馆、《解放日报》、上海大学美术学院为我举办"玄奘取经之路暨大西部摄影展"，而展出的地点，就是在上海图书馆。我的摄影展，也是生平第一次，这次摄影展，还请到钱伟长老先生光临，真是荣宠无比！

奇怪的是我的第一本书的撰写和发表，第一次学术性的摄影展的展出，都是在上海图书馆，这两个"第一"，并不是有意安排的，而且前后相隔几十年，也无从安排，这只能说是一种天缘巧合，是翰墨姻缘！

2002 年 5 月 23 日

回乡见闻

——1962 年 2 月回乡所见

　　我的家在江苏省无锡县前洲镇冯巷，这里南距太湖约卅里，北距长江约卅余里，位于太湖和长江之间，是自然条件十分优越的鱼米之乡，我在幼年和青年时期，一直是在农村生长的，虽前后在农村种过十多年地，对于过去家乡的农业情况我都比较了解，家乡的各种农业劳动，我还都会干，但是我自解放以后，基本上就全部脱离了农村，到北京来也已八年，所以对家乡的情况，我完全不了解了，这次因为我的七十三岁的老母亲病重，我回去探望她，所以又回到了我久别的故乡。

航船中的见闻

　　我的家在无锡北部，离城卅里，从无锡回来，一定要乘内河航行的小轮船，2 月 4 日下午 4 时，我在吴桥上船，这天是旧历的大除夕，乘船的人很拥挤，有少数是从外地回乡的，多数则是前洲镇附近的居民因事上城后回家的。我在船中找到了座位后，就注意倾听船中乘客们的议论。这时，坐在我对面的一位老农和一位看上去有六十左右的老太太，开始在谈论了。老农自言自语说："唉！想不到活到七十多岁还要准备饿死。"这时在他身旁的老太太就接口说："不会的，你的福气好，你的孩子在外面赚钱。"以下便是他们的对话：

老太太："棺材总准备好了罢？"

老农："这件东西倒是早已准备好了。"

老太太："倒是现在的口粮问题，一个月吃十三斤半，命都要炼掉了。"

老太太："听说塘西那里很好（按：据说塘西在杭州那边，但我不熟悉，也不知是否是这两个字），粮食尽吃，怪不得人家把女儿送到塘西去换米。听说××家要卖家具，不知有没有人要？"

老农："不知有没有台子（即桌子），如果有，我倒想弄一张，给小的儿子准备准备，宁可卖掉别的东西。"

老农："我的儿子有一双长统胶鞋，那东西真好，现在买不到了。如有人要，想拿去换点米再说。"

老太太："某某家一件新的卫生衫换了×斤米……"

老太太："可怜×××，想不到扒了（意即'苦干了'）几十年，会死在这个时候，弄得棺材都没有，丢下了一大群儿女。"

老农："×××真扒，起早起，磨黄昏，从没有停过，所以人是空的（意即人生是空的）。"

老农："哪晓得现在比东洋人还狠（东洋人即日本帝国主义的侵略军，我们家乡沦陷时叫日本军'东洋人'），东洋人只要完（交）多少粮，哪听说现在要完（交）这些粮的，全部拿去了老百姓还有什么吃的。"

这时旁边有人插嘴说："全部拿去了还不够，都把指标定得那么高，鸟还在天上飞呢（意即完全是不落实的渺茫的）。"

这时，船中的一位中年男子向我招呼说："你不是其庸吗？多年不见了。"（我已记不起这人的名字，只得含糊答应）他自我介绍说："我叫培均，是在蒋家弄边上开生面店的。"（这时我想起了他过去的样子）他说："这次回家，你可能要不认得家乡了，乡间实在苦透了。"

以上，是我在船中所见所闻的实录，当时说得还要多些，但有些已经记不住了，这两位老农据了解是前洲镇东头拓塘滨人，据我观察，这两个人的生活恐怕还不是最苦的，他们的衣服穿得还算整齐（补得不很多），脸色虽然也憔悴，但说话时精神还好，不过多一些叹息声而已。重要的是他们在谈论时，周围群众的情绪都是与他们一致的，同时船中别的乘客也在议论，我只是记述坐在我对面的两个人的谈话。

"六 十 条"

我为了要了解造成这种局面的根本原因，所以到家后，在与村中的农民接触时，就向他们询问"六十条"的贯彻情况，我问过好多人，如村西第一家的季方（这家原来是较富裕的，抗战时，我在家乡种地，家中没有粮食，他们经济比较好，有余粮，养好几头猪），我家东邻的寿康，以及离我家五六里路的我的小舅父顾晓初等，他们的回答都是一样的。季方说："'七十条'也没有用，都在干部手里。"寿康说："'六十条'贯彻是贯彻了，就是没有认真照着做（贯彻的意思实际上是说已经讲过了），开会时大家也不认真听，到会的人也不多。"季方说："我反正不去开会，这些会开了毫无用处，还去开什么会呢？"我问到退赔的情况，他们说："整风整社开始时，好像很认真，只管来登记，但是，只有登记，没有赔偿，就是稍有赔偿，也是微乎其微，主要是记账的办法，或者说明年赔，或者说由小队赔，到现在是早已无影无踪了。"我家的前面一间屋子，即大门进去的第一间屋，是被小队占为仓库的。据我嫂嫂说，从未付过租金或其他代价（占用已有一年多），仅在我回去以前几天，因为家中无柴烧，向小队再三说了，才算拿了三担稻草，我说为什么不提意见，他们说，提来提去总是如此，再提反而不好。反正翻来覆去总是这些人当干部。我说"六十条"规定得很具体，为什么不照"六十条"提意见，他们说"六十条"不在我们手里，我们也记不清是哪些。他们说，总之，共产党毛主席是好的，政府也是好的，就是干部不好，没有人了解我们农村情况。他们说你只要想想，为什么干部养的猪会长大，农民养的猪会死，因为农民得不到粮食，只有干部能弄得到猪食。

他们说现在农村中有三种人好过，第一是干部，第二是有钱的人（指在城里经商），第三是会偷的，所以现在农村中偷风很盛。他们说，你到街上去看看，脸上肥的就是干部，瘦的就是农民，大致十不离九。

访问所见

我们一个村子一共四十五家农民，我家住在村中心，村是面南背北，东西横贯的，我曾抽空在全村走了一转，同时访问了六家。自村东第一家数起，到我家为止，与我母亲同辈的老年人（其中我叫得出名字的一共有八人）都死去了，仅存我母亲一人。这些老人的死，有些是自然规律，有一些也是由于长期的生活困苦所致。据邻居们告诉我（乡间的医生也告诉我），乡下很多老人都是"无疾而终"。什么叫"无疾而终"呢？他们说就是"油干灯草尽"。乡间常有这种现象，晚上还与别人在谈话，天明不见起来了，一看已经死在床上，他们把这叫做"无疾而终"。

　　我访问前村四家时，冯本泉、冯有泉两家是兄弟，本泉的儿子都在上海橡胶厂工作，他们都是我小学的同学，他们家经济是全村最好的，所以进去时，他母亲在家，没有谈到什么问题，有泉家略差些，但也还可以，也没有说什么问题，但情绪显然比本泉家要差些。

　　走到"大嫂嫂"（村中人都这样叫她，人们连她叫什么名字都不知道）家，她的眼睛已经半瞎，伛偻着身子坐在太阳光下，听说我去看她，她感叹地说："三男（我的小名），你回来了，你幸亏出去了，在家里过不下去的，例如这个粮食不够吃，饿也要饿死的。"她就说了这几句话，看她的面容真是枯槁透了。我还到后边冯兆泉家，冯兆泉（约六十岁）正躺在大门口太阳光下的一张旧躺椅里，身上盖着一片旧麻袋，满脸的胡子，瘦得已毫无生气了。我说兆泉叔，我来看你了，他说你倒还来看看我，我已不行了，倒是饿不起。他的下身围着一条破麻袋，说时气愤得很，他说我这样情况还毫无照顾。我告诉他只要生产不断提高了，会好转的，我说下次回来我再来看你，他说下次回来你看不到我了。

　　我在访问这些家时，完全没有想去做调查研究，因为我们村子很小，这些人家，都是过去很熟的，难得回家，理应问候他们一番，但不意却看到这些触目惊心的景象，特别是许多人无例外地那种十分消极颓丧的情绪，使我感到问题十分严重。

医院见闻

　　我到家是阴历的大除夕晚上，到半夜里，我母亲又突然病发，到明天上午，愈加沉重。请医生来诊断后，决定要送公社医院，午饭后即抬到医院里，因此我又在医院里听到一些情况。我母亲的病是肠子痉挛扭曲在一起，发剧痛。我坐在医院里半天，医生告诉我在大约三小时内，诊断了一个同样是肠胃剧痛的人。究其原因，是因为农民平时吃得很差，过年时吃了一些饭或其他东西，因此肠胃受不了，发生剧痛。后来据我小舅父顾晓初讲，在浮舟村上，就有一个农民因为一下吃得太多而胀死的。

在医院里，还看到许多患蛔虫病的人，农民管他叫蛔钻苦胆。据医生说，现在乡间是十人九蛔虫，因此杀蛔虫药都买不到。我母亲在医院住了两天，回到家里，忽然嘴里吐出来两条筷子长的蛔虫，因此使我想起她的肠子痛恐怕也是蛔虫，即赶到无锡在亲戚家弄到了一瓶派哔嗪服后，一下大便出来了二十九条蛔虫，而我母亲的病情也就顿时稳定。

"要还苏联的债"

粮食为什么会这样紧，生活为什么会这样困苦，这是大家所关心的问题，但是我没有听到正确的答案，最流行的答案是"因为要还苏联的债"，这是我亲自听到大队长说的，农民中间也有这种说法。

第二种说法是说，因为没有肥料，所以产量始终达不到包产的指标，包产指标是五百二十斤，但实际产量是三百二十斤，所以年年赔产。

第三种说法是集体种田是终归弄不好的。这种说法我只听见一个人说，没有听过别人同样说过。

在许多种解释中，没有一个人提出坚决贯彻"六十条"的要求，可见这些农民对"六十条"还不了解。

脱 衣 换 米

我在航船中听到有脱衣换米，甚至把女儿送出去换米的现象，但不了解实际情况如何，但到了村上也就清楚了。下面我记述我的左邻冯寿康换米的经过。他说："粮食不够吃，实在饿得难受了，总不能饿死在家，所以只有想法弄点米来吃了。我用一条单被、一件衬绒旗袍（这是他已死的妻子的）到奔牛去换了十三斤米。换米真是苦，从家里跑十里路到洛社车站乘车到奔牛下车，下车后要在站上等天亮，然后到奔牛乡下农村中一家家去问，要不要换，等换到后赶到车站，如果赶不上车就只好再在车站等过夜，回到洛社后，夜里还不敢走，怕被别人抢去（按：据说这种事常发生），又要在车站上等着天亮了才敢走，弄得不好，还要被奔牛人拦住没收，因为奔牛公社不准外地人去换米，派了人在沿路拦截。"现在他说换来的十三斤米又吃完了，又只能想法去换了。

以上是冯寿康自述的换米经过，至于将女儿送到塘西去换米，我虽听过好多人说，但未遇到亲自送女换米的人。

关 键 问 题

上面这些都是我几天中的见闻，这都是农村的现象，这些现象只能说明一方面的问题，其积极方面的情况，也许公社已有措施，因为我来去匆匆，没有了解，所以也无法反映。但根据这些还未消除的现象来看，我觉得问题是很严重的，应该刻不容缓地去进行认真地深入地调查，以了解实际情况。我感到最根本的问题，是"六十条"没有彻底贯彻，某些干部的作风还未有得到彻底纠正，包产指标与实际产量之间的距离还很悬殊，因此农民的生产情绪不高，特别是对这个地区的农民进行深入的社会主义教育还很不够。我这份材料，仅仅只能供党作参考，其全面的实际情况，无论如何，还需经过深入的调查研究后才能得出。同时因为文字的表达，总有一定的限制，事实上农村的情况还有很多，如买黑市米（二元三角一斤），因为粮食问题夫妻分炊等。在社会治安上也有许多不安定现象，如偷、抢，甚至还发生命案等。这些都没有能反映出来。我希望领导上能重视这个问题，派专人去进行调查研究，这个公社的自然条件十分好，约有一二十万亩良田（确切的数字我问过几个人，都不知道），工作搞得好，不仅可以丰衣足食，而且完全可以有余粮供应社会需要。

1962 年 2 月 24 日

重读《回乡见闻》书感

　　《回乡见闻》，是我 1962 年 2 月 24 日向人民大学党委会写的一份报告，因为我在回乡之前，学校开党员大会，组织上通知，党员回家或外出（因正值放寒假），回来一定要向组织汇报见到的当地的真实情况，尤其是农村。因为这时正是三年困难时期。

　　我是因母亲病重才回去的，我于 2 月 3 日离开北京，2 月 4 日到无锡。随即坐船回无锡县前洲镇冯巷农村老家。这篇文章就是真实地记录了我当时所见到的农村的情况，真是见到了我从未见到过的一片凄惨景象，饿死人的景象。

　　我的报告交到党委会后，就得到了人大党委会的表扬，说报告写得很好，说我敢于说真话。后来人大党委又把这篇报告报到了北京市委，北京市委也同样表扬了我，之后这件事就过去了。我当时交的是一份底稿，并没有再誊写一份。因为我写文章习惯是只写一稿，我的底稿交上去了，我手里也就没有这篇文章了（那时还都是手写，没有打字机）。没有想到 1966 年"文化大革命"中，造反派们却想到了这篇文章，他们去把这篇文章找了出来，同时宣布我这篇文章是反党反社会主义的大毒草，要我接受批判，向党和群众认罪。

当时我手里虽然没有这篇文章，但文章是我写的，我脑子里根本没有反党反社会主义的思想，我文章里哪里会有这样的思想。所以我坚决不认罪，不作检查。我就向军宣队提出要求，我说要我检讨、认罪，总得让我看到文章吧，事隔多年，我早已忘记了，不看文章，我怎么能检查呢？军宣队就把文章找来交给了我，我重新读了这篇文章，心里就更加有底了，分明是他们强加给我的"罪名"。这文章里反映当时的真实情况，农村饿死人的情况是事实，但丝毫也没有反党反社会主义，他们编造也编造不出来。所以我就向造反派们提出要求：一、这篇文章既是反映我家乡情况的，就应该到我家乡去核实，看我是否是说的真话，还是编造谣言攻击社会主义；二、我愿意跟着你们一起到我家乡去，将文章念给我家乡的老百姓听，由他们去发动广大群众来批判我，我愿意面对群众。这两点要求我也向军宣队提了出来。结果造反派们没有一个肯跟我一起到我老家去的，军宣队读了这篇文章，也不同意造反派们对这篇文章的定性，也认为这篇文章并没有那些问题，终于一场气势汹汹的对我的批斗，就算不了了之。我则因为这场对我未遂的批斗，反而得到了这篇我早已忘却了的文章。现在虽然已经事隔四十七年，我重读这篇文章还是有启示的。最重要的启示，是我在文章里说：

> 这个公社（指我的家乡）自然条件十分好，约有一二十万亩良田（确切的数字我问过几个人，都不知道），工作搞得好，不仅可以丰衣足食，而且完全可以有余粮供应社会需要。

我四十七年前的这段预言，已经完全被事实证明了，不仅是证明了，而且我的家乡已经经历了几番的经济飞跃了。今年3月，我回家去了一趟，我实在已经不认识我的家乡了。

我的家乡，从上世纪60年代后期起到70年代，为了挖除"穷"

根，就大力治水，根除水患，当时上面提出的口号是"农业学大寨"，但我的家乡是低洼地，年年闹的是水害，是农田被淹没，而不是大寨一样的山区。所以当地的干部就从实际出发，进行治水，经过连续十多年的艰苦奋斗，终于水患得到了彻底根除，所有的土地，都变成旱涝保收的良田，从此家乡就永远告别了饥饿，也就开始站起来了。在治水过程中，又带动了小工业，镇上办起了小工厂，走上了农副业、工业综合发展的道路。而且路愈走愈宽，到1983年，我的家乡前洲镇成为全国首批亿元乡之一。1986年起，经济总量连续数年位居全国乡镇榜首。1991年获中国最佳乡镇殊荣，近几年来又先后被评为全国环境优美乡镇、国家卫生镇和江苏省新农村建设示范镇。

我的老家是乡镇工业的发祥地之一。现有民营企业千余家，工商个体户2000多个。2008年，前洲镇国内生产总值40.2亿元，是1978年的400倍；全社会销售收入130.6亿元，是1978年的435倍；上缴国家税收4.6亿元，是1978年的180倍；人均收入12680元，是1978年的90倍。李先念、李鹏、李瑞环、乔石等党和国家领导人曾先后亲临前洲镇视察，高度肯定了家乡的经济发展和社会事业建设。

现在，家乡物阜民丰，昔日旧貌已荡然无存。我回到老家，再也找不到我童年到青年时期的一点痕迹，我要找我当年放羊的荒坟堆，要找我屋后常常钓鱼的小河，还有那两座连接在一起成⊥形的"一步两顶桥"，尤其是那条我每天上学要走的弯弯曲曲的小路和路右边形如葫芦的小河"葫芦头沟"，这一切都已变成整齐的房舍和欣欣向荣的田畴了，留在我心头的记忆，早已找不到半丝痕迹了。我这个故乡人反倒变成了外乡人了。唯一还能找到的是原离我的老家约有一里半路的猛将庙里的那棵参天古树——古银杏树，还依然耸立着，算是让我找到了一个坐标。我可以依此来辨认我当年放羊割草的荒坟堆的位置，可以认出我原来居住的老屋的位置。它可以渐渐地把我带入回忆的梦乡。

　　我问我的家人，他们说我的家乡，包括整个无锡市，近数十年来，官吏没有贪污的事，没有刑事案件也没有民事纠纷，更从来没有老百姓上访的事，相反遇到公益的事，都争着出力出钱。他们说，连我的老镇——前洲镇的房子都拆除重建了两次，所以我再也找不到旧时的一点记忆的痕迹了。

　　我想着想着，我似乎看到了一个真正的和谐社会，看到了一个实在的"有中国特色的社会主义"的新农村。

　　我的家乡，只是整个中国的一小块地方，但是我却看到了我亲爱的祖国的前景，我希望全中国的老百姓都能过这样的生活。

　　尽管还有许多困难，还需要更大的艰苦奋斗，但是我坚信"有中国特色的社会主义"是实在的，有强大的旺盛的生命力的。它已经放射出迷人的光彩了，它的前景将是更加美妙的、现实的。

2009 年 9 月 2 日于京华瓜饭楼

我在人民大学的三十二年

一

我于 1924 年 2 月 3 日出生在江苏省无锡县前洲镇冯巷的一个贫苦农民家庭里，我出生的那天是旧历的小除夕，癸亥年，还是民国十二年。

我小学五年级时因抗战爆发，家乡沦陷，学校停闭而失学，一直在家种地和放羊，但我喜欢读书，失学后就走上了自学的道路，于是一边种地，一边读书，书读得很杂但却读了不少书。《论语》、《孟子》、《古文观止》、《东莱博议》、《三国演义》、《水浒传》、《西厢记》、《浮生六记》、《古诗源》、《唐诗三百首》、《西青散记》、《陶庵梦忆》、《西湖梦寻》等等，都是此时读的，我实际读的书比上面所举还要多得多。1939 年镇上办了农村中学，我上了初中，毕业后又读了无锡工业专科学校，读的是纺织科印染学。但只读了一年，因为交不起学费又失学了。失学后仍是在家种地，后来就兼做小学教师，但一直没有离开种地，前后我种了十多年地，直到 1946 年我考入无锡国专，才脱离种地。所以我曾是一个真正的农民，家乡的所有农活我件件都能干，包括戽水、插秧、

65

挑担、翻地、筑堤等等。

1946 年春天我考入无锡国专，第二年因搞学生运动而得到地下党的支持，1948 年毕业后我直接与党的地下组织接上了关系。1949 年 4 月 22 日夜解放军过江，我在锡澄公路上迎接了解放军，23 日我步行到无锡城里正式参加了解放军，在苏南行署工作。当年 9 月又被组织派往无锡市第一女中任政治、语文教师，后来当教导副主任。1954 年 8 月，奉调到人民大学国文教研室。

二

国文教研室的主任是王食三，当时还没有新闻系和语文系，国文教研室是直属教务处的。我 8 月到校，9 月就任法律系和经济系两个系的大一国文，教材是自己选的古代到近代的名文。我当时三十岁，又是第一次到大学任教，加上到京才一个月就上课，没有准备的时间，感到有些紧张，只好天天开夜车用功备课。幸亏我从小就喜欢读书，又刚从无锡国专听了当代的许多著名学者的讲课，所以我也就从容地走上了讲台。当时王食三主任有点担心，但经过几周讲课的实践，两个系的反映都非常好，他也就放心了。这时正好批判胡适、俞平伯《红楼梦》研究的运动开始了，中宣部、全国文联、作协经常有学术报告，经常要去听报告，还要参加讨论。我被编在何其芳、张光年同志的一组，周扬有时也来，他也作过几次重要报告。这些报告和讨论，对我来说是很好的学习机会，我对《红楼梦》的认真阅读可以说是这时开始的。所以在批判运动中我没有写过一篇文章，因为我觉得我自己对《红楼梦》还不大清楚，怎么能去批评别人。

1956 年人大创办了新闻系，国文教研室合并到新闻系，改称"文学教研室"。新闻系要开文学史课，而且指定要我来讲，但没有教材。那时建国才几年，适应新时代要求的文学史教材实在还不可能有，当时唯一的一部是李长之先生的《中国文学史略稿》，但也只写到南宋的辛弃疾，宋以后就没有了。此外还有东北杨公骥先生的一部《中国文学》，以讲作品为主，讲得较为详细，记得好像只讲了先秦部分，后面也没有了。此外就是郑振铎先生的《插图本中国文学史》和刘大杰先生的《中国文学发展史》，那都是解放以前的著作。因为实在没有适用的教材，我既接受了这个任务，只好硬着头皮自己来编写，于是上面这几种书就都成为我的主要参考书。与此同时我就下功夫重读原著，每夜我都要读书或写作到一二点钟甚或更晚。就这样从1956年起，我就开始撰写《中国文学史》讲义，一直写到1958年，从先秦两汉一直写到明，全书约60到70万字。为什么清和近代没有写呢？因为从1957年的整风反右，到1958年的"大跃进"，整个社会的政治思想越来越"左"，再加上提出"厚今薄古"的口号，于是古代文学和文学史的课程钟点一再被削减，到1958年下半年，已嫌我原先写的讲义太繁了，所以1959年一开头，就由教研室的人将我的讲义删繁就简，本来60到70万字的讲义，只剩下20来万字。所以等到我讲清代，剩下的钟点已很少了，我记得我讲《红楼梦》时，已剩下没有几个小时了。而学生的要求却是相反，不断地要求加钟点，但教务处是只听上面的意见，不听下面的（教师和学生）意见的。再加上白天除少量的课程外，总是被开会、政治学习、搞运动占去了，在紧张的时候，常常是停课搞运动。到1964年，全体师生索性到乡下去搞"四清"运动了，人民大学被派往陕西，我被派到长安县的马河滩大队。从1964年秋天下去，一直到1965年初夏才回来，整整在陕西耽了一年。

我教文学史课外，还有一门作品选课，是与文学史课紧密结合的，因为我认为学文学史，光讲空洞的理论不讲作品，便成为说空话，所以我非常重视作品选的课，往往讲一段文学史，就讲一段这一时期的文学作品，这样就使得讲课有骨有肉，既有作品的时代背景的讲述，又有作品的思想艺术的分析，要叙述中国文学史的发展渊源，也就显得源流分明、变化有绪了。我主编的《历代文选》就是当时讲作品选的散文部分。诗歌部分，作品是由我选的，但来不及作注，只好选用其他选本的注释。不像《历代文选》是我和教研室的同志分头注释的，诗歌作品则实在赶不及，只好选取已出版的作品注释来应急，所以后来没有排印。

从 1954 年到 1966 年这十一年间，我的教学工作一直是最繁重的，我每晚总要到一二点钟才能睡，一是要备课，二是要写讲稿。长期辛劳的结果，教材则留下了《中国文学史》（自先秦到明）油印讲义一部，约 60 到 70 万字。可惜经过一场"文革"，我连油印讲义也没有了，幸亏原任安徽省政协秘书长的余乃蕴同志和原在湖北省委宣传部的周维敷同志还保存着这份讲义，最近他们把这部讲义（自先秦到唐宋元）寄回来了。还有我主编的《历代文选》，此书自 1962 年由中国青年出版社出版后就得到了毛主席的佳评，为此，吴玉章老校长还召见我，告诉我此书得到毛主席的称赞，并勉励我继续努力。此外我还配合教学，写了几十篇文章，后来结集为《逝川集》，由陕西人民出版社出版。所以长时间以来我虽然辛苦，却留下了一部文学史，二部论文集，现在回头想想，这段时间的拼命工作还是值得的。

在这段时间内，我还写了几十篇戏剧评论和戏曲研究文章，其中《彻底批判封建道德》一文，是应中宣部之嘱为分析认识传统戏曲中的封建道德而写的，发表后得到毛主席的极高评价，并让康生来找我。康生先想调我到他的办公室工作，后来又想调我到中央批判赫鲁晓夫的写作组去，因我已在中宣部的写作组而罢。我的这些戏曲评论文章，还有一篇《三看二度梅》是应《戏剧报》之约而写的，发表后，得到田汉同志的赞赏，并因此而特意请我吃饭，还邀请了吴晗、翦伯赞同志。后来这些文章结集为《春草集》出版，共30余万字。

这段时间我的社会工作，一是由中宣部周扬、林默涵同志指定我担任全国现代戏会演的评论员，同时被指任的还有李希凡同志。我在此时写了第一篇评《芦荡火种》（后改名为"沙家浜"）的文章，发表在《文汇报》上。还写了《不应当把糟粕当精华》，整版发表在《光明日报》上，此文也是默涵同志指定我写的，并被作为全国现代戏会演的理论文件之一，由大会印发给了与会的演员作为大会的参考材料。二是由学校的安排，参加"四清"工作队，到陕西长安县马河滩大队进行"四清"工作，担任工作组的副组长（地方干部任组长），"四清"结束时，受到地方同志的好评。此时，我在长安县南堡寨一带意外地发现了一个规模巨大的原始社会遗址，我们写了调查报告，报告在《考古》杂志上发表了。北大原始文化研究专家苏秉琦先生还特意到我家里看我带回来的一批原始文化标本，肯定这是相当于仰韶文化的一处大面积的文化遗址。带回来的这些标本，还得到郭沫若院长的鉴赏和肯定，结论与苏秉琦先生一致。后来，这个遗址得到了陕西省考古所的保护。三是这段时间，由于我讲文学史，想弄清楚中国文化的起源和它的民族特性，因而考察了全国各地重要的原始文化遗址，从而提出了中国文化的多元论的论点，并于60年代前期在汉中师院作过一次学术讲演，后来在南京的一次古城研究的会议上，应邀作了同样内容的发言，获得了大会一致的赞同。到后来，我写的《一个延续了五千年的文化现象——论良渚玉器上的神人兽面图形的内涵及其衍变》（发表在南京博物院的专刊上）这篇长文，就与我对原始文化的调查研究有关。四是我由中宣部借调到中宣部、作协的写作组，与林默涵、张光年、李希凡等一起参加写批判前苏联赫鲁晓夫的文艺路线的文章，写作组的领导是林默涵和张光年，他们两位自始至终与我们在一起，我们各自分头写的分节的文章，后来合成一篇大文章，由张光年署名。但正当我们完成这篇文章的时候，赫鲁晓夫已倒台了，政治形势突变，这篇文章就没有发表，中央的批判文章正发到九评，原来计划写的十评也停止了。

三

1966 年 5 月，"文化大革命"突然爆发了。在此之前，还有 1957 年的整风反右运动，1958 年的"大跃进"、"人民公社化"、"大炼钢铁"、"超英赶美"的运动和 1959 年庐山会议的反击右倾翻案风的运动，前两个运动，与学校是密切相关的，后一场运动，学校也进行了，但在我的印象里不是很深。

1957 年的整风运动，我记得当时提出来的是开门整风，帮助党提意见，以便把工作做得更好。所以一开始教研室的同志都很积极，也没有什么顾虑，只是比平时开会要更坦诚更直接一些。提意见的主要对象当然是支部书记和总支书记，因为我们都在基层，不了解校党委的情况，所以很少对校党委有什么意见。我当时提的意见我还记得，我是说支部书记和总支书记都应该把党和个人分开，不能把自己的意见都变成党的意见，也不能含混其词，让人无法分辨；另外我还提出支部书记和总支书记都应该担任教学任务，自己不教课，所以就体会不到教学上的困难。譬如安排会议，因为自己不上课，整天开会都没有关系，而要上课的教师，把时间都耗在会议上，读书备课的时间没有了，如何能上好课？如果自己也有教学任务，就不会这么安排了。我这些意见，也不是我一个人的意见，是当时大多数人的意见。当然这些意见在当时的环境下是比较尖锐而且针对性很鲜明的。不想就是这些意见我就被内定为右派，到后来把各系内定的右派召集在铁一号大礼堂集中鸣放，我也到了大礼堂。我们还以为是因为发言好受到党的重视才选拔出来的，因为党的中央委员李培之（王若飞夫人）要来听发言。当天第一个发言的是葛佩琦，第二个发言的是王德州，他们的言辞都较激烈。后来知道，他们都是早期的老地下党员，据说葛佩琦的身份只有周总理知道。当天我是第三个发言，我因为自以为我讲得对，所以才叫我到大会去发言的，所以仍照原来的意见讲了一遍，当然语气比他们要平和得多。没有想到我说完以后，李培之同志立即就说我讲得很好，大家要像我一样敢提意见又是出于爱护党，她说我看这位同志就是这样。我当时也只是感到我的发言得到了中央领导的赞许，谁知因为李培之的这几句话，我便从内定右派的名单里另列出来了。这是事隔多年后原人大的教务长李新同志亲口告诉我的，他说我的运气太好了，要不是李培之的这几句话，我的命运就是另一个样子了。

我对反右运动的反思：从上层来说，我觉得当时中央对党内外的提意见作了错误的判断，其实当时党的威信很高，从全国范围来看，提意见的人绝大多数是善意的，只有极少数的人是出于攻击，如果相信极大多数的群众，那末这些极少数的人最终是会被孤立而区别出来的。但当时却把大多数人看作是右派进攻，从而伤害了大批热爱党的人，毁了他们的一生。到十一届三中全会以后，全国的右派百分之九十以上得到了平反，这一事实说明了当时对形势作了错误的判断，打击了一大片，伤了国家的元气。从我个人来说，从反右开始后，我也积极参加了反右运动，我们系是两位"右派"，一位是邵祖平老先生，当时他已很老了，因为他当年是与鲁迅笔战，受鲁迅批判的，所以系里就定他为右派。另一位是杨纤如同志，年纪也比我们大得多，据他说他是北京地区早期的地下党员，他常说的一句话是"老子的脑袋是别在裤腰带上的"。他有点高傲，人缘不大好，组织上还掌握他的其他什么情况我就不清楚了，当时也被定为右派。因此全系对这两位进行了集中批判，我也积极参加了批判。现在想想，这两位也没有什么攻击党和社会主义的事实，也是错定了的。邵祖平先生后来好像就不在人大了。杨纤如平反后还与我有较多的往来，他还创作了长篇小说出版了。现在当然也已经故去了。当时大家虽然批判右派，但"右派"究竟算是什么，如何处理等都是不清楚的，原以为称为"右派"就是一种处分，一种区别，不会有更多的问题，所以听说有的单位还像选举似的互相推荐。等到后来明确了不仅口头上说是敌我矛盾，而且要作行政处理，这才明白划为右派，实际上推向了生死的边缘，有不少人因此而死了，我幸亏李培之的一句话，从死亡的边缘拉了回来。

1958 年的"大跃进"、"人民公社化"、"大炼钢铁"等等，与教学的关系不是很直接，但不断要听报告，要政治学习，上课的时间也被占用了。我还记得在课堂上还专门讲了"大跃进"的民歌，我还被组织到徐水去参观，参观亩产两千斤的水稻田，参观养猪场等等。当我参观亩产两千斤的水稻田时，我看到大片的水稻长得绿油油的极旺极旺，但我是种地出身，我在家种地时，亩产双担，即两个十斗（十斗为一担，约三百多斤）就已经高兴得称为丰收了，现在稻子尽管长得很旺，能亩产两千斤吗？因为当时还未收割，根本无法确算，所以我脑子里就存有疑问，但也不敢说出来。只觉得毛主席都来看过了，难道还会有错吗？根本没有想到会有弄虚作假的事。事后才知道，1958 年的"大跃进"，各种喜讯，都是浮夸虚假的报告，是全社会刮起的浮夸风。

本来社会已经走向"左"的险境了，1959 年的庐山会议原定方针是纠"左"的，没有想到因彭德怀说了真话，不仅彭德怀被罢官，而且变本加厉地掀起了反击右倾翻案风的极"左"的运动，于是社会经济、政治再度走向"左"的险境。

四

1966 年的"文化大革命"运动，就是在这样的历史背景下发生的，当然更深层的原因就不是我所能知道的了。

在"文革"爆发之初，学校领导接到一份中央调令，要调我到中央文革工作，校党委立即作出决定，同意调我到中央文革去工作，并由副校长孙泱带着校党委的决定来告诉我，动员我去报到。我与孙副校长关系较好，他原是朱总司令的秘书，是孙维世的哥哥，我与孙维世、金山也有过交往，加之孙校长为人朴诚，所以我们比较投合。孙校长说：这场"文化大革命"谁也不清楚，学校生怕跟不上中央的形势，你去了中央文革，学校就不至于跟不上形势了，他劝我为学校着想还是去吧。我对孙校长说，什么叫"文化大革命"我一点也不知道，我怎么好去工作呢？何况我担任文学史和作品选两门课，一时都停下来，也不好，学生会有意见的。但当时是中央的调令，再加上党委的决定，我也不好坚决拒绝说不去。所以我对孙校长说，让我缓一缓，等把课程安排好后再去报到，目前暂时不去。孙校长虽然觉得我讲得也有道理，但还是说你尽快安排好，尽快去报到。然后他就回西郊人大了。

我当时心里特别不踏实，我实在不愿意去，所以就尽量拖延。大约过了一个多月，北京市委彭真垮台了。不久前，《五·一六通知》刚下来时，彭真还召集会议，请理论家和史学家到市委讨论《五·一六通知》，同时也讨论姚文元批判《海瑞罢官》的文章，我被邀参加了这次讨论。我见到戚本禹也去了，这时大家都还不认识戚本禹，只知道他是史学家，比较"左"，其实他是江青的一伙，说不定这次到会上来，是来摸底的，他在会上一句话也没有说。会议讨论得很热烈，一致反对姚文元的文章，要求作学术辩论。其实这时连彭真都已被"四人帮"算计了，所以没有多久，彭真就垮台了。北京市委重新改组，由李雪枫任市委书记，人大校长郭影秋任副书记。因此郭校长就把我找去，问我去不去中央文革？如果不去，愿不愿意与他一起去北京市委，他是副书记管文教，他要我去负责写社论。"文化大革命"中担任北京市委的文教书记，当然是在风口浪尖上，我去写社论，那等于是在战场的最前沿。但我当时想北京市委比中央文革当然小多了，何况郭校长是我十分尊敬而信任的人，当时我的处境是不去北京市委就得去中央文革，我的打算是我尽量往小的单位去，不要到中央文革去，所以我立刻选择了去北京市委，郭校长也很高兴，我也藉此摆脱了中央文革。我到北京市委去后，第一篇社论就是《热烈欢呼中央的英明决定》，这是新市委向中央表态的一篇文章，当时写社论的有三个人，就这个题目各自写一篇，由市委挑选后呈报中央批准。我交上去的当天深夜，报社忽然来电话，说社论已经中央通过了，是选的我写的一篇，一字未改，中央还有许多好评，说这篇社论思想好、文笔好。因此通知我赶快到报社去看校样，接我的车已快到我门口了。这样我连夜到了北京日报社，仔细校读了排印稿，然后就回家。第二天一早社论就出来了，当时市委内部一片好评，郭校长也为此很高兴。谁知高兴的时间不长，大概只有一周多的时间，这篇社论被江青、康生看到了，说是右的思想，加上新市委在其他问题上也跟不上"四人帮"的步伐。所以新市委成立不久，就被打倒了。新市委被打倒后，"文革"的形势越发飞速发展，首都的高等院校以清华、北大为首，已经是闹翻天了，开始是批判所谓"反动学术权威"，人民大学与北大、清华一样，造反派已经声势浩大，摩拳擦掌。我当时还在北京市委，我与郭校长商量，我说：我还是先回学校罢。郭校长也同意我的意见，让我先回学校。哪知我刚回到学校，一夜之间，语文系便满园贴出批判我的大字报，罪名是"中宣部阎王殿的黑线人物"，"反动学术权威"，后来又上升到"刘少奇的黑线人物"等等。我当时还只是一名讲师，为了批判我，一夜之间，便把我提升到"学术权威"的位置上。但我心里很清楚，我的学术地位并不会一夜之间提高，只是一夜之间，有些人找到了打倒我的借口而已。实际上长期以来，我在教学上一直挑重担，而且得到了学生的爱戴。还有我不断被中宣部、《文艺报》、《戏剧报》借调出去写文章，早已使有些人感到不舒服了，"打倒反动学术权威"正是最好的一个借口。所以我是人民大学第一个以"反动学术权威"、"黑线人物"的罪名被打倒挨批斗的，当时我被关押在西郊语文系的宿舍里，与我同时被打倒的还有胡华同志。正当我在被批斗的同时，有一天夜里，人大校园内的高音喇叭发出刺耳的叫声：郭影秋被揪回来了！红卫兵都到广场上集合批斗郭影秋！其声音凄厉而恐怖。我心想造反派马上要来抓我了，我如果躲开更加不好，不如挺身而出。果然刚刚想完，造反派就破门而入了，把我押到广场的台上，站在郭校长旁边一起挨斗。

之后我的任务就是接受系里红卫兵的批斗，同时还要在全校批斗郭校长时陪斗（并不是每次都陪）。记得系里第一次批斗我时，恰好是一个狂风大雨的下午，我的衣服已经全部湿透，台下的人衣服也湿了。他们宣布我所有的一百多篇文章都是大毒草，他们连毛主席称赞过的文章也忘记了。这时雨愈来愈大，我想这是天在哭，为全国所有被暴虐的知识分子痛哭，为中国文化遭受历史上空前的大破坏、大劫难而痛哭！漫天的滂沱大雨和宣判我所有的文章都是大毒草，却促使我写成了两首诗：

一九六六年六月感事二首

一

千古文章定有知。乌台今日已无诗。

何妨海角天涯去，看尽惊涛起落时。

二

漫天风雨读楚辞。正是众芳摇落时。

晚节莫嫌黄菊瘦，天南尚有故人思。

　　有一次批斗我交给党组织的一篇调查报告《回乡见闻》。这是三年困难时（1962 年）我利用寒假回家乡探望我母亲时的所见所闻，全是事实。我交给组织后还得到校党委和北京市委的表扬，说我能向组织反映真实情况。因为我回家前，党内有过传达报告，传达党中央毛主席的指示，党员外出回来，要向党组织反映社会真实情况，因为这时正是三年困难时期，大批地区发生灾荒，饿死人。由于党的嘱咐，我回来时才会向组织报告。我的报告里说，我亲眼看到我的老家无锡前洲镇冯巷饿死人的情况，以及老百姓的议论。我还在报告末尾说明我的家乡是江南鱼米之乡，只要落实党的农村"六十条"的政策，干部的作风廉洁，纠正浮夸风，纠正虚报产量等等，肯定困难是会克服的。这样一个报告，造反派却说我是反三面红旗，是反党反社会主义，要我向全系作自我批判和认罪。但我手头没有这份报告，我把原稿交给组织后自己没有留底，我心里清楚，我头脑里根本没有反党思想，哪里会写反党文章。土改时，我与我母亲是一户（当时我还未结婚），我分得一亩五分地，我母亲也分得一亩五分地，共三亩地。我从一个真正的农民，如今成为中国人民大学的一名教师，我感激党还来不及，哪有可能去反党？所以我就向军宣队提出要看原报告，否则我无从检查。军宣队就将我的《回乡见闻》交给了我，我看到原文后，心里愈加明白和自信了。我就向造反派们提出来，要批判我，要我认罪，应该到我老家去，将文章念给当地老百姓听，让他们来批判我，你们也可以批判我，这样不是批判得更彻底、规模更大吗？但我的意见他们不接受。实际上是他们不敢去，我家乡的老百姓如果知道我因反映了家乡的困难而遭诬陷，被打成反革命时，老百姓是不会饶过他们的。这时军宣队、工宣队看了我的文章，也都明白了，根本没有什么反党反社会主义的问题，所以这场批判也就不了了之。我因此而重新得到了这篇文章，至今还保存着。

"文革"中的另一件事是有一天夜里，我被学生接走了，当时家里的人都紧张得不得了，要我多带点粮票。我说不用，我一直爱护学生，学生不会把我怎么样，我就跟着学生走了。出了铁一号的大门就上卡车，我认识路径，看他们的方向是向西郊学校去的，汽车开到半路，有一位学生在我耳边悄悄说：别紧张，我们是来保护你的。因知道对立派明天要来抓你，怕你遭灾，我们今天先来把你弄走，名义上只好说是批斗你。我听了也很感动，觉得学生还是好的。到了西郊人大，他们就把我藏了起来，对外只说被他们抓去批斗了。接着就是学校两派不断的武斗，还死了三个学生。我大约被关了二十多天，运动的趋势又转向了，他们就放我回去，说现在没有事了，你回去吧。这样我又回到张自忠路住处。发展到后来，主要不是学生整我，主要是语文系的造反派教师整我了。他们把我的日记抄走，加以篡改，并摘录重抄，说是我的反革命日记，要我签字承认是我的日记。我对他们严加驳斥，我说我从未听说过日记是由别人记的，我对自己的日记每个字都负责，对你们抄的"我的日记"我一个字也不能负责。有一次一位教师拿着他们给我改的"我的家庭成分是商人"来通知我，我责问他们土改时我分到一亩五分地，这能是商人吗？他们无法回答。

在这一段时间里传来消息，老舍自杀了，陈笑雨自杀了，还有我的一位同班姓朱的老同学（在无锡一个中学里）也自杀了，而且死得很惨。我听了非常伤心，后来我为老舍补题了一首诗：

哭 老 舍

沉江屈子为忧国，忍死马迁要著文。

日月江河同不废，千秋又哭舍予坟。

那一段时间，我的家被抄了多次，因为家里只有我大女儿和小女儿看家，我爱人在外语学院上班，家里无人管。抄家时我的多种《红楼梦》都被当作黄色小说抄走了。在西郊人大校园展览，我这才知道家里被抄，也十分担心这股把《红楼梦》当作黄色书抄毁的风一起，怕《红楼梦》要遭毁灭之灾。我就赶忙托人借来一部庚辰本《红楼梦》，每天深夜赶抄，抄了将近一年，刚好在 1969 年下放前抄完，所以我现在还留有一部我自己抄的庚辰本《红楼梦》。我在抄这部书的时候，正是学校两派武斗激烈的时候，有几个学生白天还找我谈话，夜里就在武斗中被长矛刺死了，我心里很难过。所以我特意用蝇头小楷在书的装订线外写"昨夜大风撼户"，以作永久的纪念。写在装订线外，是为了装订后别人看不到了，因为当时形势还很紧张，怕被造反派发现又要加罪。

1970 年，我第四批下放江西余江，火车刚到刘家站时，正值滂沱大雨，却通知不要下车，直奔南昌，参加挖修八一湖的劳动。于是我们就直接到了南昌，参加了挖八一湖湖泥的劳动，我是负责拉车，当湖泥装满一车（木板带框的车）时，我即负责拉走。这是一项极重的劳动，那时我虚岁四十七岁，身体还好，加上我在家乡种过十多年地，干过许多重活，所以还能顶住。在南昌挖湖泥约有一个月的时间，然后就到了余江农村。我们的村子记得叫李下基，住的都是营房式的房子，任务是开山，打石头，使之成为建筑材料；另外就是种茶、采茶，再有到春天农忙季节就是种水稻。这几种活我都很快就学会了。打石头时，我不小心铁锤把我的左手大拇指打坏了，情况很严重，幸亏医务处的同志很同情我，使劲给我打青霉素，居然没有感染溃烂。但大拇指甲是早已打烂了，由它自己慢慢长出新指甲把它顶掉了。种水稻我是内行，学校里大都是北方人，不会种水稻。所以我还帮着教他们拔秧、插秧等。每到早春采茶季节，就是天天采茶忙，我的任务是挑茶叶。茶叶很娇贵，采下来的茶叶不能着地，一着地就会沾泥土味，所以必须一肩直挑到茶场晾茶处，我因为早年在家乡干过挑重担，我能挑一百多斤，不需要停下休息，可以转换着两肩直挑到茶场。这样我又成了专职的挑夫。

但是在干校，并不是光劳动就完事，还要接受定期的批判，作检查。记得有一位同志因为晾晒《红楼梦》而引来了一场批判。就我所知，干校先后还死了三位教师，两位是因为江西天气太热，在河里学游泳淹死的，一位是因受冤气愤不过，开木工房的电锯自杀的。这三位都是与我们在一起的。我那时与别人不一样，我把"文化大革命"看作是一场历史的浩劫，历史上这类的劫难并非一次，秦始皇的焚书坑儒是一次，五代时一位暴君把读书人投入黄河，说你们自称"清流"，我偏把你投入"浊流"，这又是一次。所以看看历史，就知道我们是赶上了这个历史劫难了，除了接受外，无处可躲避，除非是死。但我又觉得不值得去死，我还有我的人生使命，我还有我自己要做的事。这要感谢司马迁，他说"死有重于泰山，有轻于鸿毛"。如果因为不能忍受眼前的冤屈而死，我觉得太不值得了。我无锡国专的同班同学好友朱君用剪刀自杀的消息传来，我几乎为之痛哭失声，他是精熟历史的历史教员，但却不能从历史中取得鉴戒，我哭他的诗说：

哭同班好友朱君

哭君归去太匆匆。未必阮郎已路穷。

绝世聪明千载恨，泰山一掷等轻鸿。

　　尽管形势那么凶险，但我没有把它看作是"末日"，我一直念着老子的话："飘风不终朝，骤雨不终日。"风暴总要过去的，我还有我自己该做的事。我在我的卧室的朝南正壁上，写了文天祥的《正气歌》："天地有正气，杂然赋流形。下则为河岳，上则为日星。于人曰浩然，沛乎塞苍冥。"我自己心里想着，我有天地之正气，我还怕这些邪气？不管他们多么气势汹汹，他们终归是邪气，邪气是长不了的。当刘少奇的死讯传来时，我半夜起来愤激地画了一幅泼墨葡萄，题"刘崐死后无奇士，独对荒鸡泪满衣"。我把刘少奇的名字暗藏在这两句诗里，当"四人帮"批邓的时候，我请张正宇先生画了一幅又白又黑的花猫，题句最后两句说："猫乎狮乎，兼而得之。"意思是说这只猫将来会变成狮子，把"四人帮"吃掉。总之，我坚信我们是有前途的，所以我说："未必阮郎已路穷。"这首诗的末句是既伤心痛惜他，又责备他不应该泰山一掷。所以我当时自己发誓，并嘱咐家里人：我决不自杀，除非被打死。纵然被打死，也是屈死而不是该死。所以我的心态是一定要把这场运动看到底，看它个水落石出，就像我第一首诗说的"看尽惊涛起落时"。终于我在干校时就看到了林彪折戟沉沙的结果，当时我心里暗暗地想我也会看到江青的下场的。我的诗友江辛眉在"文革"中有一首诗，中有一句说"江草衰青卧夕阳"。他偷偷给我看时，我微笑点头，心照不宣。所以当时虽然条件艰苦，命运未卜，但我却一直想着将来，我坚信有将来。所以我下干校时，除抄成《红楼梦》外，还买了不少书。当时不少老教授纷纷把书卖了，我非但不卖，还去把别人的书买回来。我把全部书钉成九个大木箱，我说如果真的战争了，那也是天意，但我坚信我会回来的，我仍要用这些书的。所以"文革"中除抄家丢失一部分书外，我还买进了不少书。在干校我也是这个心态，我总觉着我有我自己的路要走，历史不可能到此停止，在暗夜里一定要想到天明，眼前的一切都是暂时的。当我听到林彪摔死的消息时，我愈觉我私心所预测的或许真要应验了。所以三年干校，我利用假日两上庐山、湖口、彭泽、东林寺，寻陶渊明、慧远、陆静修的足迹，在星子找到了黄山谷题诗的落星寺遗址和周瑜练水军处，用它与史实对勘。我还跑到铅山，想找辛弃疾的坟墓，没有想到虎头门离铅山还有数十里之遥，我只得无功而返。我还在除夕到了桂林，然后又到阳朔，在阳朔坐小船溯流而上，经九马画山，一路风光如画，我心里默默记着将来要把这些山水收入我的笔端。我还利用探亲假到了雁荡山，在永嘉看到了江心寺，想到了近代诗人施叔范《过永嘉江心寺》的名诗，我到了雁荡山谢公岭，遥想六朝诗人谢灵运的风致，还到了大小龙湫，从而领会了徐霞客对大龙湫的一段特殊的描写。我还利用回北京的机会到了黄山，那时整个黄山没有一个游人，我独自登山，在玉屏楼住宿，玉屏楼的服务员说从来没有像你这样黑夜登山的。因为我到天都峰下时，已是夕阳残照，我趁此将没的天光，奋勇独自登上了天都峰顶，正是独立苍茫，满目残阳。我又赶忙下来，再穿一线天上玉屏楼，过一线天时天已漆黑，我是摸着石壁通过的，到玉屏楼已经掌灯，所以服务员说从来没有人像我这样敢黑夜登山。那次我跑遍了黄山全山，还意外地找到了石涛当年的古汤池。池很完好，但已被改作为仓库。我是碰上他们开仓库取东西，我从窗户里看到石壁上四面的题字，进去细看，才发现就是石涛所画过的古汤池。池原在路边，现仓库也仍在路边。画中提到的祥符寺，就在旁边，已被改为办公室。但用原地址一对，这几处古迹便可互相对证，确凿无疑了。我还从"人字瀑"中间找到了徐霞客当年登山的古道，因徐霞客书中记到他是从"人字瀑"登山的，至今古代的石级还依然存在，可以确证。

我还利用回京的机会，登了泰山，直上岱顶，看到了秦始皇立的无字碑，还有浔阳张铨的题诗碑，诗曰："莽荡天风万里吹。金简玉玦到今疑。袖藏五色如椽笔，来写秦皇无字碑。"诗极有气势，令人不忘。我还看了曲阜的孔庙和孔陵，此时造反派破坏孔庙孔陵的罪证历历在目，依然可见。我在孔庙的东庑看了久已神仰的《五凤刻石》和《孔宙碑》。《孔宙碑》"文革"中也遭到了破坏，被凿坏了若干字。在邹县孟庙，我看了名刻《莱子侯刻石》，还看了文徵明手植紫藤，已是满地龙蛇，成为奇景了。

三年的干校生活，是我重干苦力劳动的生活，也是我仍在"文革"中接受批斗的生活，我在人身上和精神上都还未得解放，但是三年干校生活我还是有收获的：一是我好不容易有三年的时间回归自然，朝夕与山水田园相接触，如果没有隔一段时间的批判，几乎是陶渊明般的生活了，何况我们离陶渊明的栗里、彭泽也不算太远，我还到庐山的南栗里去调查过陶渊明的遗址，还到东林寺走过虎溪桥，这是虎溪三笑的遗迹；二是我学会了几种新的劳动本领，如开山打石头，采茶等，这是我以前在家乡劳动所没有的；三是结合我读书调查的癖好，我游览并调查了不少名山大川和文化遗存，大大扩展了我的眼界和胸襟，这对我以后的读书、研究和书画都是有很大的好处的，所以当我离开干校时，我还写了一首诗，隔了几年我再到江西时，还曾去干校探望，却已经是物是人非了。那首诗说：

干校即事

三年从事到江西。手植新桐与屋齐。

门外青山对图画，屋前流水入梅溪。

西崦日落锦为幔，东谷云生玉作猊。

最是村南行不足，红樱花映白沙堤。

五

我是 1972 年从干校回到北京的。回来后，到 1973 年 6 月，就给我落实政策，"文革"中加给我的罪名统统取消。但我被抄走的全部日记却一本也没有还我，原因是他们在我的日记上篡改了很多，想把它作为我的反革命罪证，但没有搞成，因而日记也无法还我了，最后只好由总支书记出面说已丢了，无法找回了，希望我不要计较。事实上我当时要计较也无从计较了。但由于这许多日记的丢失，有不少我的往事，我负债还债的事，我的诗词作品（我的诗词常写在日记上），还有我与许多学术前辈和同辈的交往，就统统无从查考了。

我们刚去干校时，"四人帮"原想把人大留在江西不再回来了，据说当时江西省委书记程世清嫌人大老干部多，工资太高，对他来说是一个大包袱，所以没有接受。最后仍回到北京了。这虽是我的耳闻，但回来不久，"四人帮"就宣布人大解散，这说明"四人帮"确是要取消人大的。

"四人帮"为什么要解散人民大学呢？许多人都不明白，其实当时人大的教师大都是清楚的。根本原因就是人大有一批老教授、老干部，是从延安来的，都很了解江青的底细，江青就怕有人揭她的底。"文革"中，人大语文系的黄晋凯同志无意中从资料室所藏 30 年代上海的报刊上发现了江青当时的情况，因而被造反派狠批。当时铁一号传达室的一位老同志，是长征干部，因为没有文化，在人大传达室工作，他就多次骂过江青，说她不是好东西。这我是亲自听到过的。所以人大的存在，对"四人帮"是一个障碍，让江青夜不安席。还有曲艺协会的领导陶钝同志，是山东诸城人，与康生、江青都是老乡而且很熟。江青的母亲去世后，还是陶钝帮她料理的。但"文革"中，在江青的授意下，陶钝首先被打倒了。"四人帮"垮台后，文化部组织一批老干部去参观山西大寨，其中有曲协的陶钝同志，有舞协的胡晓邦同志，我也一起去参观了，这是陶钝同志亲口给我讲的。所以江青最忌讳的是别人知道她过去的不光彩的经历，凡是知道她的底细的人，都会遭到她的迫害。人民大学在"四人帮"的统治下，当然不可能有好命运。

我回京不久，蒙社科院李新和黎澍同志的关切，先就把我调到社科院历史所，参加续修范文澜的《中国通史》。后又因人大解散，语言系被分到北京师院中文系，据说又因分去的名单里没有我的名字，故北京师院不接受这个分配方案，提出必须有我一起分配去，才能接受整个语文系。这是当时系领导到我家来动员我回来一起分配去师院时对我说的，后来李新同志也对我说你先去师院，我们再从师院把你调过来，因为当时中央组织部已经同意调我到社科院了，所以我也就同意先到北师院了。因此又从社科院把我扯了回来，分到了北京师院。不到一个月，北京市委成立评《红楼梦》写作组，我又被派到市委评《红》组。原说只是写一篇文章，后来又说要写一本书，书完成初稿后，李新同志又向北京市委宣传部长张铁夫和写作组的上级领导曹子西把我要回到历史所去，这样我又回到了历史所。1974 年下半年，袁水拍同志被任命为国务院文化组的副组长（即文化部副部长），有一次他到铁一号来找我，他说他不愿意当官，现在既然当了，总要做点实事才好，问我有什么建议。我就说校订《红楼梦》是一件极有意义的事，一是《红楼梦》一直没有好的校订本；二是这个选题一定会被批准，因为毛主席喜欢《红楼梦》，提倡读《红楼梦》。他听了非常赞同，立即就要我起草报告，报告送上去不久就被批准了，并且立即成立了《红楼梦》校订组，由袁水拍任组长，由我和李希凡任副组长，小组直属国务院文化组。这样我又被正式借调到《红楼梦》校订组。从 1975 年开始，向全国高校调取的专业人员基本上到齐，就开始了校订工作。

校订工作碰到的第一个难题是采用哪一个本子作为底本。当时意见很不一致，争论很激烈。我主张用"庚辰本"作底本，有的同志说你拿出文章来，我当时确实还没有写文章。恰好这时"四人帮"垮台了（1976年），外面就有人说《红楼梦》校订组是"四人帮"搞的，主张解散校订组。这时从外地借调来的人已回去了，从北京借调的人因本单位的工作需要也回去了，校订组只剩了四五个人。有一次驻文化部的军代表到研究院来，在大门口恰好碰到了我，就对我说：大家是否先回去罢，现在"四人帮"刚垮台，事情很多，顾不上校订组的事了。我就说：回去完全可以，但我们是国务院的调令借调来的，回去总也要有个国务院的文件说明情况罢，否则我们回去怎么说呢？他听了马上就说，喔唷！我不了解情况，要是这样，那就不要动了。他还说，你们是好的，不要误会我的意思。这样校订组和校订工作总算稳定下来。不久，贺敬之同志来当文化部副部长，我就直接请示敬之同志，敬之同志说：《红楼梦》的校订工作是国家任务，与"四人帮"没有关系，非但不能停，还要加快工作。敬之同志的指示，立即把《红楼梦》校订组的性质澄清了，工作也稳定了，校订工作也就顺利地继续下去了。但当时大家都忙于参加对"四人帮"的揭批工作，确实时间很紧张，小组的工作暂时濒于停顿。我恰好抓住这个机会认真研究了"庚辰本"，竟意想不到地从"庚辰本"里发现了它与"己卯本"之间的血缘关系，证明了"庚辰本"是照"己卯本"抄的。而"己卯本"又是怡亲王府的抄本（我与吴恩裕先生于1974年撰文证实了这个问题），怡亲王允祥与曹頫的关系比较亲密，见雍正的朱批谕旨。因为在乾隆二十四年（己卯）时，外间还没有《红楼梦》的抄本流传，怡亲王府抄"己卯本"，它的底本只能从曹頫或曹雪芹手里借到，所以这个"己卯本"无疑是直接从曹雪芹的原稿过录的。更可贵的是怡亲王府抄"己卯本"时，是六至七人合抄的，因为要保持格式一致，所以分头合抄的人都一律照底本的格式来抄，这样合起来就成为一部格式统一的完整的书。这样一来，无意中等于是保存了曹雪芹《石头记》原稿的面貌。遗憾的是"己卯本"已散失了一半，现在只剩四十一回又两个半回了。可是想不到我在研究过程中又发现"庚辰本"是照"己卯本"抄的，也是因为抄手有多人，所以大家忠实于"己卯本"的原样，这样无意中"庚辰本"又保存了"己卯本"的原貌，也等于是保存了曹雪芹《石头记》原稿的面貌。这样一来，"庚辰本"的珍贵价值就被揭示出来了，而我们采用的底本自然也就是用"庚辰本"了。

我将我的这些重要发现，写成了一本书，定名为《论庚辰本》。原先我只准备写一万多字，不想因为新材料的发现，一写就是将近十万字。从1977年5月20日开始动笔，到7月23日凌晨结束，共写了两个月。我在这本书的序言里说："我坚信科学上的是非真伪，不能凭个人的主观自信而只能由客观实践来检验，只有实践才是检验真理的标准。"我在这本书的结尾处又说："究竟是谁的意见比较符合这些版本的客观实际情况，这要由客观实践的检验来加以鉴定，实践是检验真理的唯一标准，除此之外，不能有第二个标准。"我提出"实践是检验真理的唯一标准，除此之外，不能有第二个标准"是针对学术研究而说的，想不到在八个月后，《光明日报》发表了胡福明同志的文章，由中央发动了检验真理的标准的讨论，而我却在这场讨论之前就发表了上述见解，这又是一次意外的巧合。我这本书是1977年7月23日写完的，恰好被香港《大公报》的老朋友陈凡兄见到，立即就拿去在香港《大公报》连载了三个月，后来由上海文艺出版社于1978年4月出版。

校订工作的第二个大难题是关于曹雪芹的祖籍问题。这个问题与《红楼梦》的正文无关，不在校订范围之内，但校订完了出书，总要有一个"前言"，对作者要有所介绍，这就涉及这个问题了。当然，采取人云亦云的方法，也可以敷衍过去，但这不是认真做学问的态度，即使是用人家的现成结论和材料，也得把这些材料的真伪和结论的可靠性作一番检验，如果确实可靠，才敢使用，否则如何敢随意乱用。由于这个原因，我就对曹雪芹祖籍的有关史料进行认真检验，特别是我重新翻阅了原始资料，从头做起。竟意想不到地从《清实录》里查到了最早关于曹雪芹五世祖的记载，接着又借到了抄本《五庆堂辽东曹氏宗谱》，上有曹雪芹六世祖到曹雪芹同辈的世系，后来又发现了辽阳三碑，发现了两篇从未见过的《曹玺传》（曹雪芹的曾祖父），发现了顺治年间曹雪芹五世祖任职的职官志，还有曹寅《楝亭集》的自署。所有以上这些材料，无一不是说曹家的祖籍是"奉天辽阳"，而原来的丰润说，却是半个多世纪以来，从未有过一条真正可信的资料，除了弄虚作假外，再也没有什么真东西。因此我写了一本《曹雪芹家世新考》，此书从 1975 年开始写起，一直到 1978 年完成，30 万字，96 幅图片，1980 年由上海古籍出版社出版。从这本书开始，曹雪芹的祖籍是辽宁辽阳而不是河北丰润，遂成确论。此书今已三版，文字已增至 80 万字。

在校订《红楼梦》的过程中，还碰到很多难题，在注释工作上难题也一大堆，由于大家的共同努力，破解了一道道难题，所以我还分别写过《红楼梦》抄本研究的专著，论《红楼梦》思想的专著，综论《红楼梦》思想艺术的专著，都分别作为专著出版。我们的校订本《红楼梦》于 1982 年由人民文学出版社出版，校订的时间前后历时七年。此书出版后，得到了中央古籍整理出版小组的领导李一氓老的肯定，李老还专门为此书写了一篇书评，认为此书可以作为《红楼梦》的定本。此书至 2002 年，二十年间，已发行 300 多万套。《红楼梦》新校注本的出版，也就是我们的校订工作的完成和结束。

六

　　人大自 1972 年被"四人帮"解散后,我的命运一直飘泊不定,先是承社科院李新同志和黎澍同志的关心,使劲把我调到社科院,之后又因人大解散时分配工作,把我又硬扯到北京师院,在师院停留不到一个月,又被北京市委调到评《红》组,评《红》告一段落时,又回到社科院参加修编范文澜的《中国通史》。不久,又因国务院文化组成立《红楼梦》校订组,我又被调去当副组长,主管校订业务。1978 年人大复校,复校前,先是李新同志与我一起商量让我起草复校报告,后来李新同志与郭影秋校长又一起商量让我再重新起草复校报告,当时一起参与争取复校的还有其他同志,我已想不起来了。人大复校后,我的组织关系又最终回到人大,我继续担任语文系的"文学史"和"作品选"的课,从 1979 年开始我带硕士研究生,连续带了三届,第一届是叶君远、邓安生和胡绍棠。叶君远的研究课题我为他确定作吴梅村研究,邓安生的课题是陶渊明研究。三十年来他们早已成了著名的专家,尤其是叶君远已是研究吴梅村的权威,邓安生则在陶渊明研究上取得了历史性的突破和重大的成就,他的书先由台湾出版,后来又在大陆出版。胡绍棠的专题是研究曹寅,去年也出版了曹寅《楝亭集编年笺证》。后来的两届研究生也都在工作岗位上工作得很好。当时我一方面担任着人大的繁重课程,另方面仍继续借调在《红楼梦》校订组工作,直到 1982 年新校注本的《红楼梦》出版。之后校订组升级为《红楼梦》研究所,我被任命为所长。到 1986 年,我正式被调到文化部艺术研究院任副院长。所以,1975 年到 1986 年这十一年,我的组织关系仍在人民大学,就是我在文化部的兼职工作,也都与人大有关,因为我当时还是在人大领工资，我未拿研究院的任何补贴。《红楼梦》的新校注本出版后，稿费百分之六十上交给艺术研究院，百分之四十由校订人员分配。我拿二百五十元（前后工作七年）是最多的，其他校订组的人一般都是二百元，对于稿费的分配是由我定的，大家只有一个意见，说我拿得太少。我自己只有一个想法，把工作做好了，是我最大的快乐，分配稿费得到大家的满意，也就是我最大的满意。

我在人大实际工作二十一年，借调出去十一年，总共是三十二年。

我是在人民大学成长起来的，在人大受过锻炼，得到培养，也饱受风雨的摧残。重重的风波我都过来了，我仍然不能忘记人大对我的培育，仍然不能忘记人大的许许多多同甘共苦的同事和朋友，人大永远是我的根。

七

难忘的 2005 年，这一年我已经离休九年了。这一年，我于 8 月 15 日第三次登上帕米尔高原，到 4700 米的明铁盖达坂为玄奘立东归碑记。这一年我于 9 月 26 日由米兰进入罗布泊，到达楼兰、龙城、白龙堆、三陇沙入玉门关到敦煌，在大沙漠死亡之海里停留十七天，目的是为了确证玄奘取经东归最后的路段是经罗布泊、楼兰进玉门关的。这一年，我已经八十三岁，但却幸运地完成了这一艰巨的调查任务。

更想不到的是正是这年，纪宝成校长恳切地请我再回人大任刚创办的国学院院长。

我理解的国学是广义的，也就是中华民族的传统文化，它是我们伟大民族思想、精神、智慧、文化的总汇，是我们多民族统一国家的共同财富。它包括着"四书"、"五经"，但不仅仅是这些，它以汉民族的文化为主体，但已融合了各兄弟民族的文化和思想。我们党和国家的主导思想是马克思主义，但毛泽东同志反复说过马克思主义一定要与中国的实际相结合。那末，当然包括着与中国的历史传统和文化思想传统的结合。也就是说，我们党和国家建国以来的主导思想应该是马克思主义与中国实际结合的主导思想，今天我们所说的有中国特色的社会主义，也就是说是马克思主义与中国实际结合的社会主义，是马克思主义实践的社会主义而不是纯书本理论的社会主义。所以我们的社会主义是马克思主义的丰富和发展。因此，我们的有中国特色的社会主义在建设中，是一定要尊重中国的历史传统、思想传统和文化传统的。

但是，长期以来，我们对传统文化的重视还很不够，特别是经过一系列的运动，如"厚今薄古"运动等等，尤其是一场"文化大革命"，传统文化几乎是扫地以尽了。只要回想一下破"四旧"的风暴，就可以明白传统文化的命运了。我们的传统文化，是把文化与社会公共道德、个人的品德修养融合在一起的，当我们在接受传统文化时，也就同时接受了社会道德的教养，个人品德修养的教养，因而也懂得了做人的道理和对国家、社会、人民的责任，所谓"天下兴亡，匹夫有责"。但是一场"文化大革命"，对传统文化的破坏，对社会公共道德的破坏，对个人品德修养的破坏是无法估计的。一时间，儿子批判父亲，妻子批判丈夫，学生批判老师，好友顿成反目，一句"造反有理"的口号，成为破坏一切（包括社会道德，人与人之间的信义等等）的理论根据，于是社会的道德秩序全部被破坏了。我认为现在社会的许多弊病，很大一部分是"文化大革命"种下的恶果。社会严重地出现了信仰的危机、社会道德的危机、个人道德行为的危机。纪宝成校长有鉴于此，开始大声呼唤振兴国学，同时也遭到不少人的反对，这种情况恰好说明我们伟大中华民族的历史传统和文化传统已渐渐在人民的头脑里消减了。这种情况也说明，我们的马克思主义与中国实际的结合还有不够完善的地方，我们偏重了某几个部分而忽略了历史传统和文化传统的作用，忽略了社会公共道德、个人品德修养的作用。

所以我认为纪宝成校长是有远见的，他看出了当前社会的急需，所以振臂疾呼，不怕反对，奋勇前进，这种精神是可敬可佩的。不仅如此，他还创办了"国学院"，这就是说，他不仅仅是作理论的呼吁而且继之以实践。这就需要有更大的魄力，而纪宝成校长竟然独担风险，勇往直前，即此行动，谓之"铁肩担道义"我看也不为过。

纪校长是在这样的现实情况下来请我任第一任国学院院长的。

我是有自知之明的，我自知无论是与前辈学者和同辈学者来比，我与他们都有很大的差距，我有我的缺点，我的学识结构是非常不完善的。我每每想到我的校长，我的许多老师，就觉得我与他们实在相差太远了，就是与当代我所崇敬的许多学者来比，他们有的还比我年轻一点，但我也比他们要差。每每看到学问，我只有崇敬之心而没有年轻年长之别。所以从事实来说，我是不足以胜任国学院院长之职的。但我对纪校长的热情提倡振兴国学，是既钦佩而又感奋，看着他面对社会的争议，我真觉得他是国之诤臣。当他急需要有人担当国学院院长的时候，我如果推辞，那等于是逃避。这我是万万不应该的。在我受教育的过程中，无锡国专对我的影响是最大的，我的无锡国专同学中，也有很多出色的学者。这些年，就有同学多次提出要恢复无锡国专的想法。如果能对国学振兴有所贡献，我想也是对我无锡国专的老师们一个小小的交待了。由于以上这些原因，我才接受了纪校长的邀请，而决不是我自认为我有资格当这个国学院的院长。

我对纪校长提出了几项建议，其中就有建立西域研究所的建议，这项建议，立即就得到纪校长的赞成。我所以作这样的建议，是我认为我们伟大祖国是一个多民族的国家，我们应该珍视兄弟民族的历史文化。我所理解的国学，是包含兄弟民族文化在内的国学，而事实上这种民族文化的融合，早已是几千年前就开始的事了。因为西域研究这项工程牵涉甚广，所以在 2005 年 9 月，我得到季羡林老的支持，共同上书胡锦涛总书记，陈述建立西域研究所的必要，并且需要得到国家的批准和支持。我们的信送上去不久，10 月 1 日，我在罗布泊的营帐里利用卫星电话与北京家里通话，他们就告诉我，我们的报告胡总书记已经批下来了，温总理也作了批示了，而且要高教部和财政部予以有力的支持。这样我们的西域历史语言研究所就顺利地建成，并在国际著名专家沈卫荣教授（所长）、王炳华教授、荣新江教授、孟宪实教授们的共同努力下，非常顺利地开展工作并往前发展了。

我担任国学院院长，主要是帮助课程的建设和师资的聘请。我们的课程设置特点，一是六年一贯的本硕连读，这样有利于学生的学业深造；二是经典著作的专题课程设置，这样有利于尽早把学生引入学术研究的领域；三是设立"国学讲坛"，定期延请国内外名家来作专题学术讲演；四是提倡学生的写作实践，"读万卷书，行万里路"，培养学生的社会实践和实际写作能力。我们希望国学院毕业的学生，都必须是能写一手好文章、能著书立说的，而且是独立思考的；五是国学院还鼓励学生的课外学习，不局限于课程设置以内，学生必须扩展视野，培养学术兴趣，而且是要重实践，重调查，重真实可靠的史料，这样可以培养学生严谨的学风；六是国学院实行导师制，在三年级的时候就开始有导师开展辅导读书、研究，这有利于学生提前进入学术研究。这些做法，也参考了当年我读无锡国专的经验。教师的聘请是一个难题，因为现在学校多，不少大学都有中国文学课，都需要这方面的专家，所以从建院之始，一直到现在，还在延聘相关的专家。但我们已有较好的基本教师队伍，足以开设以上这些专题课。

我与纪校长约定，我担任两年院长，暂时承乏。因为我自知不足，不能耽误国学院的大事，况且我确实已老了，再在第一线，我已力不从心了。所以我从 2008 年起就退下来了。我把学校给我的全部报酬，捐赠给了国学院作为学生的奖学金，以略表我的一点心意。

我感到国学院的老师和学生是非常努力的，建院时的常务副院长孙家洲教授和其他教授一起，尽心筹建了国学院，当然这一切都是在纪校长统率下有序地进行的。现在的常务副院长黄朴民教授，也是恪尽厥职，尽心尽力的，再加上其他几位副院长和教授们的合力，国学院显得生气勃勃。我曾参加过几次学生的学习活动，我看他们的作业大有可观，而且学习的气氛很浓，我仿佛又回到了我在无锡国专的学生时代。

我离职以后，国学院院长一时难得其选，由纪校长兼任，这也是很重要的举措。国学院创建伊始，如果没有热心果断如纪校长的人来坚持下去，它的发展也会受到影响或干扰。由纪校长兼任，我离职以后也就可以放心了。

国学院，从小的方面说，是培养继承和发扬传统文化的人才，是繁荣祖国的文化事业；从大的方面来说，它关系到马克思主义与中国社会实际的结合（在思想文化这方面），关系到建设有中国特色的社会主义，关系到我们国家的发展和繁荣。我体会毛泽东同志反复说的马克思主义与中国实际的结合，也就是要让马克思主义在中国的历史传统、民族文化传统的土地上生根，使它由外来的变为自生的，使它更加根深叶茂。从这一方面来说，国学院（包括全国的传统文化教育研究机构）的任务可谓重矣！我们也可以从这方面看到纪校长的远见和他的为国深谋。如果说建设世界第一流的现代化的社会主义新中国，离不开世界最先进的科学技术和最先进的文化的话，那末它也离不开中国的历史文化思想传统，因为一个独立的自强的有着十三亿人口的泱泱大国，总不能离开自己几千年来生根发芽的土地，更不能离开有着传统文化血脉的人民。而我们的传统文化，也会吸收世界的先进文化而发展丰富创造自己的新文化，这在历史上我们早就有丰富的经验了。中华民族是一个伟大的有着远大目光和宽广胸怀的民族，我们的民族是善于吸收和善于创造的，我们有这方面的充分自信。

所以我们的伟大祖国，必然会在马克思主义与中国实际相结合的理论指引下和实践中大踏步前进，必然会在世界先进的科技知识、文化知识与中国现实的历史传统文化相结合下大踏步前进并推陈出新。我们的事业要走在世界科学技术文化的最前沿，我们的根却要扎在我们民族土壤的最深处，我们既要根深，更要叶茂果大。

我们有具有中国特色的社会主义常青之树。它是世界先进科技文化与中国民族历史文化的结合和发展创新，是马克思主义与中国实际结合的伟大创造。国学，永远是这一结合中的重要分子。

所以，国学是长青的，它是民族文化的常青之树。

我从 1954 年调到人民大学一直到现在，我历经过多任的校长，吴玉章校长是我永远怀念的，他是建校的第一人，他永远在人大的校史上放射着光芒。其次，与我接触较多而且较为相知的是郭影秋校长，他首先是一位学人而不是官，他对人大的建设，对加强人大的文化学术建树有很大的贡献，也有远大的理想，可惜他生不逢时，他遇上了"文化大革命"，他的理想和生命都被"文化大革命"毁了，但他留下的人民大学毕竟比以往增强了学术气氛，他所倡建的清史研究所，今天更承担了国家修建清史的重任，这些都将使郭影秋校长在人大的历史上永放光芒。而人大发展到纪宝成校长的时代，仿佛进入了一个全新的时代，这有时代的大势所趋，这就是改革开放的大好形势，但更有纪宝成校长作为一位著名的教育家，著名的高校校长个人的努力奋斗、个人的远见和个人的建树在。创建国学院，是他一系列业绩中的重大业绩。这一业绩将伴随着祖国伟大事业的发展而同时发扬光大，因为中华民族永远将独立于世界之林。中华民族的文化永远是中华民族的文化，不会被外来文化所淹没。未来世界将是一个文化异彩纷呈的世界而不会是一个清一色的世界，一个灰色的世界。正因为如此，所以民族文化之花必将万世盛放！

2009 年 7 月 25 日于瓜饭楼，9 月 6 日改定，时年八十又七

绿杨城郭忆扬州

我最早认识扬州，是从诗词里认识的。杜牧《寄扬州韩绰判官》："青山隐隐水迢迢。秋尽江南草未凋。二十四桥明月夜，玉人何处教吹箫。"大概是给我以扬州的美好印象的第一首诗。后来读姜白石的《扬州慢》词："淮左名都，竹西佳处，解鞍少驻初程。过春风十里，尽荠麦青青。自胡马窥江去后，废池乔木，犹厌言兵……"这首词，虽然给我以兵后扬州荒凉的景象，然而，我对扬州的印象却更深了。

在我的印象里，扬州是美，扬州是诗，扬州也是芍药、牡丹和琼花。总之，扬州确实美得不得了。

但是，在我印象里的扬州，也有悲剧的一面，最有名的鲍照的《芜城赋》，就是写的扬州，那是一片荒凉的景象；其次就是上面提到的姜白石的那首词了，也是一片战火下的扬州。

我从小就爱读《浮生六记》，记得作者沈三白的妻子陈芸——一位非常可爱的具有中国古典美的女性，她在坎坷中死去后，就埋在扬州，仿佛给扬州立下了一个悲剧的标记。

我还未到扬州，脑子里就已经装满了扬州的各种各样的印象了。

扬州确实是美的，那瘦西湖的纤影，既窈窕而又清雅，你如果从虹桥漫步过去，如果是初春的时节，你可以看到柳回青眼，桃报红靥，春波漾绿，岸草铺碧。真是，你会感到春从所有可以冒出来的地方一齐冒出来了。特别是湖上的一抹轻烟，仿佛山水画家将眼前的画面淡淡地染上了几笔，使得这些景色，都带上了一层朦胧的美，缥缈、空灵、清淡、幽雅……当你跨过虹桥，眼见到这幅江南早春的画面时，我保证你会被陶醉，你会驻步不前，仔细品味。

然而，当你展眼往远处看去，你会看到这袅袅婷婷的瘦西湖，身材确实是那么婀娜多姿，湖面曲曲弯弯，有时是掩映半面，似断还续，两岸古树垂柳，加上隔年的枯芦苇干，还有偶尔露出水面的新芦笋尖，甚至在曲折掩映的湖面上，有时还露出半篙扁舟，湖畔也可能碰到垂钓者。总之，一眼望去，分明是一幅水墨画，一卷山水图，而且满纸是烟水野渡的气息。

这样的景色，才是瘦西湖的本色。她不同于杭州的西湖，西湖多少有点人工味和富贵气；也不同于南京的玄武湖，玄武湖似乎略少姿态。瘦西湖我觉得有点像《西青散记》里贺双卿，粗服乱头，雅秀天成，不假雕饰，完全是诗人本色。

当然，你走过了徐园，走过了小金山，到五亭桥时，则又是一番景色。五亭桥黄瓦朱柱，桥上五亭，桥下十五个券洞，洞洞相通，每到月中，则十五个券洞中洞洞见月，成为奇观。五亭桥南为莲性寺，寺中白塔高耸，与五亭桥似相揖让，最难得的，无论是五亭桥还是白塔，都无富贵态，都还保持着朴雅的风格。五亭桥以巧胜，白塔以秀胜，远望亭亭玉立，如白衣大士，恰好与瘦西湖相配。如果此处的白塔也如北京北海的白塔或阜成门内的白塔一样庄严隆重，那么，就会把瘦西湖压得抬不起头来，就会产生不协调之感，我深深佩服当时设计师的识力和巧妙的匠心。

扬州使我常挂在心的当然还是平山堂。每次到平山堂，总要令人想起这位文章太守六一翁和天才诗人东坡居士。我记得在平山堂后厅有一横匾，题曰"远山来与此堂平"。每次去平山堂，总要找到此匾饱看一回。我觉得此匾题得实在妙极了，尤其是那个"来"字，简直写活了。不是堂与山去平，而是"远山"来与"此堂"平，字面上写的是山与堂平，读者的实际感觉上却是堂比山高，堂是主，山是宾，堂是端然不动，山是远处趋来。请看这简单的七个字，寓意多么丰富，感情色彩多么强烈！比之伊秉绶的"过江诸山到此堂下，太守之宴与众宾欢"一联，显然有上下床之别。伊撰联句上联显得太实太死，且失去了平山堂之意，下联则毫无新意，只是截取《醉翁亭记》的陈辞，这就无足观了。当然伊秉绶的书法是一代名家，可称银钩铁画，每当我遇见他的书法，总是低徊流连，不忍遽去。可惜原书不存，现在已是后人补书的了。

最可惜的是平山堂后石涛和尚的坟墓，已在"文革"中湮没，莫可踪迹，一代大师，竟然与烟云俱散，可胜浩叹！

石塔寺的石塔，现在已经在马路中间了，一头是石塔，另一头是一棵古银杏，一条直线，居于马路正中，恰恰把马路一分为二，成为上下道的分界。石塔是唐代旧物，共五层，四面有雕像，古银杏大概也是唐代的遗物，看它那婆娑龙钟的气派，显得是一位历史老人了。石塔寺最引人入胜的当然是王播的故事。王播《题惠昭寺木兰院》诗："上堂已了各西东。惭愧阇黎饭后钟。二十年来尘扑面，如今始得碧纱笼。"王播微时，在此寺乞食，和尚们讨厌他，才饭后打钟，使他扑空，因而才有上面这首诗，而且"饭后钟"从此就成为故实。谁能想到当年的这座石塔，竟然会保存到现在。扬州是有名的兵火之城，历劫甚多，此塔能巍然独存，阅世千年，实在不易！也许是造物主特地把它留下，作为人情冷暖的见证，以警世人的吧？

我每次到扬州，必去梅花岭史公祠。记得第一次到扬州时，还是

"文革"后不久，梅花岭的史可法墓已破坏，梅花岭的题额也已不存。这样一位顶天立地的英雄，历史的脊梁骨，就连当年他的敌人也不敢不尊敬他，谁料三百年后的今天，竟还会让他遭受浩劫，连他的衣冠冢都不能保存。历史潮流的颠倒，是非的颠倒，一至于此！幸而现今梅花岭已经全部复原，史公墓已修好如初，我在陈列室里看到了史公的手迹：两副对联。其书法的遒劲飘逸，迥非一般文人可比；就是当时的书家，也很难有他的这种气势。三百年后，对此手泽，我们可以想见其胸襟气度。这两副对子的联句是：

自学古贤修静节
唯应野鹤识高情

可　法

涧雪压多松偃蹇
崖泉滴久石玲珑

下面的款识云："辛巳宿焦山寺，书赠大明禅友，兼友好，山水清奇，颇不相负耳。道邻可法。"两副对子都是草书，真是逸笔草草。第二副对子的跋语，因原迹狂草，可能有个别字识读不确，但我仍愿把它记下来，以飨读者。我们从两副对子的联语中，也可以感受到这位"古贤"的高怀逸致，下一联联语似更可看出他当时艰危的处境和坚韧不拔的毅力。

扬州，可看的地方太多了。我还到过蜀冈上的炀帝迷楼旧址，现在的楼台当然不是当年的迷楼了。我也到过扬州郊区埋葬这位中国历史上最荒淫无耻的暴君的雷塘。在田野里，有一小片荒冢，只有几亩地，陵墓早已不像样子，只是仍高出于地面，在墓地隆起处，有一方歪斜的墓碑，书"隋炀帝陵"四字，为伊秉绶书，相传炀帝陵本已湮没，清嘉庆间为浙江巡抚、金石家阮元所发现，因请扬州知府伊秉绶书碑以为标志，一直保留到现在。想当年"紫泉宫殿锁烟霞，欲取芜城作帝家"的隋炀帝，意旨所至，锦帆天涯，何等的权力威势。谁知到头来只剩雷塘半丘，比起取代他的唐太宗之昭陵简直是讽刺，这就是对历史人物的公正的历史结论！

最使我难忘的是有一次，由老友钱承芳同志陪同去西山寻找《浮生六记》作者沈三白的妻子陈芸的坟墓。我们跑了很多路，虽然接近西山，但终因暮色太重，一片苍茫，无从寻觅，只得回车。虽然没有找到，但我却记下了这位悲剧女性的埋骨之处，我希望有一天能重新将它修复，让人们凭吊。

我每次到扬州，总是住在西园宾馆，老友杨礼莘总是热情接待，使我到扬州，不仅是宾至如归，简直可以说是到了第二故乡。那大门外的水码头，据说是当年乾隆到扬州的御码头，右手是"冶春"的水阁。我清早起来，晓色朦胧的时候，一钩春月，倒影入池，而水阁茅檐下的灯火，映在水里，拉出一条长长的曲折动荡的光影，连同水阁的倒影，简直是一幅绝妙的春晓图。

人们常常喜欢说《红楼梦》里的菜肴，我认为"红楼"菜实在是扬州菜的体系。西园宾馆的扬州菜是有名的，每次都能让我回味无穷。

扬州，给我精神上的慰藉太多了。春天的花，秋天的月，还有团团的螃蟹；到了冬天，还可以看到盛开的腊梅。那瘦西湖上"月观"后面一个小园子里的一丛腊梅，我曾欣赏过她盛放的丰容。旁边是一丛天竹，圆珠垂丹，艳然欲滴，与黄色的腊梅相映成趣。这样的庭园景色在北方是无从领略的。

扬州，是美的化身。扬州，到处都是美。

至今我念着虹桥畔瘦西湖的瘦影，念着西园宾馆庭院里中天的月色，念着小丘上萧萧的修竹，念着御码头旁茅檐下早起的灯火，念着春雨迷濛时扬州的朦胧面庞，念着朋友们的深情……

　　我深深地怀念着这座绿杨城郭。

1986 年 12 月 13 日夜 1 时于宽堂

秋 游 扬 州

扬州的秋天，是金色的，也是银色的。

我爱春天的扬州，但也爱秋天的扬州，其实，扬州一年四季都可爱。我今年已经是第四次来扬州了，这连我自己都没有想到。

今年第一次在扬州，还是从去年延伸下来的。我在扬州西园过了阴历的除夕，那么今年的元旦自然是在扬州了。1988 年的除夕，是一个令人难忘的除夕，碰巧西园宾馆接待了六十多位日本朋友，他们就是选择了除夕到扬州平山堂大明寺来撞钟度岁，以祈求一年乃至永久的幸福和长寿的。扬州大明寺的钟与苏州寒山寺的钟一样的闻名遐迩，所以来撞钟的客人都是十分虔诚的。那天晚上，扬州外办的姚伟鼎、丁章华、朱家华、左为民同志，还有国旅的王兰，他们都邀请我去随喜撞钟，他们说撞钟可以得到一年的吉祥。多灾多难的中国人，听到"吉祥"两个字，自然是很有吸引力的，何况我的老友杨礼莘正充当这次撞钟活动的组织者，我看他忙得那样起劲，更不忍不去领取这份"吉祥"了。我看大明寺的僧众都是朱红色的袈裟，在大殿里虔诚诵经，一时钟磬和木鱼声齐作，香烟缭绕，确是一派祥和的气氛。

撞钟是有时间规定的，就是从除夕之夜 23 时 59 分到第二天的零时降临，也就是从 1988 年的最后一分钟到 1989 年的最初一分钟开始，这正是一个送旧迎新的时刻，到了这一珍贵的时刻，于是喤喤的钟声就鸣响了。我跟随着家华、章华和王兰等，依次地如法撞钟，我想我撞的这钟声似乎比别人响，因为我想多得到一份"吉祥"。于是我们披着 1989 年的最初的星光，照拂着 1989 年的最初的春风，满装着"吉祥"的心意回到了西园宾馆，到餐厅吃一碗吉祥如意的面。

当时，我虔诚地相信，我们用大明寺的钟声和佛号迎来的 1989 年，必定是一个吉祥和平的好年头，至今我回忆到这一时刻，心里还不断地泛出暖意。

我在扬州迎来的这个新年，是够令人陶醉回味的了罢！但是，我今年在扬州还度过了最美好的秋天。

10 月 1 日下午，我到了扬州，这正是一个金色的秋天。四周田野一片金黄色的稻穗，西园宾馆里馨香四溢，桂花，还有结得垂垂满枝的银杏和那婆娑的黄叶，迎风翻飞，在在都是金黄色的秋意。第二天，丁章华和朱家华同志安排我去参观重新复建的二十四桥，由吴戈同志陪同，这是多么有趣的活动。杜牧的诗说：

青山隐隐水迢迢。秋尽江南草未凋。

二十四桥明月夜，玉人何处教吹箫。

同样是这个季节，同样是这个地点，是同样名字的桥，这一切激发着我的游兴，我们一早就到了虹桥，这是一座满载着诗意的桥。在康熙年间，诗人王渔洋经常在这里结社吟诗，这里也是曹雪芹的祖父曹寅诗酒活动的地方。我们步行过这座已经经过扩建的虹桥，不免使我想起了桩桩的旧事。我们在小金山雇了一条手扶小汽船，船小仅容二人，看来与李清照词里讲的舴艋舟差不多。我们的小舟穿过五亭桥，我在桥下又一次地仔细鉴赏了这座匠心独具的古建筑。今天是 10 月 2 日，国庆放假，沿瘦西湖两岸及五亭桥上，游人如长龙，蜿蜒数里，煞是壮观；尤其是五亭桥上，人头拥挤，看上去已经不像是一座桥而倒像是一条大龙船了。这种场景，使我想起了欧阳修的词：

堤上游人逐画船，拍堤春水四垂天。

只要把"春水"改为"秋水"就完全适用了。我们就在两旁蜿蜒如游龙般的人群的目送下，小舟如穿梭般地穿过五亭桥。我们的左岸就是有名的莲性寺，瘦棱棱的白塔，亭亭玉立，分外显得丰姿绰约；我们的右岸，则是一片茂密的芦林，芦花翻白，在阳光的照耀下，不时泛出银白色，再加上湖面有如银鳞般的波纹，索索瑟瑟，闪烁不定，真是一片银色的世界，所以我说扬州的秋天也是银色的，是一点也不夸张。

小船驶出不远，就望见逶迤曲折的折带桥和桥上的白石栏杆，再向右手边看去，远处用白石建造的一座圆拱桥，其姿态煞像颐和园昆明湖西岸的玉带桥，这就是新建的二十四桥。我远远品赏着这座桥，觉得就桥而论，它与旁边的熙春台等自成一个建筑群，桥本身建造得比较精致。但就它周围的自然环境而论，似乎有点不够协调，有点富贵气，有点皇家园林的气魄，而这里的周围，恰恰是一片山林野趣，芦花翻白，绿畦纵横，流水曲折，萍草映碧，这个自然环境是十分珍贵的，务必保护，因此最好是使新的建筑能与此大环境相协调。但是回过来说，如果作为从五亭桥连绵而来的一处古典园林，那么也还差可人意。假如这座桥改成老式的民间拱桥，不用白石而用黄石，这边的折带桥和它的栏杆也是如此，可能反倒显得古朴而自然一些——但这也不过是我的书生之见，未必见得真有道理。不过，对熙春台的这个名称，我却一直不解。据说是原来乾隆南巡时的名字，但不知究竟何据？按我的浅见，此处既然是以二十四桥为主系，那么这些配合的建筑自应与此相呼应。杜牧的诗早已脍炙人口，"二十四桥明月夜，玉人何处教吹箫"，这分明是写的秋天，为什么却偏要来一个"熙春台"？如果改为"明月台"或"明月楼"有多天然！旁边的亭子干脆就叫做"吹箫亭"，不更浑成一体了吗？何况听说不久在对面还要重建"望春楼"，那么何必再偏爱这个"熙春台"的名字呢？

我们在小船里胡吹乱说，瞎议论一通，不知不觉已穿过了二十四桥的桥洞。这边的景色更显得清幽，不仅瘦西湖显得更纤细、更婀娜，而且疏林黄叶，断岸古柳，在右手的田头上还有一架牛车，正在草亭里转圈。左手的菜畦里都是整齐的豆棚，上边翠生生的藤蔓，开着紫色的扁豆花。大片大片的紫扁豆，已垂满架。而我们的小船，却已被湖面碧绿碧绿，并且长出水面五寸多高的茂密的水草包围住了，水草开着鲜艳的、生气勃勃的黄花，远看好像一对对炯炯有神的眼睛在望着你，我骤然进入了这样的境界，几乎怀疑自己是武陵渔人误入了世外桃源了。我们面对着这广阔的大自然，清新朴素的田园风光，扁舟欸乃，一直到了平山堂下。至此我才真正游完了瘦西湖的全程，真正欣赏了瘦西湖的特殊风味。这半日的游程使我得到了最大的收获和最大的满足。

大家知道，西园饭店和扬州宾馆合作研制的红楼宴，已经赢得了很大的声誉，去年由我们在新加坡举办的"红楼梦文化展"，其中就有两家合作的红楼宴，在新加坡得到了非常热烈的反映，我这次在扬州，碰巧又再度品尝了红楼宴，同时还品尝了三头宴。

从人类的文明发展和文化发展来说，毫无疑问，饮食是人类文明和文化的一种标志。扬州的宴席，一向是闻名于世的，现在的红楼宴和三头宴，自然是在传统基础上的继承和发展，据我所知，他们新近又发掘了乾隆御宴。对于《红楼梦》里所描写到的饮食，我一向认为主要是扬州菜的体系，书中提到的糟鹅掌、火腿炖肘子、野鸡汤、豆腐皮包子等等，都是常见的扬州菜。特别是那席螃蟹宴，更足以说明问题。螃蟹自然不只是扬州有，但在北方决不是秋天宴席必备的食品，但在江南，尤其是在南京、扬州一带，秋老黄花时的清蒸蟹，佐之以嫩姜和陈醋，再酌以绍兴佳酿，就是一席既雅致而又及时的佳宴了。何况曹家世居南京和扬州，对这样的诗人之品，是决不会缺少的。况且作家描写，总要有生活依据，自然不会舍弃自己非常熟悉的生活而去不必要地杜撰或猎奇。因此这顿螃蟹宴，自然也可能是作家自己繁华生活的追忆，起码也是秋天江南时令的剪影。《红楼梦》里并未按照宴席的要求来写一道道的菜，因此今天研究红楼菜，自不必尽抄书，书中有的菜，自然应该尽量有，书中没有的，也不妨适当增补，决不可拘泥于书本。例如《红楼梦》里写小吃多，写大宴席的大菜少，但不能办红楼宴而没有大菜。还有《红楼梦》里极力描写的"茄鲞"，作者让刘姥姥说好吃到连一点茄子的味儿也吃不出来了，其实，这句话，只是写刘姥姥的"村"，写刘姥姥的极力奉承和加意夸张而已，而有的朋友在研制这道菜时却拼命去追求"吃不出茄子味道来"，这样的做法，必然会弄巧成拙。西园饭店和扬州宾馆研制的红楼宴，其聪明处，就是第一不死掉书袋，第二重点在好吃，其次才是好看。我品尝了他们的上述宴席，深深感到他们是既能认真钻研书本又能不拘泥、不执着于书的。在宴会以后，我曾有诗题赠云：

> 天下珍馐属扬州。三套鸭子烩鱼头。
> 红楼昨夜开佳宴，馋煞九州饕餮侯。

我今秋第三次来扬州的时候，还遇到一桩奇事。一天晚间，我正在与章华、家华同志商谈事情的时候，于青山同志忽然来提起平山堂的大棵琼花忽然枯死，而西园的琼花却于今秋意外地结满了红色的果子。琼花结果，这对我来说是一件十分新鲜的事，当时大家也有点不大相信，一时找不到手电，青山同志就去点燃了一对大红烛，于是我们手持大红烛，一齐去秉烛看花。进入园林，走到几棵琼花树的下面仔细攀枝观看，果然是红子累累，煞是好看，回到住处，我写了两首诗：

> 秉烛看花有几人？风流苏李古仙真。
> 而今我也笼纱去，为照飞琼睡态新。
>
> 零落琼花有几枝？西园忽报绽新姿。
> 飞琼也厌高寒处，移向人间乞好诗。

据说西园的琼花，是百年老树，有的甚至说是乾隆时西园作为行宫的御花园时栽的，这当然是一时雅谈，不足为据。但西园宾馆的东隔壁却是"敕赐天宁禅寺"，乾隆时曾作为行宫，现在的西园，就是当时的西花园，西园的名称就是由此而来的。如果要再往前推，则这座天宁寺，就是曹寅当年修《全唐诗》的地方，这样说来似乎又要与《红楼梦》发生间接关系了，似乎在西园宾馆里重开红楼宴就更为有理有据有情有趣了，实际上这也不过是一种谈兴而已，切不可用书呆子的习气来对待这个现实！

今年我意想不到的因为种种原因，又第四次来到了扬州，西园宾馆已翻建一新，原来空旷幽雅的园林，就更显得精神抖擞。刚刚住下来，我听家华说，传为石涛手笔的"片石山房"已修复了，这是一个十分好的消息。在修复以前，我曾多次到过此地，观看和凭吊过石涛和尚遗存下来的"残山剩水"。扬州是以园林出名的，论年代，可能这个片石山房是最早或较早的了。

片石山房就在何园内，居何园的东部。何园也是一座名园，又名

"寄啸山庄"，以楼阁的回廊复道和水榭胜，廊间的墙壁上，还有许多古代名人的碑帖石刻，其中有颜真卿的行书石刻，也有苏东坡的"海市"诗石刻，全都是旧刻，刻工甚高，且残损不多，至为难得。

我这次重游片石山房，自然重点在此而不在彼。现在一入东院，就可见到坐北面南的一个新修的园门，上嵌一匾，书"片石山房"四字，而且是用的石涛的字迹，颇觉清雅可观。进门右边，就是新建的回廊厅事，一律本色，不施彩绘，更觉素雅。进门的左手廊间，嵌着两处石涛的诗迹，行书楷书都有，每处各有十数帖，虽是复刻，也还可观。园子中间就是一片不大的池沼，上铺石板桥，以连接进门后左右两边伸展开来的建筑。在池沼的西北角，就是仅存的石涛手笔，迤逦一片的假山，现在已是残迹，很难想象当初完整的构思，但仅就现存的数处来看，也仍旧是妙造自然，曲折有致，且山石奇峭，而中腹灵透，有盘旋上下之势，登高则可以舒啸，可以纵览，即此残山剩水，亦当可见大家的风范。

在园子的北边墙上，有石刻大字"片石山房"四字，仍用门匾原字放大，放在此处，亦可起点睛之意。

总之，原先一个零落不堪的破园，如今经过整修，居然有丘有壑，石桥流水，名人字迹，在在都可令人驻足，这对我来说，已经是够快意的了，何况全国各地，要览石涛的遗迹，恐怕也仅此一角了，如此看来，就更为难得了。因此，它不由得令人想起平山堂后面已经湮灭的石涛墓，今原墓已不可得，可否就在左近建一纪念性的墓，并立一碑，以为永久的纪念！

最近我又听说，扬州的有关方面，拟在片石山房建立石涛纪念馆，对这个计划，我十分赞成。我认为也只有扬州最有资格建立石涛纪念馆，看看南昌青云浦的八大纪念馆，就会感到这个计划已是刻不容缓了。

我不知道今年我是否会再来扬州，但是我可断言，扬州是写不完的，扬州的湖光山色写不完，扬州的春花秋月写不完，扬州的园林古建写不完，扬州的文化遗迹写不完，扬州的红楼盛宴、淮扬佳肴写不完，扬州的崭新面貌写不完，扬州的深情厚谊写不完……

总之，我不仅会再来扬州，而且我也会再拿起笔来，写这个写不完的扬州。

1989 年 11 月 23 日于西园宾馆

（原载《人民文学》1990 年第 3 期）

扬 州 散 记

不到扬州已经好多年了，去年 10 月，因为国际《红楼梦》研讨会在扬州召开，所以我又去了扬州。

这次是乘火车去的，这是我第一次乘坐从北京直达扬州的火车，可以说踏上火车，睡一夜，睁眼就到扬州了。可我这次看到的扬州，却是与以前的扬州大不一样了，火车停在扬州新开发的西部，这是一片广阔的新区，高楼林立，一望无际，我感觉扬州似乎凭空扩大了一倍，我本来也可算是"老扬州"了，这一下却完完全全成了"新扬州"，眼前所见到的可说件件是新的。

我这次在扬州，除了参加隆重的国际研讨会，会见了许多老朋友和新朋友外，还有几件令人难忘的事，值得一记：

第一是以往一直听说有一块曹寅的画像石碑，故友耿鉴庭大夫说有拓片要送给我，但却一直没有找到。但他告诉我原碑在瘦西湖小金山堤岸一带，可能砌在堤岸上了。我以前多次去小金山查看，却毫无影踪。这次有人告诉我已有了确切的消息，是在月观的后墙里。我们到月观仔细查看，并有数人用凿子敲凿墙壁，却仍是毫无影踪。之后，老友朱懋伟告诉说在月观后面的墙里，他还亲眼看过，于是约好日子，他带领我们进入月观后面的一小片杂草杂树丛生的小园里，在围墙上又认真地凿敲一番，仍是毫无影踪。据朱兄回忆月观后的这个小园似已经变动，与原先的印象不一样了，但他确是在这里看到的，画像上还有题记。此石最多是被砌设在月观的哪一面墙里，不可能被毁坏。好在月观不久就要拆建，等到拆建时，总能拆出这块令人系念的曹寅的画像石碑来。

这次虽然没有找到这块曹寅碑，但总比以前渺茫的传说踏实多了，而且希望在即，不能不说是一桩值得一记的事。

第二是我青年时读《浮生六记》，对书中的"芸娘"即"陈芸"，沈三白的妻子，印象很深，也令人非常同情。书中记到芸娘死后，埋在扬州西部的金匮山。有一年，我到扬州，与老友地委书记钱承芳同志谈起此事。他是一个扬州通，他说他知道这个地方。当时说话就走，我们驱车到了扬州西部的西山地区，这里是一片荒坟，荒草离离，无数坟堆，加之天已薄暮，暮色苍茫，又无碑记，哪里去找？只好废然而返。但这一次，却是金林同志告诉我的，说陈芸墓已发掘，棺中女尸完好，还随葬有带"芸"字的玉镯。这消息当然使我大为惊喜。我们随即开车到西山，但这里已非当年面貌，当年的坟地大部已变为楼房，楼房旁还有一条宽阔的公路。我们又面临了疑点，不知往何处去寻找？大家犹豫不决。我说只有向附近的乡民打听，我们即把车开到一排楼房前，选择有一条较宽的胡同前停下来，就进去打听这一带原来看守坟墓的人。真巧，进去碰到第一个老人就是当年看坟的人。我们向他打听有一个沈家的坟墓，并已发掘，从墓中挖出了带"芸"字的玉镯，可知此墓在何处？想不到他竟说他就是看这个坟墓的，墓地已挖平一半，一半还在。说着他就把我们带到房后的一片空地上去，指着一座中间已挖平，两边还留着两个圆边的坟堆，中间挖平的一片则与周围的平地已相连成一大片菜地。他指着留有两个圆边的坟堆说，这就是沈家的坟墓。墓里挖出的"芸"字玉镯则已不知去向，但当时确有此事。似乎除玉镯外，还有些别的什么，但都早已无影无踪了。

这次，虽然没有见到玉镯，但却见到了残存的芸娘的坟墓，也就算有了结果了。

第三是我读《扬州十日》，特别是读全祖望的《梅花岭记》，说扬州城破之日，史可法"为诸将所拥而行，至小东门，大兵如林而至"，诸将皆战死，史可法"乃瞠目曰：'我史阁部也！'被执至南门，和硕豫亲王以'先生'呼之，劝之降。忠烈大骂而死"。幼时读《梅花岭记》至此，常为之掩卷太息。因此心中一直记着这个"小东门"。这次，我偶然问起"小东门"还在不在？朋友竟说"小东门"旧址仍在，城门已拆掉，但城门外护城河及河上的桥梁仍在，可以一看。于是我们就急赴"小东门"，果然行不多久，就到了扬州东边的护城河。沿护城河边马路前行，不久就到了大东门。桥尚存，据说当年沈三白、陈芸即住大东门桥对岸。再前行数十步，路右，即为石涛大涤草堂旧址，惜已无存。再前行，即到小东门。城门毁于抗日战争时，今小东门桥尚在，此即史可法当年被执处。我们在小东门徘徊多时，不忍离去，护城河依然，但两岸房屋则已完全改观，欲觅当时的旧迹，除流水依然，小东门桥尚存外，其他就渺无可寻了。

第四是我听前人说，画僧石涛和尚的墓，在平山堂后，"文革"前扬州有一位老人每年清明节，总去祭扫，但"文革"中老人去世，遂无人知石涛墓址。我多次去平山堂，也多次到堂后去寻找，总未得踪迹，这次我又到平山堂，访"仙人旧馆"、"文章奥区"，遇栖灵寺方丈，方丈盛情接待，我无意中问询，石涛墓有无踪迹？方丈却告诉我他们确知其地，正在重建，并将于明年（按：当即是今年）召开石涛的国际研讨会，希望我能参加云云。这当然是我的意外之喜，我一直以为石涛墓已被淹没了，现在居然能在原址重建，真是令人高兴。

第五是唐代王播遗迹的石塔寺，原塔依然完好地矗立在马路中心，旁边的一棵古银杏树，也依然婆娑其姿，紧依石塔，仿佛是互为依存。石塔寺我曾去过多次，"饭后钟"的故事也早为人知，所以这次只是路过，没有再下去参观。

扬州可记的地方还有很多，如金冬心住的西方寺，我也曾多次去看过，听说也已修复。而曹寅当年修《全唐诗》的天宁寺，也依然完好地存在，据丁章华同志告诉我，市里已决定将此天宁寺作为"曹雪芹纪念馆"。这真是一个令人振奋的消息。我想用当年曹寅修《全唐诗》的旧建作曹雪芹的纪念馆，这是任何地方都不可能有的"胜地"，真希望能早日见到它的落成。

至于扬州的园林名胜，如瘦西湖、个园、何园等，因都是往日旧游，这次日程匆促，未能再去游观。

其实，扬州是不可能一二次游完的，如留下了著名诗句"天下三分明月夜，二分无赖是扬州"的徐凝的"徐凝门"，如太平天国的遗迹"四望亭"，还有乾隆游览扬州的"御码头"，"御码头"旁每天清晨灯火摇曳的临河茅屋"冶春"水阁，再稍前走几步就是康熙间王渔洋等诗人咏诗的"大虹桥"，还有长江口上"三汊河干筑帝家"的康熙行宫高旻寺，杜牧诗中提到的"二十四桥明月夜"的二十四桥等等，都是令人牵情挂念的地方，也都是我的旧游之地，虽然都已久违，理应再访，但迫于时间，竟未能再游，如过故人之门而未有一茶之敬，心中殊觉歉然。山灵有知，只好容我再访了！

2005 年 5 月 22 日夜 12 时 30 分

访青藤书屋

　　我曾两次到绍兴，访问过明代的大画家、大文学家徐文长的故居——青藤书屋。第一次是1970年夏天，那时我被下放到江西余江红石山冈上的干校里，我利用探亲的机会，绕道到绍兴，想一赏山阴道上的风光，寻访一下绍兴的古迹。但是实在令人丧气，在那里，我所见到的只是一片劫后的荒凉，会稽山麓著名的大禹庙被拆毁了，高大的大禹像被砸烂了，真是"似这般、都付与断井颓垣"！我到了兰亭，那里该不至于遭劫罢，然而我到兰亭一看，依然是一片荒凉，"鹅池"碑已推倒，当年东晋名士们"修禊"的曲水流觞，连水也没有一滴，而后面的"流觞亭"里，却拴着一头大水牛，对我瞪着牛眼睛摇耳喷鼻，真使我有点哭笑不得。我仍旧不死心，决定去找"青藤书屋"，一看究竟。这回我先作了点思想准备，准备再来一次煞风景的遭遇。果然，这回更巧，正碰上在折毁这四百年的名迹，据说是要改成工厂。只见青藤已经砍去，"天池"已改为"地池"，石栏砸碎，池子填平用土埋掉，廊下的那棵大树被修得像根电线杆。这一下，我实在再也没有勇气去看别处了，心想除了东湖的水估计不会被舁干外，其他所有的名迹，怕都难逃此劫。

访青藤书屋

第二次是去年 10 月，我又因事到了绍兴，我仍旧关心着这些名迹，我虽然不是绍兴人，但心头却有点"近乡情更怯，不敢问来人"的滋味。我怕一问起这些地方，让人不好意思。然而，出乎意料的倒是文管会的领导主动邀请我去看看这些地方，我当然十二分的愿意了。为此，我又一次到了"青藤书屋"。一进门，就是一个空旷的园子，中间鹅卵细石铺道，直通书屋。路北是一片青翠欲滴的竹林和绿影如云的芭蕉，路南是几树枝叶扶疏的花木。穿过这个园子，就是"青藤书屋"。只见"天池"已经恢复了原样，石栏依然，清泉一泓，旁边已补植了一棵不算太小的青藤，据说是从深山里移植来的。进了书屋，一边悬着徐文长手书的"一尘不到"的匾额，草书清逸洒脱，确实无一点尘俗气；另一边悬着"青藤书屋"的匾额，书法瘦劲古拙，确是陈老莲精心所作。据说，这间书屋传到陈老莲的时代，老莲慕青藤的风仪，特地迁居此屋，并手书匾额。难得的是这两块匾额名迹，竟能逃过劫难重见世面，这实在也可以算是"奇迹"了。书屋的里进是一间不大的陈列室，也是当年的旧建修复。室内陈列着一些徐青藤的复制书稿，复制得相当成功。两边的墙上挂着一些字画。现存的书屋，就是这两间，再加上外面的这个园子。书屋的面积虽然不大，但确使人有"一尘不到"的感觉。总之是雅洁得宜，清淡有如徐文长的人品。

徐文长于诗文书画戏曲，无一不精，而且逸笔草草，格调高古。但其一生坎坷，曾七年坐牢，九次自杀。他的那首画葡萄诗"半生落魄已成翁。独立书斋啸晚风。笔底明珠无处卖，闲抛闲掷野藤中"，实际就是他一生的写照。徐文长在书画上是一个创新派，他给后世以极深远的影响，郑板桥刻了一方图章，文曰"青藤门下牛马走"，齐白石则有诗云："青藤雪个远凡胎。老缶衰年别有才。我欲九原为走狗，三家门下转轮来。"可见他们对徐文长心折至此。这次我竟意外地能看到重修后的"青藤书屋"，而且保持了它的原貌，实在是最大的高兴，最大的安慰。这不能不归功于文管部门的努力，因为当年我看到正在拆毁的情景时，无论如何也没有想到还能恢复起来，而且恢复得能令人满意。

早些年，我曾写过一首题画诗，是关于徐青藤的，抄在下面，作为本文的结束：

青藤一去有吴庐。传到齐璜道已疏。

昨夜山阴大雪后，依稀梦见醉僧书。

1983 年 5 月 9 日

梅 村 四 记

一、吴梅村墓重建记

　　1983 年秋，叶君远学弟从予著吴梅村年谱，证明梅村葬地。是年 10 月予乃至吴，由老友徐文魁陪同至邓尉。先至司徒庙看清奇古怪四汉柏，随询寺僧梅村墓葬处，云在潭东高家前顾鼎臣墓附近。时天雨，寺僧不能作导，予乃与文魁兄冒雨前往，至高家前，得顾鼎臣墓，墓濒太湖，在山之阳坡。予寻遍四周山坡，惟闻桂香扑鼻，惟见太湖浩淼而已，欲觅梅村墓，则渺不可得。因为诗云：

　　　　飘蓬万里觅君坟。百树梅花对旧村。
　　　　呜咽犹闻太湖水，茫茫何处着吟魂。

　　临行，嘱花农周德忠君留心附近路、桥之石，是否有"诗人吴梅村之墓"字样，有则保存之，并嘱细访周围梅村墓地。
　　予返京月余，即得来书云，梅村墓及碑均已找到，并将墓碑照片寄予，则赫然"诗人吴梅村之墓"七字也。予大喜过望，因于同年 12 月初，再至吴县，时文魁兄外出，乃由崔长灿君陪同，直至高家前晤周德忠，验看墓碑，则当年故物也。因同至梅村墓地，即在高家前村后，墓已平为梅林，但墓基砌石依然如故，可略见当年规模。墓在青山绿水之间，离太湖甚近，其西南则为石壁寺，吴中胜迹也。至此淹没百年之梅村墓，终于重现人间。

按：自梅村去世（康熙十年辛亥，公元 1671 年）至此墓发现，已历三百一十四年。梅村身当明清易代之际，不能如夏允彝、夏完淳、陈子龙、瞿式耜、顾炎武、黄宗羲、王夫之那样"慷慨多奇节"，在除死以外无可逃避的情况下，被迫出仕，不足三年即乞归离京。但"一失足成千古恨"，诗人自责"为当年沉吟不断，草间偷活"，"竟一钱不值何须说"。他在临终时"自叙事略曰：吾一生遭际，万事忧患，无一刻不历艰难，无一境不尝辛苦，实为天下大苦人。吾死后，殓以僧装，葬吾于邓尉、灵岩相近，墓前立一圆石，题曰：诗人吴梅村之墓。勿作祠堂，勿乞铭于人"。诗人当时的处境是艰难的，其自责也是真实的，他虽没有"慷慨奇节"，但也没觍颜迎敌。读他的临终自叙，可见他确是葬在与邓尉、灵岩相近的高家前。

我在发现了吴梅村墓后，联系他的自叙，曾有诗云：

> 天荒地老一诗翁。独立苍茫哭路穷。
> 千古艰难惟一死，伤心岂独属娄东。

当时我就呼吁重建吴梅村墓，近年来，我常去吴县，又谋之于钱金泉君，在钱君的努力下，又得到吴县市文物管理委员会、太湖镇人民政府的大力支持，最后又得顾三官先生的慷慨解囊，独任建墓的全部经费，因此吴梅村墓才得以重建。

回顾自此墓发现至今，荏苒已十有七年矣！梅村诗，影响后世至深，后人亦低徊思之。今值其墓重建，爰为记其始末云尔！

2000 年 3 月 7 日，宽堂冯其庸撰于京东且住草堂

二、梅村墓考信记

前不久，收到了徐文魁兄的来信，告诉我说，有人说前些时候修复的吴梅村墓是假的，是后人为了纪念他而修的衣冠冢云云。这真是无稽之谈，文魁兄也力辩其非。文魁兄信中说：

你和我访墓时先后都有看墓人带领去看的。当时（1982年）年已七十余岁的老好婆告诉我："高家前村北面偏西方向有座大坟，原有树木高大，面积广阔。当地人叫它'吴家大坟'。"

这信里说的，完全与我调查时地方一样。我记得这位老太太正在墓地上的梅林里锄草，墓地确实面积很大。这位老太太是吴家的看坟人，她还指点给我看坟被平掉时残留下来的砖砌墓基，这段墓基至今还在。我询问老太太她是否是为吴家看坟的，她点点头，我想给她拍张照片，她避开了，不愿意照相，后来我趁她不注意时还是照了一张。

信中还说：

李根源先生曾访过吴墓，《西山访古记》书中说："吴梅村墓在光福潭西村高家前西北百步位"，"有墓地广十七亩"。

民国《吴县志》也有记载：

119

吴梅村墓在潭西高家前。

上述几点，有潭西字样，这是行政区划分造成的误解。光福镇（现名太湖乡）原有潭东、潭西两村，合并为潭东村，故吴墓现在潭东高家前，不叫潭西高家前。

文魁兄在信里说得够清楚的了，引起误解的是原称"潭西高家前"，现在是称"潭东高家前"了，好像地方不对了，殊不知两个东西高家前已合并成为一个"潭东高家前"。何况不论如何，你到当地去实地调查，只有一个高家前，并没有第二个高家前，可见高家前只是合并了，其本身的地理位置一成不变。

信里还说：

石壁山下，有梅村泉，李根源题。石壁山上的石壁下面有摩崖记载，原文"戊辰春，祭扫先七世祖梅村公墓，路过来游。太仓吴诗永志"字样，至今完整无损。

这两条材料也很重要，证明梅村墓离石壁山很近，这完全是事实。我去年到修复的吴梅村墓去，看完了吴墓，文化局的同志就陪同我游石壁山，很近，没有走多少路就到了石壁山。本来还可在石壁山多看一点地方，不幸碰着大雨，我们只好在庙里躲雨。等雨稍过，怕再下大雨，我们就匆匆下山回去了。

所以现在重修的梅村墓，是确切无误的，决不是什么后人修的"衣冠冢"，这是毫无根据的。必须认识到，吴梅村墓是苏州的一个名迹，也应该是全国的一个名迹，应该百倍珍惜，而不应该将真的说成假的。

但有一点是应该承认的，即花农周德忠发现的那块吴梅村墓碑，确实已不是原碑，而是民国时期"吴中保墓会会长吴荫培竖立的"（见徐文魁兄来信）。这一点说得很重要，我开始曾误认为就是当年梅村墓上的"圆石"，因为现在不是"圆石"，而是长方的墓碑形的。我所以误解，一是不知道吴中保墓会有重修之举，二是看到这块墓碑上部两角都是圆的，因此我误以为就是"圆石"了。这个错误，必须郑重声明纠正。但这并不是说那块发现的墓碑毫无意义，至少它曾是吴墓的一个重要标志。

以上是关于吴梅村墓的一点说明。

2001 年 7 月 1 日夜至 2 日晨

三、梦苕师石壁山拜墓记

去年秋天，我到苏州拜候钱梦苕（仲联）师，说到多年前我曾在邓尉石壁山下找到了清初大诗人吴梅村的墓地，后来又在朋友的捐助、吴县文化局的主持下，重修了久已湮没无闻的吴梅村墓。梦苕师听后，非常高兴，说：明年春天你来，我们一同到梅村墓上去看看。梦苕师的这一动议，我当然求之不得。梦苕师是当今词坛的祭酒、诗国的盟主。他当时已九十四岁，能去三百年前大诗人吴梅村的墓园，那当然是当今诗坛、词场的佳话了。

不料我自去冬一直到今春，都在病中，直到 6 月初，才觉稍稍好些。我原曾接受南京东南大学的邀请，去作一次讲演，就趁此机会到南京完此任务，随即转道去扬州、无锡。

我在无锡，给钱金泉兄通了话，请他转告梦苕师，我于 6 月 16 日清晨到苏州，在虹桥饭店吃早餐，然后即去拜望先生。请他问问先生是否能去梅村墓。很快金泉兄即来电话，说："先生说去!"可见先生不仅记忆好，而且兴致甚高。

6月16日清晨，我准时到苏州，早餐后，即同内子夏菉涓和钱金泉先生一起到钱老家。钱老早已端坐等候，见我去非常高兴，坐定后，钱老即将香港天地图书公司新出的由钱老选注的《近代诗三百首》送我，并认真地说："书是天地图书公司送的，要我签名送你，现在已签好名哉!"我当然欢喜无量，没有想到他说："还有一件东西送你，是我赠你的一首词，已写成小幅。"说完，他就把词幅展开，原来是先生写的一首《水龙吟》，词云：

飞天神女何来？明珰翠羽全身宝。东流不尽，一江春水，较才多少。红学专门，画禅南北，慧珠高照。看鹏图九万，风斯在下，有斥鷃，供君笑。　　昆阆早曾插脚，下天山，气吞圆峤。碧霄下顾，苔痕帘室，几人来到。挹拍儒玄，步君趋尚，聆君清教。望所向，诗城蹴踏，踢千夫倒。

词后落款云："水龙吟，敬贻其庸学人两正。壬午夏，钱仲联，时年九十五。"这完全是我意想不到的厚赐。特别是去年先生患病入院手术，手术后一星期，竟自己坚持回来，说还有一件事要做。不想他竟用两个晚上写了一首赐我的七百余字的长诗，并为我写成了手卷，现在又赐词，真是无上之赐了。尤其是诗中对我的夸奖，使我十分汗颜，这是长者对晚辈的勉励和厚望，还有先生的自谦和对我的赐称，也只能作为晚辈学习的楷模，我自己当然不能当其一二的。

我在拜领了先生所赐后，即将新出的《剪烛集》奉呈给先生斧正。另外，我的学生纪峰前不久特地到苏州为先生做了一尊塑像，极其传神。塑像是铜铸的，先生深为满意。我为先生的像题了一首诗，诗云：

梅村四记

　　诗是昆仑郁苍苍。文是黄河万里浪。
　　平生百拜虞山路，今日黄金铸子昂。

　　此诗未按诗律，所以事先我寄给先生请教。先生复信说："诗极好，只是我不敢当！"这次我用绢本写成一个小幅装裱后带来，一并奉献给先生，先生看后极为高兴。因为要到邓尉石壁山下去看吴梅村墓。从先生住处到石壁山，约有一小时汽车行程，所以我们不敢多耽搁，很快由先生的研究生陈国安君扶先生上车，直开石壁山。到吴墓前已接近中午，大家簇拥先生踏上通吴墓的小路，直到墓地。墓在万树丛中，是在吴梅村旧墓的墓基上重建的，旧墓周围原有很大的墓地。80年代我来调查时，周围还很宽敞，现在墓地都已种满梅树了。先生到梅村墓前时，立即对着墓碑后的圆坟深深地三鞠躬，我们也随着先生行礼。礼毕，先生仔细看了由我新题的墓碑和两旁新刻的《吴梅村墓重建记》和《吴伟业传》。后两碑只是匆匆一览，事毕我们就扶先生登车。先生说：应该建议开一墓道，立一墓门，便于后人凭吊。我想，先生的建议是十分中肯的，我还想应该将墓地适当扩大，现在，实在太小了！车子回程时，竟直开苏州的老松鹤楼，原来先生已命人安排在松鹤楼吃饭，先生还嘱咐说一定要在苏州最好的菜馆请我吃饭，我得知后，深为不安，但也只好恭敬不如从命了。

　　到了松鹤楼坐定后，我侧坐陪侍先生。先生忽然问我说："你认为吴梅村的《圆圆曲》哪几句最好？"对这突如其来的问话，我竟不知如何回答。因为"冲冠一怒为红颜"是当时就盛传的名句，连吴三桂都"赍重币求去此诗"，可见这句诗的分量了，先生当然不会是问此句，必定是先生另有妙解。所以我只好问先生是哪几句最好，先生随口就回答说是"当时只受声名累，贵戚名豪竞延致。一斛明珠万斛愁，关山飘泊腰支细。错怨狂风扬落花，无边春色来天地"这几句最好。我怕先生九十五岁的高龄，长途归来太累了，不敢再问。以免他再讲下去。但这六句，尤其是最后两句，实在是全诗的转折点，上句是悲，下句是喜，上句是合，下句是开。我这样理解，不知是否能得先生之意，只好等下次再拜先生时叩问了。

到饭罢，已近2点了，我问先生累不累，先生却说："不累!"看他的神态也确实不像累，但不论如何，该让先生休息了，于是送先生上车，我也回虹桥宾馆休息。第二天清早我即去上海，一宿即回北京。

去年，先生约我去看梅村墓时，我曾对先生半开玩笑地说："先生拜吴梅村墓，应有词以纪其盛!"这次从吴墓回来时，我又提此事。果然，到7月1日，先生就寄出他的新作《贺新凉》词，但此信我一直未收到。7月9日，我又因急病住进医院，我在医院里十分惦记先生的新词，打电话告诉先生他寄的信没有收到。先生在电话里说："没有关系，我再寄，你一定要好好治病!"我真为先生的这种精神所感动，果然，没有多久，重写的信托钱金泉兄快件寄来了，词云：

贺　新　凉

其庸诗人偕谒吴梅村墓。墓为君新考定核实重建者，

颇为壮观。

诗派尊初祖。数曼殊、南侵年代，梅村独步。姹紫嫣红归把笔，睥睨渔洋旗鼓。彼一逝、早如飞羽。东涧曝书差把拍，问他家、高下谁龙虎? 输此老，自千古。　　娄东家衔吴东旅，诉衷情、淮南鸡犬，不随仙去。遗冢堂堂斜照外，今有冯唐频顾。把当日、丰碑重树。我客吴趋同拜谒，仰光芒、石壁山前

路。伟业在，伟如许！

其庸方家两正

壬午夏九十五岁钱仲联未是草

我在病床上拜读这首词，心情非常激动。我情不自禁地反复诵读，很快就背熟了。更可喜的是原寄的那封信，也收到了，而且后寄的对初稿略有改动，于是这首词的两种版本都在我手里，这正是意想不到的喜事。

这几天来，我为先生的词所感动，不能安眠，竟也用先生的韵，学填了一首《贺新凉》。词云：

贺 新 凉

壬午夏，从梦苕师谒梅村墓于石壁山前，墓为予考定后募资重建于原址之上者。梦苕师作《贺新凉》词赐寄，因用原韵勉成此阕。

底事冲冠怒。为红颜、天惊石破，只君能语。魑魅魍魉同一貉，忍见故宫狐兔。天已堕、臣心如剖。故旧慷慨都赴死，问偻翁、何处逃秦土？天地窄，寸心苦。　　一枝诗笔千秋赋。捧心肝、哀词几阕，尽倾肺腑。我叹此翁天欲丧，幸有文章终古。更认得、松楸故堵。重树丰碑石壁下，仰词翁、百岁来瞻顾。魂应在，感知遇。

2002 年 7 月 16 日作，
7 月 22 日改毕于三〇五医院

我这首词当然是呈给先生的作业，所谓"白头门生"，我去年已过

了虚岁八十的生日，头发也确实白了，面对着老师，自然是名副其实的"白头门生"了！

　　梦苕师以九十五岁的高龄，不辞辛劳，远至邓尉石壁山下参拜诗人吴梅村墓，这是当今文坛的一段佳话，何况他还有词作。我在医院里病榻岑寂，因援笔作记，以谢世之关切钱梦苕师者！

2002 年 7 月 24 日夜，写于三〇五医院

四、梅村书画记

　　吴梅村不仅是清初的大诗人，而且是一位书画家，在当时的画坛上他与王时敏、王鑑等娄东画派诸人都有交往。他的书法，亦颇有可观，我所见到的都是行楷，结体用笔，端庄凝重而流动，书风近于欧字而又有自家风范。他的画是清初四王的画风，原是从董源、巨然发展到赵子昂、黄公望、董其昌，后世南派的山水画，基本上是这一风范，而各人又有自家面目。梅村的画也是如此，继绪前贤以外，与同代的四王有大同亦有小异。今查《中国古代书画图目》，全国各大博物馆所藏吴梅村书画合计共十七件，但实际上我知道远不止此数。上博登录的是三件：《南湖春雨图》、《松风万籁图》、《丹青宝筏图》。但实际上上博还有两件，一是《东皋草堂歌》，二是《后东皋草堂歌》，因为这两件是写在董其昌的山水长卷后面的，登录的时候，总目只登了董其昌，遗落了梅村的前后歌。另外，上博近年又收到吴梅村的《爱山台歌》长卷，加在一起，应是二十件。我知道私人收藏的一定还有，昔年朱屺瞻先生就借我一幅吴梅村的书法扇面拍照。可见其他人手里也还有收藏。值得一提的是清初大画家王鑑对吴梅村画的评价，这段评价是题在《丹青宝筏

126

图》上的，文云：

> 画分南北宗，南以右丞为祖，自董巨二米元季大家以及沈
> 石田、董文敏得传正脉，故南宗为盛。董文敏后，几作广陵散
> 矣。近时独吾娄吴大司成、王奉尝（常）执牛耳，为笔墨宗
> 匠，海内尊为模楷。此帧乃司成公游戏三昧，如不经意，然元
> 气灵通，参乎造化，即苦思岁月，不能到此，真丹青宝筏，不
> 可作寻常观也。
>
> 王　鑑

从王鑑的题跋，可见他对吴画推崇备至。吴梅村的前后《东皋草堂歌》，是写抗清领袖瞿式耜的，写前歌时瞿还未被祸，写后歌时瞿家已全部败落，故其诗后有跋文云：

> 余以壬申九月游虞山，稼翁招饮东皋草堂，极欢而罢。
> 已，稼翁同牧斋先生被急征于京师，予相劳请宣，为作前歌，
> 又十余年再游虞山，值稼翁道阻不归，过东皋，则断垣流水，
> 无复昔时景物矣，乃作后歌。其长公伯申兄出董宗伯卷并书其
> 上，登高望远，云山邈然，俯仰盛衰，掷笔太息。
>
> 梅村吴伟业

读这段跋，颇有隐词，"俯仰盛衰"云云，已露其意，若再对照清初史实，就可体会其含蓄不尽之意了。吴梅村所作的《南湖春雨图》，也是一件含有深厚历史内涵的作品，以往对《鸳湖曲》的题旨如程穆衡、靳荣藩等都以为是"痛昌时见法"、"以吊昌时为主"，这些都是误解。吴昌时人品极坏，梅村在《复社纪事》一文里，对吴昌时早有峻

评，《鸳湖曲》亦未改其旨，叶君远著《吴伟业评传》有确论。

　　所以梅村的书诗画，既是艺术，也是政治，研究梅村，不应该忽略这个课题。

2005 年 6 月 13 日于大唐碑楼

西 域 纪 行

我一直没有到过新疆，但是对新疆却向往已久，因为它就是古代的西域的主要部分和古代丝绸之路的重要地段。

我与司马迁一样，有好奇好古之癖，我也像司马迁一样喜欢游历，在十年动乱期间，把所谓的"游山玩水"也当做坏事来批判，但是我却趁在干校之机，每年探亲时，总是单身独行，借此游历了许多地方。我把这种游历，看做是读书，是读一部文化、历史、山川、地理、政治、经济……综合在一起的大书，而且我越读兴趣越浓，所以，一提到新疆或者西域，在我的脑子里，大沙漠里的楼兰、米兰古城，古龟兹的石窟艺术，吐鲁番盆地里的高昌古城、交河古城，带有神话色彩的火焰山，以及诗人岑参笔下的西域风光，也就纷至沓来，令人遐想了。

西域在我的脑子里，始终是一个带有神话和传奇色彩的地方，我确实已经向往了很久。

今年（1986 年）夏天，我承新疆大学的邀请，于 9 月 11 日到新大去讲学，至 10 月 6 日回北京，虽然为时很短，且主要的时间都是在讲学，但我也利用讲学之余和假日，尽可能地游历了新疆的一部分地方，正是见所未见，闻所未闻，总的印象我觉得新疆太好了，关于新疆的学问太大了，我坚信伟大的祖国一定会富强，广阔的西北地区一定要开发，关于研究我国西部地区的学问——我叫它做"西域学"也一定会大发展。

趁着我对新疆的印象很新鲜的时候，我急忙记下这次到西域游历的见闻。

初到乌鲁木齐

乌鲁木齐市，在我的印象里，是一座正在现代化的城市，从机场到市中心的那条友谊路，宽敞而整洁，汽车分上下道，两边的人行道也是上下道，道旁树木已将合抱，枝柯交结，形成一条绿色的林荫大道，无论行走或坐车，走在路上，感到心胸舒畅，天地广阔，我去的时候，已是9月中旬，所以两边的树叶，已开始由绿转黄或红，更增添了一番秋色。

尤其是矗立在市中心的红山，像昂首长啸的龙头，石色赤红，在太阳光照射下，简直是条赤龙。乌鲁木齐河就在龙头下流过，附近就是人民公园，园内有为纪念清乾隆时的大文人纪晓岚而建的"阅微草堂"。纪晓岚曾于乾隆三十三年（1768年）被革流放到乌鲁木齐，当时居处在乌鲁木齐老满城所在地西九家湾。纪晓岚在新疆虽然只有短短的两年，但对新疆的影响很大，他自己对新疆也有很深的感情，他在《乌鲁木齐杂诗》中写道：

> 万里携家出塞行。男婚女嫁总边城。
> 多年无复还乡梦，官府犹题旧里名。

他在另一首描写天山打猎的诗中写道：

白草粘天野兽肥。弯弓爱尔马如飞。

何当快饮黄羊血，一上天山雪打围。

我曾进公园去游览，园门是三座牌楼式的古典建筑，进门隔湖对面就是纪念性的"阅微草堂"，这个湖也叫"鉴湖"，为什么与绍兴的"鉴湖"同名，我就不知道了。园内老树婆娑，景色清幽，尤其是湖边的树叶，丹黄相间，再加上绿色，颇有斑斓之感。园中有小摊卖烤羊肉串，导游者教育学院的某君要我试试，果然鲜嫩异常，决非北京街头的烤羊肉串所能比拟。

我因为事忙，根本没有时间去参观市容，只是每次车过市内的大街，看到正在新建的建筑，完全是现代化的，看了乌鲁木齐市的马路和建筑，再看看上海，那种拥挤不堪的情景，简直是不可相比了。

我离乌市的前一日，朋友们请吃饭，宾馆的对面就是人民大会堂，自治州机关事务管理局的局长侯海云兄和旅游局主管天池的董学商兄坚请我看看他们的人民大会堂。我心想北京的人民大会堂我已看得多了，更何况我在纽约、旧金山和莫斯科、列宁格勒等地都曾看过一些世界闻名的大建筑，区区自治州的大会堂又会怎么样呢？——这就是我当时的真实思想活动。但由于他们的热情邀请，我又觉得不去不好，所以才勉强去了，但是当我一进大会堂以后，立即被眼前的情景迷住了，我只觉得非常歉疚，非常惭愧，我刚才的思想多么可笑啊！眼前的这座大建筑，真可以说是千门万户，金碧辉煌，或者说晶莹澄澈，一片琉璃世界。可惜我不懂建筑学，讲不出那么多名堂，只是觉得设计是那么匠心独运，结构是那么天然浑成，建筑是那么细腻精致，它的总面积当然比北京的人民大会堂要小，但它的精致程度却远胜人民大会堂，新疆是多民族地区，大会堂各个民族厅则又是各具特色，无不精工妥帖。可惜由于时间的限制（因为我要赶回去整理行装），不能充分地仔细欣赏。当我走出大厅时，觉得仿佛是从一座艺术的迷宫里出来一样，我深深佩服设计师的才华和匠师们精工的建筑艺术。

我住在新疆大学的招待所，招待所给我留下了极其美好的印象，我住在里头，简直就像在家里一样没有任何一点做客的感觉，新疆的瓜果实在太好而又太便宜了，西瓜只有八分钱一公斤，因此每天我们总要吃好几个瓜，而服务员总是及时地帮我们收拾得干干净净。

我卧室的窗户正对着南面的天山主峰——博格达峰，天山顶上终年积雪，抬头就可以看见山顶上的皑皑白雪。陶渊明说"采菊东篱下，悠然见南山"，我在这里不需采菊，也可以天天"悠然见南山"。但要见博格达峰，却需要碰巧，最有机会看到的是清早太阳将升的时候和傍晚日落的时候。尤其是傍晚，那博格达峰披着满身的银装，真是一位青女或者素娥，亭亭玉立，独出云表，她没有巫山神女峰那末缥缈，但却如庄子描写的藐姑射仙，真是肌肤若冰雪，绰约若处子，其美不可方物。

我在乌市短短的三周，除了在新大讲课外，还到新疆师大、新疆教育学院、新疆职工大学和昌吉师院等学校去讲了学，我感到边城的师生，是那么热心于学习和教学事业，每次我讲课的时候，他们总是全神贯注，我深深被他们的好学精神所感动。有一回，一位与我差不多年纪的老同志，带着两个儿子，在新大听我的课出来，赶上了我，特地告诉我，他是放弃了这个月的奖金来听课的，他第一次听过后，就将两个儿子找来，以后每次我讲课都来听。我在新疆师大讲课时，听讲者热烈的神情真使我感动。我讲这些情形，一点也没有别的意思，我只是希望内地的老师们，能抽空多到新疆去讲讲课，其实，这决不是单方面的单纯的讲课，我们自己也可以学到不少新的知识，这一点才是我写这篇"纪行"的目的，这我当然要在下面慢慢地细说。

　　我有幸刚下飞机后，就与一位维吾尔族的女排教练卡玛尔同车到新大，因为是中午，新疆的时间比北京晚两小时，所以当地的人还未吃饭，卡玛尔就把我带到她的亲戚家里，这家当然也是维吾尔族。我是头一次到民族朋友家做客，而且思想毫无准备，我进屋刚坐定，他们就搬出茶果来，那位女主人看了我的名片，马上就说："《红楼梦》！"她用颇为流畅的北京话问我："您就是研究《红楼梦》的冯先生？"我说："是。"我问她："你读过《红楼梦》吗？"她说："读过一点，我是教小学的。"问答之间，他们已摆上了午饭，给我一大碗南瓜、白菜、羊肉、土豆一起烧的菜，又拿上来一大盘馕。这当时，我根本分不清哪是菜，哪是饭。连"馕"这个名字也是后来才知道的。我心想，在民族朋友家做客，据说不能客气不吃，不吃就易误会。所以当一大碗四色合作的食品送来时，我也不管它是菜还是饭，拿起来就吃开来了，谁知一吃南瓜，却特别好吃，细腻而又甜糯。我忽然想起我的书斋取名叫"瓜饭楼"，因我小时候抗日时期，家里穷得没有饭吃，就常常用南瓜当饭，因此我也吃过不少南瓜，深谙南瓜的品种，那种细腻可口的南瓜也吃过不少，但全国解放后的三十多年来，我再也没有机会吃到它了，想不到到了几万里外的西域，却吃到了地道的"南瓜"，我是多么高兴啊！我一下子就把整碗连南瓜带土豆一起吃个精光，他们对我的"表现"颇为满意，又让我吃馕，我也依样拿了一小块蘸着茶水吃，觉得颇为可口。我这个不速之客的这一顿民族饭，吃得真是够有兴味的，正当我们吃完的时候，新大中文系的领导夏庭冠、张广弟教授就来接我了，我们谢了主人，起身告别，走了不多远，我们的老朋友郝延霖教授也来了，他们高高兴兴地把我送到了招待所。

　　我特别感到新疆的天似乎比别处高，天空也特别蓝。我的感觉不是没有道理的，因为新疆气候干燥，空气里没有水分和杂质，所以每当夜晚尤其是午夜，仰望天空，只见星汉灿烂，长天一碧，如果不是在庭院里而是走出市区到旷野里，那就更加气象辽阔，碧海青天，月明万里，又是另外一番景色了。

我在新疆共二十六天，其中去天池和吉木萨尔一天，去吐鲁番两天，去库车七天，实际留在乌鲁木齐的时间只有十六天，而且主要的时间是讲课，所以对乌鲁木齐市了解得还很少。但是乌鲁木齐却给我留下了美好的印象，乌鲁木齐教育界的朋友更使我深深怀念他们，他们在祖国的最西边，辛勤地从事培养人才的工作，他们的辛勤劳动与新疆未来的发展是有直接的关系的，他们的工作是神圣的，我衷心愿意有较长的时间到新疆去从事教育工作和文史研究的考察工作，我期待着我的愿望能有机会得到实现。

天 池 秋 色

我到乌鲁木齐的第十一天，也即是 9 月 21 日（星期日），新大的朋友和新疆军区的朋友安排我去天池游览，由于事先有郝延霖兄的建议，决定这一天从天池下来后，再向东到吉木萨尔去考察唐代的北庭都护府故城。

我对游览，特别是带有访古性质的游览，从来是最感兴趣的。自从在两三天前作了这个安排后，我就紧张地翻阅资料，并把照相机、胶卷重新检点，作了充分的准备。事先确定星期天清早 6 时即来车接我们，乌鲁木齐的早晨 6 点，还是人们熟睡的时候，距离天亮还有两个多小时，但是我和棻涓早在 5 点半就一切就绪，待命出发了。6 时正，郝延霖兄和李忠跃君来招呼我们到校门口上车，军区的车早已等在门外了。这天是刚过中秋两天，我们抬头看天上，只见好月当头，清辉万里，银河耿耿，分外明亮，而满天的星星，也并不因为月色的照耀而有所隐没，我感到仍然是"一天星斗焕文章"，正是迢迢良夜，耿耿星河，看着这一番夜色，也已够迷人的了。

上车以后，似乎心就定了下来，因为昨晚睡得太晚，今晨又起得太早，所以一定下心来，睡魔就趁虚而入，不知不觉，我就在车上睡着了。一觉醒来，发现车子停着，我还以为车还未出城呢，哪知已到了阜康，即将转入去天池的山道了。这时天还未亮，直到车子向南驶了将近半小时，才看到大戈壁上一轮红日，喷薄而出，其壮丽的场面，我觉得也别具特色，与我在华山、泰山、黄山所看者都不同，在山上看日出，有云彩掩映衬托，画面显得绚丽而富于变化；在大漠上看日出，既无云彩，也无水气，而且四野空阔，一望无际，茫茫有如大海，一无遮拦，只见一颗巨大无比，其红亮有如镕铁，光芒四射，使人不可逼视的巨轮，从地平线上渐渐升起，转瞬间就跃出地面，渐渐上升了。要说单是看日出的话，那是要算大漠里看日出最为清楚，最为逼真了。当太阳刚离地平线的时候，车子已开始进入山道，而初升的太阳也就被山峦挡住了。

天山，是横亘于新疆中部的一座大山，也是亚洲最大的山系之一，它古有北山、雪山、白山、阴山等名称，整个新疆就因为天山在中部地区东西横贯，因而就分为南疆和北疆。天山本身，又是由三列大致平行的山峦所组成，天池所在的天山，是属于东天山的博格达山，博格达山最高处三峰并立，终年积雪，其主峰博格达峰，高达 5445 米，满身冰甲，高耸入云，天池就在博格达峰下半山腰，海拔 1980 米，被称为"天山明珠"。

我们的汽车进入山区以后，两旁皆是山峦，路旁一条大溪，流水不断淙淙作响。据我游山的经验，凡是大山，必有大溪，愈是山大，其溪必大，而且必定是溪中乱石纵横，我走过的华山、庐山、黄山、雁荡、泰山、五台、秦岭、终南等等，莫不如此。南方的许多大山，如逢雨季，有时几里路外就可以听到水声轰响，仿佛是先声夺人。现在我们进入天山，虽然是在西域的大戈壁上，也仍然是山水相连，流水淙淙。我们愈往前走，两旁的山峦愈显得陡峭，山路也愈显得狭窄，仿佛是仅能通车，一路上我细看溪中急流，感到水色洁白如雪，其平静处则又是一碧如蓝，后来我悟出因为这都是从天山上流下来的雪水，所以喷溅时有如雪花，渊积时有如凝碧。我正欣赏着一路的淙淙流水，车子忽至一窄狭处，抬头见右壁山崖上刻着两个大字"石门"。确实此处两山陡峭高峙如门，而路边溪水突然落差增大，有如瀑布倾泻，而水色洁白如匹练，大非南方山水之可比。可惜此处路窄，又急于去天池，不可能停车，所以只好注目而过。汽车循着盘旋的山道蜿蜒前进，至半山，迎面飞瀑自空而下，颇有"银河落九天"之势，其下有一小池，池水澄碧，人们呼之为"小天池"。再上山势愈高，回首俯视来时路径，已只剩一条曲曲弯弯的长绳了。我正在估量已到达何种高度的时候，汽车一下就停下来了，抬头一看，只见眼前一片潋滟的波光，水波澄碧，四围山峰重叠，树木森立，面对着这个高入云际的大湖，自然而然地人们会称它为"天池"了。

天池，是一个半月形的高山湖，她长 3400 米，最宽处约 1500 米，面积 4.9 平方公里，最深处有 105 米，湖形南北长，东西窄，南端靠近博格达峰，湖的周围都是高山，就是我们进口处较低，有如一道拦水的巨坎。纵观天池周围，群峰林立，云杉、雪松漫山遍岭，我们去的季节已是深秋，所以在一片苍翠之中，又夹杂着一树树的黄叶，特别是远处山坡上向阳处有几树红叶，经太阳光一照，一团火红，点缀得湖面更是秋色一片。南望博格达峰，清晰如在眉际，其侧面一峰，满身是冰，有如一根巨大的冰柱，在太阳光下，闪闪发光，还看得出她洁白的全身，似乎已经被磨擦得光滑到连一粒微尘也搁不住了。《红楼梦》第五回里写到《金陵十二钗正册》上有一幅画，画面上是"一片冰山"，现在我算真正看到了冰山！

天池，很早就被人们看做是西王母的瑶池，唐贞观二十二年（648年），在今阜康以东190华里的莫贺城设立了瑶池都督府，可见人们把天池看做是瑶池是由来已久了。无怪乎现在天池的东北面山坡上，还留有王母娘娘庙的遗址。关于瑶池和西王母的传说，是富于神话色彩的，《山海经》里说她是"其状如人，豹尾虎齿而善啸，蓬发戴胜"，这个西王母的形象，还是相当可怕的。最富于故事性和人情味的要算是《穆天子传》里的西王母了，《穆传》卷三说：

> 吉日甲子，天子宾于西王母。乃执白圭玄璧，以见西王母，好献锦组百纯、口组三百纯。西王母再拜受之，口乙丑，天子觞西王母于瑶池之上。西王母为天子谣曰："白云在天，山陵自出。道里悠远，山川间之。将子无死，尚能复来。"天子答之曰："予归东土，和洽诸夏。万民平均，吾顾见汝。比及三年，将复而野。"……天子遂驱，升于弇山，乃纪丌迹于弇山之石，而树之槐，眉曰"西王母之山"。[①]

这里的西王母，不但会赋诗，而且对穆天子缱绻深情，"将子无死，尚能复来"，多么富于人情味啊！在古籍里关于西王母的记载，一般都是与昆仑山、玉山、流沙等联系在一起的，最早把西王母与瑶池联系起来的，据我所知，就要算是这段文字了。后来，唐代李商隐的《瑶池》诗：

> 瑶池阿母绮窗开。黄竹歌声动地哀。

---

① 据 1934 年影印黄荛圃校本《穆天子传》。

八骏日行三万里，穆王何事不重来。

显然是从《穆天子传》取材的，诗人在这里一开头就把瑶池作为西王母所居之处了。按贞观年间甚至更前，就已经把天池作为瑶池了，那末李商隐诗里所指的瑶池，究竟仍然是就《穆传》取材呢，还是他心目中的瑶池已有所指，指的就是这个天池呢？这就颇费寻思了。

因为我们在乌市出发得早，所以到天池是第一批游客，我们四望天池，一片寂静，唐人说"一鸟不鸣山更幽"，倒确实是"一鸟不鸣"，幽静之极。我们在临湖的餐厅里吃了早饭，眼看着早已出来的太阳再出来一遍，因为她虽然早已离开地平线，却被高耸的天山挡住了光芒，我们在天池耽了好一会儿，太阳才爬上天山，霎时间，天池就显得"半江瑟瑟半江红"，波光粼粼，有如万盏银灯，在星眸闪烁，真是别是一番风光。

我们早餐毕，天池管理处的主人董学商兄一定要邀我们游天池，我们趁兴登上游艇，往天池的南端驶去，俯视池水，蓝如碧玉，两旁众峰肃立，远看南面一排雪峰，高高耸立，参差错落，真可以说是群玉山头，特别是游艇到天池南端时，我发现池边是一片树林，地势平坦，有小径可向东进山，地上还有积雪未融。正南面高处，则是原来看见的博格达峰，现在则更为清楚了，我感到近看博格达峰，则雄壮挺立，满身银铠，有如顶天立地的勇士，也像是擎天一柱，在支撑着青天，显出一副英雄的气概！

我们的游艇从南端沿天池东边折向西北，有一处向池里突出的山峰，上有新筑的小亭。我们登亭远眺，则又是一番景色，近看可见附近山坡上有一废址，即为原王母娘娘庙遗址，而对面山峰上，即是东岳庙遗址，迤北，则是铁瓦寺遗址。限于时间，我们不能久留，随即登舟回到船埠。我原想登岸后随即告辞，上车赶路，哪知学商兄早有安排，把我强引至一处，进去一看，只见笔墨纸砚俱已齐备，就等我动手写字了，我见势不可免，只好赶快动笔，以免耽误时间。我为临湖厅题了一匾，书"瑶台"两字，又书一联：

> 若非群玉山头见
> 会向瑶台月下逢

用李青莲现成诗句，学商要我为新筑的小亭题名，我为书"迎仙亭"三字，以附会瑶台也。我们上山时路过小天池，旁有一亭，亦新筑，学商要我题名，我为书"听松亭"三字，复为学商作一幅泼墨葡萄，这才算完事。我们终于告别了天池，依旧路下山，车中我口吟一诗云：

> 群玉山头见雪峰。瑶台阿母已无踪。
> 天池留得秋波绿，疑是浮槎到月宫。

北庭都护府故城

从天池下来，途经石门，我要求司机停车，在石门稍事逗留。我下车至溪边，溪流甚急，喷珠溅玉，奔腾不息，远望有如白龙蜿蜒，仰视"石门"两字，正在两山合龙之门口，其势甚壮。因赶路，不敢久停，即登车去阜康午餐，在一家维吾尔族的村店里，搬来了满桌菜肴，个个皆是羊肉，做法不同，而味皆大同小异，草草吃毕，继续登车向东奔驰。中午大家已困倦，即闭目在车中酣睡，约息半小时，四顾皆大戈壁，古称碛砂，右侧为天山支脉，向前看，则是笔直的公路，极目无际，直到与天相接，所以我说：新疆的公路条条可通天。虽是戏称，实为实景。我们的汽车如脱缰的奔马，拼命向东飞驰，但总是到不了吉木萨尔，我们疑心已走过了头，停下来问道旁行人，才知还在前面，当时已近5点，我们也顾不得时间有多晚了，继续快速往前奔驰，又过了半小时，终于到了吉木萨尔。

因为时间紧迫，我们没有进城（当地也早已无城），只是在城区的西边叉道口，问明了道路，据告：从吉木萨尔再往北走11公里，就可到老乡所说的"破城子"了，也就是我们要去的唐代的北庭都护府故城。为了节省时间，我们又请了两位家住"破城子"的老乡和一位家住吉木萨尔城区但熟悉古城的老乡，做我们的向导。关于吉木萨尔和位于它的北面的"破城子"（北庭都护府故城），文献记载是很多的，道光年间徐松的《西域水道记》说：

> 济木萨，西突厥之可汗浮图城，唐为庭州金满县，又改后庭县，北庭都护治也。元于别失八里立北庭都元帅府，亦治于斯（注略）。故城在今保惠城北二十余里，地曰护堡子破城，有金满县残碑。

又说：

> 余归程宿于保惠城。日已西街，驰往护堡游访破城。孤魂坛有败刹，悬铁钟厚寸许，剥蚀无文，形如覆釜。土人戒不得使有声，误触而鸣，立致黑风，发地每有唐时铜佛，余收得二铺，高逾四寸，背皆有直孔。保惠城南十五里，入南山，山麓有千佛洞，绀宇壮丽。山南通吐鲁番。

乾隆年间的纪晓岚，对吉木萨尔和"破城子"，也有颇为详细的记载，可以参看。他在《阅微草堂笔记·槐西杂志（三）》里说：

> 吉木萨有唐北庭都护府故城，则李卫公所筑也。周四十里，皆以土墼垒成；每墼厚一尺，阔一尺五六寸，长二尺七八寸。旧瓦亦广尺余，长一尺五六寸。城中一寺已圮尽，石佛自腰以下陷入土，犹高七八尺。铁钟一，高出人头，四围皆有铭，锈涩模糊，一字不可辨识。惟刮视字棱，相其波磔，似是八分书耳。城中皆黑煤，掘一二尺乃见土。额鲁特云："此城昔以火攻陷，四面炮台，即攻城时所筑。"其为何代何人，则不能言之。盖在准噶尔前矣。城东南山冈上一小城，与大城若相犄角。额鲁特云："以此一城阻碍，攻之不克，乃以炮攻也。"庚寅冬，乌鲁木齐提督标增设后营，余与永馀斋（名庆，时为迪化城督粮道，后官至湖北布政使）奉檄筹划驻兵地。万山丛杂，议数日未定。余谓馀斋曰："李卫公相度地形，定胜我辈，其所建城必要隘，盖因之乎？"馀斋以为然，议乃定，即今古城营也（本名破城，大学士温公为改此名）。

上面两段文字，虽然互有出入，但大体上是符合实情的。徐松的《西域水道记》把吉木萨尔（济木萨）认作就是护堡子破城，也就是北庭都护府故城，而把现在的吉木萨尔称作保惠城。徐松说："保惠城南十五里入南山，山麓有千佛洞，绀宇壮丽。山南通吐鲁番。"这也是对的，我们将到吉木萨尔时打听古城时，乡人就告诉我们南山里有千佛洞，离公路很近，可以去看，我们后来游吐鲁番过胜金口到柏孜克里克千佛洞去时，也听人说，这个山口有路可直通吉木萨尔，大约300多华里。至于徐松和纪晓岚所写的北庭都护府故城的情况，与我们现在看到的，仍然大体相似，这下面我可以叙述。

当我们找到了三位可靠的向导以后，我们的车子就放心地向北急驰了，在路边我见到了不少卖蒜头的乡民，路边的蒜头堆砌得如同一堵堵厚墙，蒜头大如小儿的拳头，看来，这里的蒜头确是特别好。汽车向北急驶的时候，我还看到了一口自流水井，地下水从管子里直喷出来，永不止息。在大戈壁里能出现这样的自流水井，真是奇迹！

汽车大约走了三十分钟，车上的老乡就指着前面说，已到了"破城子"了，我们依着他手指的方向往前方右手看，果然见土墙林立，范围相当大，公路就紧挨着城墙，我看公路左手也还有林立的土墙，看来公路是穿过这个古城的边缘了。车到城墙边，我急忙下车，背着相机直往城墙处赶，三步两步就赶到城墙下了。城墙是南北走向，高约六七米，中间有通道，看来是西门，门外护城河的遗迹还十分清楚，河床内低洼处芦苇丛生。我爬上城墙顶，顶部尚宽，约有二三米的宽度，我从墙顶向东面和东南面、东北面四周巡视，极目所至，可见这个城面积极大，远处但见墙垣林立而已。据说此城是新疆现存北疆地区最大的古城之一，东西长约1000米，南北约1500米，呈长方形，城分内城和外城，城墙的建筑都是干打垒。内城较小，外城的北端墙厚达7米，现北墙一带还较完整，内城的北门尚在，城西南角发现，那里是模仿唐长安大明宫的结构。在内城还有一块高台地带，有古城的残砖碎瓦甚多，可能是官署所在地。可惜实在迫于时间，我们不可能再深入古城腹地作详细调查，加之向导们急于回家，不断地催我到马路的西边，我们一直被他引导到公路西边不远处的一座早已废弃的古寺，这就是著名的西大寺。

西大寺，是一座高昌回鹘佛寺，寺址距北庭故城不到一公里，所以我们的车子向西开一会儿工夫就到了。这个寺是近年（1979年）发现的。据说，这座规模很大的佛寺，原来外观像一座土山，整个大寺被泥土覆盖着，老百姓因为取土，挖出了一条佛腿，才发现此寺。

　　此寺的建筑面积为长方形，南北长约 70.5 米，东西宽为 43.8 米，佛寺的台基高出于地面甚多。我们被导者从东面一个门引入，买了门票，即让我们看一溜向东开门的八个洞窟，因时值薄暮，不敢耽搁时间，匆匆随入参观洞窟。洞窟中有一个台座，也有有三个台座的，台座上的佛像有的已无存，有的已残损，但在洞壁上可以看到色彩很鲜艳的壁画，其残存部分鲜艳如初画。看完了这八个洞窟后，又走到上面一层，共七个洞窟，其损毁情况与下面差不多。因为有的洞窟的门锁住了，钥匙也开不开，所以只看了几个洞，起初看管人员不让拍照，后经再三商量，允许拍几张以作研究，因此我还拍得了几张照片。

　　我们到了顶上以后，才看清楚了全貌，原来我们参观的是寺的东厢向外的两层，全寺如凹字形，中间是空旷的庭院，大概当初从正门进去后，就是一个大院落，东西两边是配殿，院落的北面是正殿，东、西、北三面朝外部分皆如我们已看过的洞窟，朝内部分除正中是正殿外，东西两侧即是东西配殿。我们从东配殿的上层下来后，又被引进东配殿，内有一卧佛，全长 8 米，头朝北脚朝南，这正好是卧佛的头部靠近正殿。卧佛尚较完好，正对着卧佛的墙壁上是一幅规模宏大的《八王分舍利图》，图画基本完好，画面北端为王者出行图，王者交脚横坐于白象之上，穿铠，头部有圆形顶光，白象前后簇拥骑士，皆全副武装，腰悬宝剑和弓箭，手持长伞或旌旆，状如行进于山峦间；画之南端为攻城图，画中城墙高耸，城门洞开，中立一佛，城墙外之武士则作攻城之势。在北端王者出行图之下端，有供养人一对，画甚清晰，男着圆领紧袖长袍，戴桃形帽，女戴桃形凤冠，下垂步摇，穿翻领紧袖长袍，在供养人之头侧，各有回鹘文题记。管理人员对我特施优待，告诉我可以允许我拍照，我非常高兴，但时已很晚，光线暗淡，又不让用闪光灯，我勉强拍了两张。

从东配殿出来，太阳已将下去了，据介绍正殿残存佛像一躯，上部已毁，胸以下尚有 6 米高，则可见此佛像亦甚高大，因为要赶回去，司机催促，故只得离开。

回到乌鲁木齐，天已经很黑了。

1986 年 11 月于瓜饭楼

秋 游 天 山

——《丝绸之路诗词选集》序

丝绸之路，东起长安，横贯中亚，西达罗马大秦，历史上是中外人民进行贸易和文化交流的孔道，曾经为人类文明史的发展作出了重大贡献。尤其是新疆，古代称为西域，是丝绸之路的主要地段，也是唐玄奘向印度取经的经行之地。

新疆，有终年积雪的天山、昆仑山，有一望无际、神秘莫测的大沙漠，有火云高涨的火焰山，也有绿草如茵的草原绿洲。所以人们一提到新疆或者西域，总会带有一种壮丽和神奇的感觉。

西域，又是一片诗歌的沃土，或者说是诗歌的王国。试看历代到过西域的诗人，留下来了多少不朽的、壮丽的甚至奇妙的诗篇。

由于以上种种，所以西域一向吸引着人们的游踪。

去年9月，我有幸来到了乌鲁木齐，并尽情游览了西域的名胜古迹和饱览了大自然的奇妙风光。

我所到过的地方，不仅都是令人难忘的地方，而且，都是充满着诗意的地方。

我到了天山的天池，有人喜欢把它叫做瑶池。天池位于天山的腹

145

地，高度将近 2000 米，四周群峰环抱，池水一碧如蓝，微风沦漪，真令人有"吹绉春水"之感。

天池的南端，就是著名的博格达峰，我透过照相机的长镜头，只见一座巨大的冰柱，高耸入碧空，太阳光照耀下，通体明亮，有如一根水晶柱子；在它的周围，还有环抱的群峰，也是满身银装，白雪皑皑，真是一片琉璃世界，群玉山头。

传说的瑶池是在昆仑山上，所谓"昆仑之圃，阆风之苑，左带瑶池，右环翠水"（《集仙诗》）。昆仑山的瑶池是否有人去实地考察过，我不得而知，然而，眼前的这个天池却是仙境般的现实，它不仅有点遗世缥缈，而且我感觉它充满着诗意，无怪乎诗人们要对它尽情地歌唱了。

从天池下来，我还到了吉木萨尔北面的唐北庭都护府故城。这里大概就是封常清驻节的地方，由此也使人联想到诗人岑参《登北庭北楼》等有关的诗篇，至于他的《逢入京使》的地点究竟在哪里，那就很难说了，但我想总不会离开这北庭都护府的范围吧。

我还到过轮台，这也是产生过很多著名诗篇的地方。据考古专家说，唐轮台有奇台（在北庭都护府东面）和乌鲁木齐东南通向达坂方向的一个古城遗址的两种说法，我去的是后者，即乌拉泊古城。那里是一片古城废墟，城墙依然，城中房址犹存，离古城不远处，就是乌鲁木齐河。导游说，岑参诗中说的"轮台九月风夜吼，一川碎石大如斗，随风满地石乱走"的诗句，就是写的乌鲁木齐河，我注意看看现今的乌鲁木齐河，也仍然是"一川碎石大如斗"！那末这又是一个产生壮丽诗篇的地方。

我们到吐鲁番去，已经是 9 月的下旬了，那里仍然是骄阳似火，炙热难当。我们途经久已闻名的火焰山，山呈赭红色，皱纹似火焰熊熊燃烧，再加大自然炽热的气流，远远望去，确似燃烧着的火焰，无怪诗人们要说"火云满山凝未开，鸟飞千里不敢来"了。

在吐鲁番印象最深的是交河古城和高昌古城。这两处都是唐代的遗迹，难得的是古城那末完好。交河城不仅城墙完整，而且城内街道里巷依然存在，令人可以想见当时的情景。高昌古城是唐时高昌国的都城，玄奘西行取经，曾受到高昌王麴文泰的热情接待，在此留住过月余，现在城中的寺院、宫殿遗址，都还历历可数，真是"遗迹尚存唐制度，居人争睹汉官仪"。这样完整的唐代故城，在全国恐怕是极为少见的了。

在国庆节前，我又到了库车。库车古称龟兹，是西域有名的佛国。龟兹的乐舞也著名于世，而我现在看到的，是几处著名的千佛洞，以及龟兹境内宏博壮丽的山山水水。其造型之奇特、色彩之斑斓，都不是凭空可以想象的，所以我写过一首诗说："看尽龟兹十万峰。始知五岳也平庸。他年欲作徐霞客，走遍天西再向东。"确实我是被新疆的山山水水，被新疆的汉唐以来的古迹，被新疆的特异的风情，被新疆的一切的一切迷住了。苏东坡说："日啖荔枝三百颗，不辞长作岭南人。"我也愿意说："不辞长作新疆人。"

像这样美好而奇特的地方，它自然不可能没有诗，所以历代以来，写新疆的诗是非常丰富的。那末，我想我们的时代，就更应该有许多描写新疆的优秀的新诗篇出现。我正在叹息自己不是诗人，在新疆的时间又太短，没有能写出什么诗来歌颂新疆，觉得十分遗憾的时候，恰好接到了白应东兄的来信，要我为他所编选的《丝绸之路诗词选集》写篇序。我拜读了寄来的一部分诗稿，觉得丰富多彩，琳琅满目，其中尤其是吴丈蜀、常任侠、杨植霖、李羰木、霍松林诸家，都是诗坛的老前辈，他们的诗，自然当可继武古人。而比他们稍微年轻一些的，如刘德、白应东、徐思益诸位的诗，也各具风采，自有诗意。全书所选，一定还有许多名家和许多佳作，可惜我远处京华，来不及一一拜读，但窥其一斑，也可得全豹了。诸家的诗，都已入选，固无须再一一称引。

　　我不是诗人，原不该膺此重任，何况又不能把全诗读一遍，但应东兄情意盈盈，且在急需，不容推诿迁延，故不得已只好勉缀数行，聊当鼓吹，幸知者鉴之。

1987 年 4 月 19 日夜 12 时

《瀚海劫尘》序

我向往祖国的大西部，可说由来已久。最早是抗战时失学，在家种地，读到了李颀、高适、岑参等描写西域风光的诗，使我大为惊异。从此在我的心里就一直存着一个西域。那时我十四岁。

抗战胜利后，我读到了《大慈恩寺三藏法师传》，玄奘追求佛典精义而万死不辞的勇气，实实震撼了我的心魂。私心窃慕，未有穷已。窃以为为学若能终身如此，则去道不远矣；为人若能终身如此，则去仁不远矣！此时我正在临《圣教序》，《序》文描述玄奘西天求经所历艰难说：

> 乘危远迈，杖策孤征；积雪晨飞，途间失地。惊砂夕起，空外迷天。万里山川，拨烟霞而进影；百重寒暑，蹑霜雨而前踪。

对照着《大慈恩寺三藏法师传》里写到玄奘所经种种艰难，我更深深敬佩玄奘排除万难的伟大意志力！所以我得出一条启示：不有艰难，何来圣僧？我认为这种种艰难，恰恰成为造就这位伟大佛学宗师的条件。因

149

为世间的事物，往往是相反而又相成的。

抗战胜利后，我得到了读书的机会。我酷好文、史、地，也喜欢哲学，还有其他一些相关的学问。我发现原来这许多学问，实际上都是相通的。之后，我读书与年俱增，1948 年毕业后，我仍像在校的学生一样，勤读不辍。我渐渐地悟到，读书就是追求真理，这就与玄奘的追求佛典精义道理上是相通的；我还悟到任何真理都是实在的，而不是虚幻的，那些说得天花乱坠而空洞无据的东西，是否是真理，首先应该怀疑，至少应该求证，而不能轻信，更不能盲从。

在读书中，我特别喜欢与实地调查结合起来，有些从字面上无法确知的东西，往往实地调查后就明白了。所以从中年以后，我就注重实地调查。在干校期间，我利用每年一个月的假期，去"游山玩水"，我自己称这是读天地间最大的一部大书。

我向往中国的大西部，还有一个重要原因，是我坚信伟大的中华民族必定会强盛！而强盛之途，除了改革、开放、民主、进步而外，全面开发大西部是其关键。从历史来看，我们国家偏重东南已经很久了，这样众多的人口，这样伟大的民族，岂能久虚西北？回思汉、唐盛世，无不锐意经营西部，那么现在正是到了全面开发大西部的关键时刻了！因此我们应该为开发大西部多做点学术工作，多做点调查工作。

1986 年秋天，我终于得到了去新疆的机会，于是玄奘的身影又萦上我的心头。这次，我调查了在天山以北的唐北庭都护府故城，城在吉木萨尔以北，过去称金满城。我也调查了吐鲁番交河、高昌故城，在这些地方，我都尽情地拍摄了不少镜头；尽管我并不精通摄影，但我不愿错过这个机会。尤其是我从乌鲁木齐乘长途汽车经达坂城去库车时，要经过几百里的旱沟。两边皆高山，寸草不生，中午烈日，如在火胡同中行走，此种奇景，虽然行程艰苦，但确是见所未见。经焉耆，也就是《大唐西域记》里所说的"阿耆尼"国。玄奘当年曾在此渡开都河。我等汽车一停，立即奔到河边，借着落日的余晖，拍得一景。半分钟后，太阳就沉下去了，我能留此一景，实感侥幸！

我在库车，尽情地饱览了古龟兹国的风光。玄奘西行途中，曾在此停留六十余日，以待凌山雪消。龟兹古盛伎乐，至今我们还可以从克孜尔千佛洞得到印证。龟兹最令人惊叹的是它的特异的山水，有的似惊涛，有的似巨刃，有的似仙宫。其色彩则五色斑斓，要不是去亲自观看，就不会知道世界上有如此奇特的山水，我曾题诗云：

> 看尽龟兹十万峰。始知五岳也平庸。
>
> 他年欲作徐霞客，走遍天西再向东。

在龟兹停留一周，因急事赶回北京。但从此我的心中又多了一处放不下的地方。我年年都想再去，因为我觉得龟兹这部大书，我刚打开，还没有细读。

最痛快的是1990年秋天，我因拍摄《中国古丝绸》电视片的任务，9月25日从西安出发，到第二年1月8日才回北京，大半个严冬我都在祖国大西部的戈壁沙漠中度过，虽然有时"惊砂夕起，空外迷天"，有时"积雪晨飞，途间失地"，但是我却"心中别有欢喜事"，一切的"苦"反成为我的"乐"。例如我们在敦煌，要去玉门关，没有交通，连道路都没有，一入戈壁，就是四顾茫茫，不知东西南北。但我却觉得这是难得的机会，是奇遇。在唐诗里，在古书里多少次读过了玉门关，但不知是何模样，现在可以饱看究竟，纵有万难，也要看看这座"春风不度"的古关。终于我真正看到了这座"秦时明月汉时关"的汉代最西的边防关，而且它更是玄奘西行出"关"的"关"。玄奘当时西出玉门关后，要过五烽。在第一烽偷渡时就射来了飞箭，把他捉了回去。经过交谈，玄奘的伟大精神终于感动了烽上的"守捉"，反而帮他备足了水、粮，送他上路。为此我也出玉门关往西，走了一段，想看看这第一烽在何处，当然现在是渺不可得了。①

冯其庸在却勒塔格山前

　　再例如我们离开敦煌的前夕，忽然一夜漫天大雪，天气严寒，真是"忽如一夜春风来，千树万树梨花开"。早晨起来见此情景，不顾严

_____

　　① 按：玄奘取经所出的玉门关，不是此处的玉门关。唐时，玉门关已内移，关址在今安西双塔堡，双塔堡后筑水库，唐玉门关遗址已沉入水库。数年前我曾专程去调查，经当地博物馆同志告知，唐玉门关确已沉入水库，并带我到水库去实地考察，只见一片碧波，唐关已付泽国。据当地居民讲，附近确有瓠卢河，即玄奘出玉门关时偷渡之河。故附近榆林窟尚存西夏壁画，玄奘渡河出玉门关的故事，我也曾去亲自看过，壁画共有六幅之多，可证唐玉门关即在此处。又唐岑参诗中的苜蓿峰，尚存水库北侧，因时间不够，未能去调查。

　　以上都是我后来考察所得，我写这篇《序》时，尚不知唐玉门关已内移，误以汉玉门关为玄奘所出之关。特此补正。

寒，我立即决定再去莫高窟拍外景，不管冷到何种程度，只要手指能动，就要把这座圣洁的莫高窟和三危山拍下来。因为这是上帝的赐予，岂可不取？于是我这本书里就有了难得的月牙泉的雪景。

尤其使我惊心怵目的是莫高窟这个艺术宝库，那些栩栩如生的彩塑和壁画让你如登仙界，你如对"他"凝神谛视，久而久之，你会觉得他们也在向你拈花微笑。那些佛、菩萨、迦叶、

冯其庸在瓦罕通道，背后右边远处即公主堡，中间有大河阻隔。

阿难和力士、飞天，一个个神情专注，内心是那样坦诚、祥和、虔诚，这当然是举世无双的艺术；但这更是我们民族、人民的善良心性的写实，我感到它已经超越了宗教的界限，仿佛让你感到人应该具有这样美好善良的内心世界！

这样卓越的艺术境界，我在麦积山、炳灵寺得到了同样深切难忘的感受，我联想起大同云冈、洛阳龙门等地的石刻，又何尝不是如此！

当我在这座艺术殿堂里面对这些呼之欲活的艺术杰作时，我禁不住内心欢呼着：伟大的中华民族！伟大的中华文化！

去年秋天，我第四次到新疆，从伊宁翻越天山去库车。这两天翻越

天山的行程，等于是我钻入天山的肚子里仔仔细细地看了一个够。尤其是在巴音布鲁克过夜，这是一个高山之夜，9 月的天气，夜里已经冻得发抖。海拔 4000 米，月光亮得如白昼。半夜里我独自冒着严寒，走出院子，在大门外走了一圈儿。万籁无声，觉得严寒如两只巨臂，把我抱得紧紧的，而且越抱越紧。我挣扎着举目环顾，只见冰峰罗列，千形万状，我忽然想起东坡《宿九仙山》诗："困眠一榻香凝帐，梦绕千岩冷逼身。"我没有想到竟在此处得到东坡的诗境，心中的欢喜，莫可名状！

翻过天山，我终于重到了库车。这次最难忘的是我在驻军的帮助下，穿过了原始胡杨林，找到了塔里木河。过去我只是在地图上看到一条线，现在我总算看到这条著名的内陆河了。河水依然是这样莽莽苍苍，一望无尽，更有意思的是河边系着真正的独木船。这时我似乎感到历史又把我们拉回了多少个世纪。

我们好容易出胡杨林时，已经是月在中天，挂起了银色的纱帐。想不到四五个维族小伙子，煮好了羊肉，还在林子里等我们。见我们车到，欢呼雀跃，立即铺上了地毯，抬来煮肉的大锅，真是大碗吃肉，其味之美，是我做梦也想不到的。于是胡杨林里的这顿晚餐，就成为我永远值得夸耀的佳话了。尤其是那头顶上的月色，身畔的树影，还有比羊肉味更鲜美醇厚的维族同胞的纯情，虽然因为语言不通，不能交谈，大家只是默默地意会，但"常恨言语浅，不如人意深"，到此，似乎语言确是多余之物。分手已快一年了，我至今仍想着这片胡杨林，想着这一次胡杨林里的晚餐，想着这几位维族同胞，还有滔滔的塔里木河！

我依依惜别了库车的朋友，惜别了库车的山水，但在我的心里仍然与他（它）们订了后约。

我到喀什住在疏勒，据说这就是当年定远侯班超的驻地。历史往往会发出迷人的芬芳，我又一次闻到了这股醉人的气息。我又调查了从印度传过来的第一批佛教石窟——三仙洞，据说这是东汉的遗迹，可惜位于绝壁悬崖上，可望而不可即。

我在和田远望了昆仑山，还饱赏了和田的美玉，玉门关的名字就是因为这里的美玉而命名的。我在民丰进入了塔克拉玛干大沙漠的边缘，看了尼雅河的落日。中秋之夜，我是在洛浦与和田两处过的，先在洛浦，当夜又赶回了和田。

我原计划是从民丰再向东到且末、若羌，然后再到敦煌，这样就把丝绸之路的南道走过来了。可惜时间不够用了，因此我只能再订后约。

我回顾我四次的新疆之行，恰好加起来是走过了玄奘西天取经在中国境内的全部路程，虽然不可能亦步亦趋，因为玄奘当年偷偷出境，不敢全走大路，但大体路线是一致的；特别是出玉门关过五烽到伊吾，大方向仍然是现今的这条路线。此后的路线则更是清晰可辨了。

所以我非常庆幸我能把这条著名的路线走了一遍。我印这本书，也是为了把这一路的足迹留下来。

但我计划走的南线的最后一段还未走完，我仍要继续走完它。我离别和田时，有诗赠雒胜君云：

> 与君相见昆仑前。白玉如脂酒似泉。
> 莫负明年沙海约，驼铃声到古城边。

2002 年元月 5 日

流沙今语

　　近年来，我连续去了新疆七次，新疆的主要地区我基本上都到了，特别是南疆，我先后曾经喀什、和田、民丰、且末、若羌到库尔勒、库车，再到喀什，绕南疆走了几圈。我去新疆主要是想了解玄奘西天取经的路线以及这条路线的实际情况，与此同时，也借此了解古代的丝绸之路。我曾两次上帕米尔高原的最高处，今年8月24日，我到了塔什库尔干。第二天，即去4700米的明铁盖达坂山口。山高路险，不少同志劝我不要去，年龄大了怕有危险，但我决心要上去，因为我要解决多年来存在我心里的一个问题，即玄奘取经归来入国境的山口，以及由此到塔什库尔干的路径。要想弄清这个问题，自己不亲自去调查是不行的。事情只要下了决心也就简单了，虽然危险，我终于到了明铁盖山口。此处海拔4700米，与巴基斯坦交界，山口对面一排锯齿一样的冰山，这就是喀喇昆仑山，当年玄奘就是从冰山那边徒步回来的。沿途的地名和景色，如"波迷罗川"（帕米尔）、一千头羊的故事、公主堡、揭盘陀等与《大唐西域记》所记完全吻合，终于解决了我多年的积疑，自谓平生快事无过于此。已有文章另述，此处不赘。

　　这次上帕米尔的另一幸事，是全面看到了神秘的世界高峰慕士塔格峰和公格尔峰、公格尔九别峰。我们从喀什登山时，天气还不好，中午到喀拉库里湖，天大晴，蓝天白云，阳光灿烂，一座充天塞地的慕士塔格峰全部银装灿烂，耀眼生花地耸立在喀湖的对面，令人觉得举手可攀，举足可登；而公格尔峰、公格尔九别峰则与它遥遥相对，互相揖让，互相争雄。它们的尊容都纤毫毕露，让你可以尽情地拍摄。据司机说，这样的现形是千载难逢的机会。看来我算是一个特殊的幸运者。

我在库车时，还到克孜尔千佛洞，翻到后山，找到了 207 窟，即俗称的"画家洞"。因为 1931 年日本羽田亨博士对"画家洞"有所论述，我在前几年曾对羽田先生的论述有所商榷。这次总算补上了这一课，虽然洞内已一无所有，但亲自调查一下还是会增加实感的。

今年 10 月 5 日，我终于到了梦想多年的位于内蒙额济纳旗的居延海和黑水城，这天正是旧历的中秋节。记得 1995 年的中秋节我是在洛浦和和田两处过的，1997 年的中秋是在吐鲁番过的，今年则在居延海过中秋，真是别有一番滋味。

居延，在秦汉时，是中国最西部的边界，古称"弱水流沙"。自汉强弩都尉路博德筑居延城，这里就更成为我国西部的战略要地。唐王维的诗说："居延城外猎天骄。白草连天野火烧。暮云空碛时驱马，秋日平原好射雕。护羌校尉朝乘障，破虏将军夜渡辽。玉靶角弓珠勒马，汉家将军霍嫖姚。"《西游记》里更说是："八百流沙界，三千弱水深。鹅毛飘不起，芦花定底沉。"这些说法，在一定程度上反映了当年的历史气氛。

居延海古时面积很大，有 2600 多平方公里，秦汉时尚有 726 平方公里，可见其烟波之浩淼。但现在由于黑水（古称弱水，源出祁连山，远流入居延海）上游用水增大，水流已到不了居延海，故居延海已濒于枯竭。我们的汽车一直是在干涸的海底行走的，我们总算还见到了缩小了的海面，海面仍是野鸭成群。

黑水城离此也不算太远，方向则相反，我们回车入大戈壁，经两道河，汽车涉水而过，终于到了闻名世界的黑水城。当年俄国人科兹洛夫曾在此盗去大量西夏文物，遂震惊中外，我曾在冬宫博物馆看过这批文物。黑水城面积甚大，现存高大的外城是元代筑的，西夏的老城即在城内。城内地上满地是陶片和瓷片，我曾捡到一块有"元统三年"年款的缸片，回家一查，原来是元顺帝的年号，这年又是后至元元年（1335年），距今已663年了。

在张掖，我还到了祁连山的深处，找到了有名的马蹄寺和金塔寺。金塔寺在万山丛中，海拔在3000米以上，四周皆雪峰，寺在百丈悬崖上，崖壁赤红似火。我曾有诗云：

马蹄参罢寻金塔，百转羊肠绕雪嶂。
黄叶丹崖共一径，寺门高挂碧霄垠。

远望金塔寺，简直是悬挂着的一幅图画，绿树红崖、青嶂雪峰，真是神仙境界，虽然跋涉艰难，得此奇景，为他处所未见，也就不虚此行了！

1998年11月14日1时于京东且住草堂

两越塔克拉玛干

我从 1986 年 9 月以来，到今年 9 月，已经去新疆八次了。我上了帕米尔高原两次，高度是 4900 米。第二次上去是 1998 年，我虚岁七十六岁。今年 9 月，我又去新疆一次，并且再度穿越了塔克拉玛干。

我去新疆主要是为了查证玄奘取经之路，直到第七次进疆，第二次上帕米尔高原时，才终于找到了玄奘的归路。在反复查证玄奘取经路线的过程中，从实践中，我体会到玄奘取经之路和丝绸之路是一致的，不过丝绸之路是经历了多少年代才形成的，并且南中北道路分支，即使是中道，其局部地段也会有先后的变异。因为风沙时起，加上政治战争等因素，就不能保证一路畅通到底，有时就须要局部绕道，这些情况，就很难查考得一清二楚了。但玄奘取经，只是西行一次，应该是可以弄清楚的。

因为我要细查玄奘的去路和归路，所以我必须比玄奘走更多的路，才能有比较，才能辨别清楚。由于这个原因，再加上我本来就好奇心强，希望多走点地方，多了解点历史和现实。因此十多年来，我几乎跑遍了新疆。

在新疆除了玄奘的足迹、除了迷人的古楼兰等遗址外，最使我好奇的，就是塔里木盆地里的塔克拉玛干大沙漠了。这个沙漠，是全世界第二大沙漠，仅次于非洲的撒哈拉大沙漠，它的总面积有三个浙江省那么大。

我多次去新疆，心里一直藏着这片大沙漠，为了能进入甚至穿越，我做了多次的试探和准备。第一次试探是 1993 年 9 月 22 日，我从库车出发，经沙雅进入塔里木盆地。同行者有新疆师大的胥惠民老师，有我院的章慎生，还有纪峰，四师房师长还派管后勤的黄占争同志照顾我们。黄又找了林业局的民族同志阿不拉·塔依尔作向导。因为这次活动并不是一次轻松愉快的旅游，也包含着一定的危险性，而阿不拉熟悉路径，可以不至迷路。

我们早 7 时从库车出发，天还没有亮，我在车里还看不清楚外边的景色。约行两小时到塔里木乡，此时天已大明，我见到路旁有一家卖羊肉的摊子，也有闲散的两三个人。因为我们很快就要进入原始胡杨林了，而越过胡杨林，才能到塔里木河，进入盆地。胡杨林的面积很大，难辨方向，且又没有路，所以阿不拉又找了一位专管这片胡杨林的他的朋友艾山·阿孜尔。让他带了猎枪带我们走林子里的复杂路径，带猎枪是以防万一有野兽。

艾山非常熟悉这片茫茫林海，由他带路，汽车总能从树缝中穿过去。我们进入胡杨林后，简直是另一天地，那些已经经历了一两千年的胡杨树，千奇百怪，树身有的大得要几个人抱才能合抱。在胡杨林里走了一段路，艾山就把我们带到一位维族老人的家里。塔里木盆地里的维族人家，都是一家单住的，没有邻居，只有无数的千年古树是他的邻居。他们的门是树枝编织的，围墙是用胡杨树桩排列编成的。房子也是夯土和树草覆盖的。我们进入老人家里，艾山用维语给他说了几句话，老人简直高兴得不得了，好像接到了大贵客了。他让我们坐在凉棚下的大木板桌上，然后送上种种新摘的瓜果，先是次甜的，接着是甜的，再是更甜的，真让你感到其味无穷。艾山关照，维族人好客，只能说声"谢谢!"或者说"好吃极了!"就可以了，千万不能拿钱出来，这样反倒要生气的，我们只好照他说的办，临了说声"谢谢，很好吃!"就告别了，老人还嘱咐回来时要到他家里吃晚饭。

我们再往前走，满眼都是千奇百怪的胡杨树，忽然碰到几个维族小伙子在干活，艾山用维语给他们说了几句话，我也没有在意。车子一直曲曲弯弯地往前走，大约在胡杨林里足足走了三四个小时，总算走出胡杨林了。一走出胡杨林，眼前就是一条滔滔大河，这就是闻名遐迩的世界最长的内陆河塔里木河。也就是说，我们已完全进入塔里木盆地了，我们已经穿过了盆地边缘的绿洲了。

在河边我看到又有一家维族人家，在篱笆墙外，放着一条独木船，而在远处的一棵大树下，也放着一条独木船。所谓独木船，就是用一棵大胡杨树的树身，中间掏空，两头削尖，就算是船了。我在这里，几乎感到自己退回到原始社会了。同去的人感到难得能到塔河身边，都在河边眺望留恋，有的还下河去洗脚。河对岸是茫茫无尽的大沙漠，再前进，当然就是塔克拉玛干了。我看到右边远处塔河上有桥，我问艾山能不能过去，他说不能，因为过桥不远就是沙丘，车无法走了，何况我们回去还要走很长时间，这时已是下午3时多了。我们只得回头，由艾山带路，很顺利地到了林子边缘，只见艾山招呼的几个小伙子，抬着滚热的大锅羊肉，地上铺着毛毡，放着大盘的馕，在等我们去吃。原来艾山进来时说的维语，就是让他们准备羊肉，这时月亮已高高升起，他们竟然一直等我们到现在! 我们也正饿了，大家就坐下来吃羊肉，可是当我们面对面坐下来相互一看，不觉都笑了，原来我们大家满头满脸满身都是沙土，都互相快不认得了。但这时哪里去弄水，只能就这样了，我顺手从锅里拿了一块羊肉，心想这能好吃吗? 可是当我将羊肉送到嘴里时，却觉得真是鲜美无比，可以说我还从来没有吃过这么鲜美的羊肉，我可以说哪一个大宾馆里都不可能有这样鲜美的纯味羊肉。这一顿原始胡杨林里的夜宴，使我终生难忘。那高高的月亮，那婆娑多姿的胡杨树，那朦胧的夜色，特别是那几位纯情的维族青年，还有那请我们吃鲜果的老人，十多年来，一直刻在我的心头。

没想到，当我们吃完羊肉，告别了林子里的维族青年，汽车刚走不远，还没有出胡杨林时，车子却开不动了，因为沙漠里的细沙把汽车的油管堵死了，我们都搁在这荒无人烟的原始森林里，除了天上的月亮外，什么也看不见，这时已是午夜1点多了。没想到大家正在焦急的时候，部队却派了几支人马进原始胡杨林搜索来了，总算其中一支找到了我们，把我们扶到来的车上送回住处，到家时正好是早晨7点，我们整整在外面呆了二十四小时。

这是我第一次深入塔里木盆地，探索塔克拉玛干的情景。

之后，我们又经喀什到了和田、民丰。喀什到和田是一路向东，也即是丝路南道，也即是玄奘归来之路。过莎车、叶城以后，公路右边是高耸的昆仑山，左边是塔里木盆地和塔克拉玛干大沙漠，我们是沿着沙漠南缘自西往东走的。在叶城我们进入了塔克拉玛干西缘沙漠中的可汗城，即当年成吉思汗西征灭西辽胁迫莎车王投降屠城之处，我们由孙希文先生和当地老乡带领进去。孙先生说，当年黄文弼先生曾来调查过。老乡带着锄头，在沙漠中还随处能刨出当年屠城的尸体骨架来，老乡一连刨了多处，每处都刨出骷髅来，他们还让我拿着骷髅照了照片，以为见证，据孙先生说，当年他来调查时，地面上还有上千的人头骷髅，现在虽然掩埋了不少，还随处都可刨出尸骨。此城自屠城以后再无人迹，一直荒废到现在。我感到仿佛当年的历史，又到了眼前，历史有时是离我们并不很远的。过叶城后，四望全是沙漠，看不到一点绿色。实际上我们在塔里木河边时，是在盆地的北缘，现在是转到南缘来了。

和田，古称"于阗"，是西域三十六国之一。我们是由和田政委雏胜接待的，他与政治部主任雷铭原驻在喀喇昆仑山神仙湾山口，高度在5500米以上，后来调到和田。他是一位识玉专家，又懂得西域的古钱币，我们去他非常高兴，又请来了和田史专家李吟屏。李先生把我们带到了位于和田市南25公里的买利克阿瓦提遗址。遗址在玉龙喀什河的西岸，南接昆仑山，此处1900年斯坦因曾两次来过，后来我国考古专家黄文弼也曾来过，曾出土过一批文物。我们到时，只见大片的砾石瓦片，面积甚大，其他什么也看不到了。考古家有的认为这是古城遗址，有的认为是佛寺遗址，因为没有进一步发掘，所以难作定论。

第二天，我们去民丰。一路都是沙漠，下午5时到民丰，我们抓紧时间赶到了尼雅河畔，沿着尼雅河直往深处走，尼雅河是直流入塔克拉玛干的，我想沿着这条河不致迷路，可以多深入一些，看看塔克拉玛干的风貌。但走了一段路，已经暮色苍茫了，只要太阳一下去，就看不清楚了，我们只得退回，只拍了几张尼雅河的照片。睡了一夜，我们到底不死心，决定进入塔克拉玛干，同去的除向导外，就是我和章慎生、纪峰，还有部队的一位同志。我们跟着向导从民丰东边进入沙漠，向导与我们约定只要他说不能走了，就绝对不能往前走了，我们当然只能绝对服从。开始进入沙漠不久，我就看到在沙丘上有一口大网，约有半间房子大小，长方形，四周都是墙壁一样直立的网墙，但上端是敞开的。我问向导，他说这是猎鹰的大网，这里的鹰很名贵，但也不是容易捕捉的。我看眼前的沙漠，形态各殊，有的如水纹，有的像鱼鳞，有的像S形的山冈，简直就是大自然的一件雕塑杰作，而这样大大小小的沙丘，真如大海，让你惊心骇目。在沙丘上走是很困难的，刚跨上一步就滑下两步，我们艰难地往前行走，谁也不肯退缩。向导告诉我，要不断地回头看，寻找进沙漠时最高最明显的目标，要死死盯着它，直到目力将穷，快要看不见了，就不能再走了，因为再走就会迷失方向，这是最可怕的事，幸而那天天气好，没有风沙，我们足足走了有五六公里。我总算看到了真正的塔克拉玛干了，看到真正的沙海了。但向导终于说不能再走了，我们就只好回头。

从民丰回和田，要经过策勒、洛浦。那天恰好是中秋节，洛浦政委来光礼请我们留下来过中秋节。李吟屏也来了，我们正兴高采烈地喝酒的时候，和田雒政委来电话，一定要等我们回和田过中秋。李吟屏说一个中秋分两个地方过，各过一半，也好。但他要我题一首诗再走，我只好即席题了一首诗：

> 万里相逢沙海头。一轮明月正中秋。
> 殷勤最是主人意，使我欲行还又留。

从洛浦回和田已是夜 10 时，一路上月明如昼，右边是茫茫无际的大沙漠，左边是巍然高耸的昆仑山，我几乎被这奇异的夜色陶醉了。

在和田我得到了一块有翼天使的陶片，出土于于阗古城遗址，还得到几方西域的古印和钱币。和田以产玉闻名于世，有玉市，雒政委陪我们去逛玉市，还到玉龙喀什河畔看采玉，这是和田产羊脂白玉的地方。玉龙河发源于昆仑山，流入塔克拉玛干。临别雒政委与我订后约，并送我一块青玉。我报以诗云：

> 多君赠我碧琅玕。犹带昆仑冰雪寒。
> 知是瑶台阿母物，千秋应作秘珍看。

> 与君相见昆仑前。白玉如脂酒似泉。
> 莫负明年沙海约，驼铃声到古城边。

我第一次穿越塔克拉玛干是 1995 年 8 月 30 日。同行者有雒政委、朱玉麒、孟宪实、陆德健、李吟屏等。我们于 8 月 23 日到和田，两日后由雒政委送我们到民丰。原计划从民丰进入塔克拉玛干沙漠到大麻札。大麻札在民丰北约 70 公里的沙漠中，维族人称它为穷人的麦加，附近的维族穷人都到这里来朝圣。由此再深入，即到古尼雅遗址，也即是汉精绝国的遗址。在大麻札旁还有少数居民，是守护大麻札的。但因为交通无法解决，没有去成，所以就直接去且末和若羌。这两处以前我都未去过，都在大沙漠南缘，在且末，我们调查了且末古城遗址。出且末，地更荒凉，千里无人烟，约行一小时，即傍阿尔金山而前，将近若羌时过瓦石峡遗址，此地原为古楼兰国的经济重镇，也是中亚粟特人的集居之处。遗址地貌甚奇，一望无际的沙包，地面遗存多陶片，我们拍了一些照片，因赶路未及细看，晚到若羌，住处甚简朴，他们告诉我这就是当年胡耀邦同志住过的房间。

8 月 29 日去米兰古城。城在县东 70 公里的沙漠中，已近楼兰古城，此处原为汉西域楼兰国的伊循城。我们在米兰北面就见到通往楼兰的入口处，有房子也有牌子，上面写着"楼兰文物管理站"，还有一根横木，表明此处就是进入楼兰的通道，但我们没有冒险进去，因为当地人告诉我，前几天有三个农民私自进入楼兰，结果都死在里边了。

米兰古城的面积甚大，还遗存有佛塔、建筑等，地面的碎片甚多，我们在佛塔的阴面凉快处坐下稍息，进餐吃西瓜，在古城约逗留了两小时方返回，拍了一些照片。

8 月 30 日，我们决定穿过塔克拉玛干大沙漠到库尔勒。从若羌到库尔勒有一条简易的公路，路的右边东北面就是楼兰古城和罗布泊，路的左边是塔克拉玛干，这条路刚好是从塔克拉玛干的东边纵向穿越，因为路况不好，时通时不通，所以外边不大知道有这条路。我们到后，经过了解，知道可以通车，所以决定作一次大沙漠的穿越。

当天早晨雒政委与我们告别回和田，我们就在大沙漠的路边分手，临别我赠他一首诗：

> 相送楼兰古国前。长亭一曲路三千。
>
> 多情最是胡杨树，泪眼婆娑在路边。

按胡杨树分泌一种白色液体，老百姓称它为胡杨泪。我们分手之处，正是古楼兰国地界。我们穿越塔克拉玛干的东端，地形特异，无数的沙包，邻比排列，有如鱼鳞，车行约 70 多公里即进入胡杨林，道旁胡杨千奇百怪，我拍了不少照片，穿越这片胡杨林就有 100 多公里。胡杨林尽后，仍是大沙漠，快到尉犁时，路左有一古城，为清代所建，名蒲昌城，城墙尚完好，城墙边红柳盛开，一片红霞，映衬着娇嫩的团团绿叶，使我们眼睛登时一亮。多少天来，一直是看的沙漠黄色，到这里才看到红绿相映的景色，我们停车留恋很久才离开，晚 8 时才到库尔勒。到这时，我们不仅穿越了塔克拉玛干，而且已绕塔里木盆地外围转了整整一圈了。现在我们又绕到了塔里木盆地的北缘。

　　这时塔中的沙漠公路已筑成一大半，当年 11 月就可通车从库尔勒到南疆民丰。为了更进一步地深入了解塔克拉玛干，部队的石玉玺主任安排我们到石油前线指挥部，从那里上塔中公路。我们中午到指挥部，饭后立即去塔中公路，这条公路地处塔克拉玛干的中部，全长 522 公里。我们约进去 100 多公里，两边全是一望无际的大沙漠，这比我 1993 年从民丰进入塔克拉玛干要深入多了，我真正看到了沙海。特别是右侧沙漠中大片枯死的胡杨树，犹如一片古战场，有的数千年的古树横躺在沙漠里，有的巨大得要多人才能合抱的已经枯死的树身还挺立在风沙中傲然不屈，有的则还有几片黄叶或绿叶，表示着还在与大自然搏斗，表示着生命的顽强！胡杨是沙漠中有名的英雄树，它成长一千年，枯死后直立不倒一千年，倒后不朽一千年。我面对着这许许多多的直立不倒和倒后不朽的胡杨树，还有那只剩最后一片绿叶还傲然挺立的胡杨树，不能不由衷地向它们发出礼赞。

我们这次回乌鲁木齐是经八轮台翻胜利达坂从后峡到乌市的，这是一条险道。八轮台在天山的腹部，我们一头钻进了天山深处，胜利达坂在4000米以上，其翻山最高处曰"老虎口"，我从汽车里抬头看"老虎口"如在天上，我们过"老虎口"时正风雪交加，山石皆黑色如铁，其险万状。我请司机停下来，我说平生难得到这样的奇险处，不能不停下来细看，但这时风雪正大，奇冷。我们急急下车，拍了几张照，随即离去到一号冰川，我目睹了万古冰川，耳听了冰川深处轰轰作响的洪荒元音，真有点"念天地之悠悠"的味道。事后我写了一首诗：

> 湾环九折上苍穹。风雪如狂路不通。
> 虎口遥望穷碧落，天门俯视尽迷濛。
> 身经雪岭知天冷，人到冰川见玉官。
> 最是云生双袖里，欲寻姑射问行踪。

这一次我不仅穿越了塔克拉玛干，还翻越了天山"老虎口"，看到了万古冰川，真是尽胜游之奇伟壮丽。

我第二次全线穿越塔克拉玛干是2004年9月11日。先是由袁振国兄送我们到和田，从和田穿越大漠者有邢政委（学坤）、朱玉麒、常真、夏菉涓和高海英。我们于9月10日到民丰，第二天早6时30分起身，7时出发上沙漠公路。这时天还是黑的，什么也看不清，大约8时左右，看着沙漠里一轮红日冉冉上升，但有点阴天，所以太阳不十分耀眼。这时我们已经进入沙漠200多公里了，只见视野所及，都是海浪一般的沙丘，初看似乎千篇一律，我们停车细看，才看出各个沙丘因位置各异，受风的情况有别，所以风力留下的刻痕也各有区别。特别是到了半根枯草也没有的沙海里，各个沙浪、沙丘的沙纹又各具特色，我简直无法一一形容。我们的车开得很快，车速在每小时 120 到 140 公里左右，所以下午 2 时左右，已到塔中。我们在塔中午餐，我们特意在维族人开的饭店里吃饭，吃的是烤红柳羊肉串、烤罗布鱼、手抓羊肉和羊肉面片。从塔中再往前走，就是我们 1995 年走过的路程了。我一直惦记着那大片枯死的胡杨树，这次又到了它跟前，我又拍了不少照片。在 0 公里处，我们到了上次没有进去的总面积达 36 万亩的胡杨林自然保护区。现在称为森林公园。我们汽车开进去 15 公里，仍不见尽头，而数不清的胡杨树千姿百态，无一雷同。由于时间关系，不敢久留。从森林公园出，我们直奔库车，到库车已天黑，仍住四师，谢参谋长接待。

9 月 14 日，去库尔勒，由宁孝忠副部长接待，第二天一早去罗布人村落，车开到 12 点才到达。罗布人村落距尉犁 30 多公里，在尉犁的西南，距库尔勒 85 公里，在塔里木盆地的东北缘。进入罗布村已经是一望无际的大沙漠了，村落有两座沙山，爬上沙山向东南西三面望，都是无尽的沙海，那就是塔里木盆地和塔克拉玛干，在它的东南就是罗布泊和楼兰。当我爬上沙山向东南西三面远望时，我仿佛感到我刚从塔克拉玛干出来，现在似乎又进去了。

罗布村有两位罗布老人，一位一百零八岁，另一位一百零二岁，都是长髯飘拂，身体非常健康，也会说几句汉语，我与他们合了影。我估量这是一个旅游景点，但沙漠是真沙漠，是塔克拉玛干沙漠的东北缘，老人是真罗布老人，因为这里离罗布泊已经不算太远。离他们的住处就更近了。由于塔里木河的水量减少，它的流程也不断缩短，所以原住罗布泊的人历年来也不得不往西迁移。这里还有大批的驼队和成群的牛羊，还有散点般的胡杨林，真是一幅美丽的沙漠风光。我本来以为我从库尔勒就离开我为之团团转的大沙漠了，没想踏上归程之前，又让我再次回到大沙漠，让我再看上它一眼，我与沙漠看来真是有缘。

2004 年 11 月 25 日夜 12 时于且住草堂

冯其庸探索和两越塔克拉玛干大沙漠路线示意图

① 1993 年 9 月 22 日自库车经沙雅至塔里木河。

② 1995 年 8 月 2 日自叶城进入塔克拉玛干可汗城。

③ 1993 年 9 月 29 日在民丰循尼雅河入塔克拉玛干，因天黑未深入。

④ 1993 年 9 月 30 日在民丰从民丰东边入塔克拉玛干大沙漠，约进入五六公里。

⑤ 1995 年 8 月 30 日第一次在若羌从塔克拉玛干东边穿越直到库尔勒。

⑥ 1995 年 9 月 1 日从库尔勒到轮南，在轮南从新建沙漠公路深入塔克拉玛干 100 多公里，此处是塔克拉玛干大沙漠的中部。

⑦ 2004 年 9 月 11 日从民丰上沙漠公路第二次全线穿越塔克拉玛干，此次是穿越塔克拉玛干大沙漠中部腹地。终点是从民丰经轮南到库车。

⑧ 2004 年 9 月 15 日从库尔勒经尉犁到罗布人村，此处是塔里木河下游，塔克拉玛干东北部边缘。

西行散记

麦 积 烟 雨

　　我第三次去大西部，是从西安出发的，第一站就是甘肃的天水，那是 1990 年 10 月 9 日。麦积烟雨是天水最有名的一景，我们碰巧遇到了半阴不晴的细雨天气，远望麦积山，云雾缥缈，恍如仙山。

　　麦积山，在天水市东南 50 公里之麦积乡，状如农家麦垛，故名。始凿于十六国后秦（384—417），大兴于北魏，西魏再修崖阁，北周李允信造七佛阁。隋开皇、仁寿间塑造摩崖大佛。著名辞赋家庾信曾为七佛阁写铭，唐开元间地震时此碑震落，崖面中间毁裂成为东西两部分，现存泥塑及石雕像 7200 余身，壁画 1000 多平方米，洞窟多凿于 20 至 84 米高的垂直崖面上，洞窟之间以凌空栈道相通连，工程奇险。

　　麦积山石窟已有一千五百多年历史，以泥塑著称于世，与敦煌莫高窟、大同云冈、洛阳龙门并称为四大石窟艺术，亦是古丝绸之路上的佛教圣地。

　　我在微雨中登上了七佛阁，在此处远眺群山，风景清幽之极。我题七佛阁诗云：

仰视悬崖万仞梯。群山俯瞰若青荠。

冷冷忽怪天风起，始觉身高白云低。

悠悠麦积是祖庭。千载犹存劫后身。

我到名山礼七佛，心香一瓣护斯人。

七佛阁上原北周庾信写的碑铭，因唐开元年间地震震落，有人说此碑可能还在山根大堆的积土中。当然，这也是开元旧事了。

在上麦积山的山道上，积满了红色的和黄色的落叶，恰值雨后，颜色倍觉鲜明。清人蒋鹿潭词云："一角栏杆聚落花，此是春归处。"那末，这些红叶和黄叶飘零的地方，大概就是麦积山的"秋归处"了。

麦积山正面的三尊大佛，是隋代所修，至今已有一千三四百年的历史了，真可以说是阅尽古今沧桑。前几天，我晤见周绍良先生，闲谈中提到麦积山的这三尊隋代大佛，他说：至今还没有查出来这三尊佛是出自哪一部经文。

麦积山的栈道，是一个伟大的结构，数百年前即已残损，不能登临，近年始全部修复。沿着崖壁的悬空栈道攀援而上，真有李白"脚著谢公屐，身登青云梯。半壁见海日，空中闻天鸡"的感觉。

我第一次去麦积山，是 1985 年 6 月 11 日，同去的有我在中国人民大学任教时的学友任禾君同志，那时他任天水市委副书记。那天，是个雨天，到山前时，雨更密。但"麦积烟雨"是天水有名的一景，仿佛是特意为我安排这个烟雨麦积的奇景的。

我先后去麦积山已经三次了，我对麦积山的雕塑可以说是百看不厌，叹佩无已。

麦积山现存最早的洞窟，可能是 74 号窟和 78 号窟，其年代一般认为是北魏，但也有可能更早，或为后秦的作品。这两窟主佛给你共同的感受就是佛像的雕塑，已经基本上中国化了。这两尊主佛均穿袈裟，内着僧祇支。而形象端庄沉稳，显现出一种慈和庄严的气氛。佛像胸腰端直，下部稳重，从而借以显示出上部的空灵。特别是袈裟的衣纹，贴身而流畅，显得宽窄自如，通体和谐。另外，第 23 号窟正壁主佛（北魏），第 133 号窟第 3 龛佛与胁侍菩萨，第 9 龛右壁弟子阿难，第 147 号龛正壁主佛（北魏），第 127 号窟左壁龛右侧胁侍菩萨（北魏），第 44 号窟正壁主佛，第 20 号窟正壁释迦牟尼佛（西魏），第 152 号龛正壁主佛（隋代），第 5 号窟右龛左侧胁侍菩萨（隋末唐初）等等，都是雕塑中的无上瑰宝，而且还远远不止这些，就是《中国美术全集》里的麦积山卷全部都算在内，也远不能尽麦积山雕塑之精英。尤其是第 133 号窟第 10 号造像碑，更是一件佛传故事造像碑中举世无双的名迹，至今还没有发现第二块佛传故事碑可以与他比美。这许多美不胜收的雕塑精华，决不是我这篇短文所可以罄尽的。所以我每次到麦积山总要迷恋忘返，我感到麦积山绝大部分的塑像，从后秦、北魏、西魏到唐、宋，所反映出来的审美观点，已经是中国传统的审美观点了，也即是说佛教造像艺术的汉化，已经逐渐趋于成熟到完美了。

关于麦积山石窟，还有一段凄婉的故事。公元 535 年（南朝梁武帝大同元年）南阳王元宝炬为西魏文帝，立乙弗氏为文皇后。乙弗氏美而慧，善诗文，性慈善。时北方的柔然国强大，强迫文帝娶柔然统治者阿那瓖女为后，文帝无奈，废乙弗氏让她到麦积山出家为尼，不久，文帝又被迫令其自尽。乙弗氏死时才三十一岁，死后灵柩，即安放于 43 窟。此窟形制特殊，外形为崖阁式，又吸收西域毡帐式建筑结构，与其他各窟有显著的区别。特别是 44 窟内的主像，精美绝伦，为麦积山最精湛的造像之一，造像长眉细眼，面颊略长而丰腴，眼微闭内观，嘴角脸颊略露内心的微笑，略具禅意，这一尊造像，从其神情风格和脸型等各方面来看，完全是一位中国美少女的形象，已经完全摆脱了外来影响，也有人说就是当地美少女的造型，有的朋友对我说，他在天水当地就见到这种美少女的脸型。解放前因栈道朽断，该窟一直封闭，解放后修复栈道，清扫洞窟，该窟佛像已为鸟粪厚积如土堆，经细心剥落，始出现此精美无比的塑像，且完好无损。老百姓传说这就是乙弗氏的像，因塑像人哀其不幸，特照她原貌塑入此窟。后又得鸟雀保护，得以无损。这虽是一段民间传说，恰好也帮助说明了造像是依当地真人作为模型的，类似这样的西魏造像，在麦积山还有好多身，这里不能一一尽举。

上面这段传说，也证明了人民对乙弗氏的同情，这种同情，也是具有普遍典型性的，这就是对弱者的同情，对不幸遭遇的同情，这又说明弱者在力量上是弱的，而在道义上、人的情感上是强的，而且是永恒的！

2001 年 7 月 5 日

杜诗寻踪

——赤谷、铁堂峡、盐井、南郭寺、李广墓

　　我国的古典诗人，我特别喜欢屈原、李白、杜甫、苏东坡和黄庭坚。我读大学时，就专门选修了杜诗。我对杜甫的喜好至今不衰，我曾调查过巩县杜甫的出生地，那窑洞后面的笔架山，至今难忘。还有后来迁回来的杜甫墓我也曾去瞻仰过。后来我带研究生讲杜甫诗，还特地到奉节，在夔门瞿塘峡口讲《阁夜》，在白帝城最高处讲《登高》，讲《秋兴八首》，在这样的环境里，诗不讲也就明白大半了。

　　在杜甫的诗中，《秦州杂诗》等在天水写的诗，与在此前后写的诗都不一样，尤其是《秦州杂诗》二十首和由秦入蜀的纪行诗，感叹身世，俯仰古今，记述艰难，一片忧生之嗟，喁喁怅怅，读之令人感叹不已。宋人林亦之说"杜陵诗卷是图经"，南宋的刘克庄也说，杜甫的秦州诗，记秦州"山川城郭之异，土地风气所宜，开卷一览，尽在是矣"。以上两家说得都很对，但最主要的还是记述了时世的艰难，生活的困顿，民生的忧患。如第一首云：

　　　　满目悲生事，因人作远游。迟回度陇怯，浩荡及关愁。水

落鱼龙夜，山空鸟鼠秋。西征问烽火，心折此淹留。

第七首云：

> 莽莽万重山。孤城山谷间。无风云出塞，不夜月临关。属
> 国归何晚？楼兰斩未还。烟尘一长望，衰飒正摧颜。

我在天水，调查过不少地方，当我爬上漫长漫长的陇坂时，就想到了杜甫"迟回度陇怯"的诗句，也想到了乐府诗里感叹陇坂长的诗句。当我在陇上奔驰的时候，环顾四周，真正感到了"莽莽万山重"这句诗巨大的容量。所以这次我在天水，特意腾出时间来调查杜甫昔年经行或留宿过的地方，特别还寻踪杜甫自秦入蜀所写的一路纪行诗的地点，我想用原诗来印证所写之地，看看它的今貌，看看它的地理环境。我的日记里说：1985 年"6 月 13 日，上午 8 时出发，去西和县，目的是寻杜甫经行之赤谷等地。从天水向西南行，约十多公里，即至赤谷"。杜甫《赤谷》诗：

> 天寒霜雪繁。游子有所之。岂但岁月暮，重来未有期。晨
> 发赤谷亭，险艰方自兹。乱石无改辙，我车已载脂。山深苦多
> 风，落日童稚饥。悄然村墟迥，烟火何由追。贫病转零落，故
> 乡不可思。常恐死道路，永为高人嗤。

读此诗，可知杜甫当日生活之困苦，行程之艰难。就路况来说，就是我们现在坐汽车去，也是一路颠簸，仍然是难行的，何况当年杜甫携家带口，冒着连天烽火入蜀，其艰难自然是不言而喻了。我的日记继续说："其地两山皆赤，中间有一大川，河床甚宽阔，惟目前枯水季节，河床

中心仅一不大宽之急流。赤谷纵深很深，车行三十分钟，过桥，翻上大山，纵观四周，群山万叠，色彩斑斓，甚畅心目。途经姜维祖墓，远望可得。过赤谷后，又翻过一山，至铁堂峡。峡内甚宽广。"铁堂峡壁立千仞、树木葱郁，传为姜维世居之处。《元一统志》说：

> 姜维铁堂庄在天水县峡内，四山环抱中，有孤冢，相传为维之祖莹（即上文予远望所及处）。入峡数十步，右岩有"石门上品"等大字及"延祐三年二月初三日"等小字。

记得我路过一处，还见到姜维的衣冠冢。杜甫《铁堂峡》诗云：

> 山风吹游子，缥缈乘险绝。峡形藏堂隍，壁色立积铁。径摩穹苍蟠，石与厚地裂。修纤无垠竹，嵌空太始雪。威迟哀壑底，徒旅惨不悦。水寒长冰横，我马骨正折。生涯抵弧矢，盗贼殊未灭。飘蓬逾三年，回首肝肺热。

"壁色立积铁"，我初读此诗时，颇觉奇特，五个入声字连用在一起，不可理解，及至我到了铁堂峡，只见壁立千仞的石壁，恰如一块厚积的黑铁，至此我始悟杜甫用字之妙，且造此五入为句的创格。杜甫此诗用字之拗口骨突，恰好反映出此山之峭险和山路之崎岖，所谓"径摩穹苍蟠"也。因为铁堂峡里面很深，我们没有敢深入，更没有敢"径摩穹苍"地蟠曲上登。

过了铁堂峡，就到了"盐井"，现在地图上标为"盐官"。此处唐代就有盐井，是产盐之处。我去时唐时的老盐井尚在，旁有盐公盐婆祠，内有塑像，井旁有杜甫《盐井》诗的诗碑，可惜长年为卤水所蚀，字迹已漫漶，略可辨认而已。

非常有趣的是，这里还有一个历史悠久的骡马市场。据市场管理的人告诉我，这个骡马市场起始于公元前211年，也就是秦始皇三十六年。他说至今没有中断过，是西北最大的一个骡马市场，而且今天碰巧是集市，远近各地的骡马都来。我听了非常感兴趣，就离开盐井，一起到了骡马市场，市场确实范围甚大，骡马成群，望不到头。我当时拍了不少照片，可惜这批照片一时已难找到了。我的日记里记这一处的情景说："此处又是著名的骡马市场，今日逢集，故骡马成群，甚为热闹。市场管理人冯永义，年青热情，请我们到他办公室。介绍骡马市场的历史，他说公元前211年即已出现骡马市场，市场与畜马、产盐有关。冯永义又介绍了杜甫在此居住的情况，说杜甫当过盐工，挑过盐水等等。又带我们去看老盐井及煮盐的方法，我们到盐场，看到盐工们至今尚在操作。"杜甫的《盐井》诗说：

> 卤中草木白，青者官盐烟。官作既有程，煮盐烟在川。汲
> 井岁搰搰，出车日连连。自公斗三百，转致斛六千。君子慎止
> 足，小人苦喧阗。我何良叹嗟，物理固自然。

从诗意看，杜甫对煮盐的情况是非常熟悉的，连收购的价格到转卖的价格差距都很清楚，刚好转手的价格是收购的一倍。可见杜甫对盐工的同情之心。"君子慎止足"是对那些代表官方收购者的批评，"小人苦喧阗"是指受剥削的盐工们的大声吵嚷，愤愤不平之声。真是声情俱见。

我们过盐井，"从盐官镇出发，即至一大山峡。峡谷甚宽，山势雄伟，峡亦甚长，水流已枯竭，仅中间一数丈宽之急流源源流出。此即杜甫《寒峡》诗所写的寒峡。因时间紧迫，我们未停留，直至'法镜寺'，今该地叫'石堡'"。《西和县志》说："法镜寺，在县北三十里石堡城西山上。"此寺创建于北朝初期，我去时，还见到悬崖上的石窟和

佛像，可惜我们到时天已近晚了，不敢再多作调查，只在近处看看，随即返天水，到天水已经天黑了。杜甫于寒峡、法镜寺都有诗，异日当重游，以证此诗。从法镜寺再往前行，可直到仇池，即古仇池国，杜甫亦有诗，此处亦为杜甫入蜀经行之地，可惜限于时间，不能尽游。

第二天（6月14日），我们又去了杜甫游过的南郭寺。寺在南郊山上，我们"沿山路而上，近山顶始到。寺前有两树古槐，甚伟，堪与嵩阳书院之汉柏相比。入内，左偏殿为杜甫像，左右为宗文、宗武像，像尚完好。正殿后院有两古柏，各自倚侧，其一光干，斜卧，树顶丛生柏叶，状如巨笔。另一已裂为二，中间生一槐（俗称黑蛋树），亦已甚粗大，称为奇景。寺门共四，皆在修缮中"。杜甫《秦州杂诗》第十二，即写此寺。诗云：

> 山头南郭寺，水号北流泉。老树空庭得，清渠一邑传。秋花危石底，晚景卧钟边。俯仰悲身世，溪风为飒然。

诗中所说的"老树空庭得"，就是指这两棵至今尚存的古柏。

我们从南郭寺归，经石马坪，为汉飞将军李广墓所在地，墓在一小学内，墓门前有两石马，形制甚古，似汉刻。李广墓完好无损，差慰人意。

我在天水考察过的地方尚有很多，不能一一尽述。但有一条必须引述，《大慈恩寺三藏法师传》说："贞观三年秋八月，[①] ……时有秦州僧孝达在京学《涅槃经》，功毕返乡，遂与俱去。至秦州，停一宿，逢兰州伴，又随去至兰州。"由此可证，天水确实是玄奘当年西行经过，且

---

① 据中华书局 1983 年版孙毓棠、谢方校点本《大慈恩寺三藏法师传》第 11 页注②："秋八月"，"应是四月或三月之误"。

留宿过的地方。无怪乎现在天水民间还流传有不少玄奘取经的故事，如"高老庄猪八戒招亲"等等，可见虽无实据，不足为凭，但恐怕就是因为玄奘确实曾经过此处，才有可能派生出许多有趣的民间故事来。

2001 年 8 月 3 日

甘 南 行

——临洮、秦长城杀王坡、拉卜楞寺、大积石山、积石关

1990 年 10 月 13 日，我们离别天水去兰州，我回顾着朦胧的麦积山，想着南郭寺的那两棵古树，想着我还未寻觅到的杜甫的另一些诗踪，还想着当年玄奘到秦州，不知究竟是留宿在哪一个寺庙？……

正当我在思绪纷繁的时候，我们的车子出发了，那是一个秋色如醉的早晨。清晨的阳光，照着黄色的高原，照着路旁早已经霜发红的树叶，真是"红叶如花最耐看"。我一路贪看秋色，完全忘记了车行的颠簸。尤其是路经的村名，也特别富有诗意，如有一处叫"碧玉"，还有一处叫"马营"，我不由得为此口占了一首诗：

皋 兰 道 中

黄叶漫山碧玉村。秋风匹马细柳营。

匆匆行色皋兰道，千里高原销客魂。

我们于晚上 6 时到兰州。

10 月 16 日，我们就开始作甘南之行，此行的目的是去考察临洮、临夏和大积石山，因为这里在唐代是从长安西行的一条丝路古道。

我们的车子清晨出发，在天水还是凉爽的清秋，到这里已经感到寒意了，特别是昨夜下了一场初雪，更使你感到严冬渐渐地向你迫近。车过七道梁隧道，这是刚刚完成通车才一年多的一个大工程，隧道全长 1560 米，建筑在海拔 2660 米的七道梁群山中，未建隧道时，此处山高坡陡，一步一拐弯，车行艰险，车祸不断，由于隧道的建成，把最险恶的一段路程穿越过去了，所以凡从此南行的车辆无不称快。我们的车子也顺利地通过了隧道，但出隧道后，山势依旧险峻，依旧是一步一拐弯，由于初雪覆盖，道路更加困难，我们的车子刚拐几个弯，就见到翻倒在路旁的几辆车子，因为是下坡路，又是连续急拐弯，加上雪后路滑，所以就连连出事故了，幸亏这一段险路不算太长，我们总算平安地过来了。

车过七道梁，到了谷底，四望完全是在群山包围中，我们循着谷底的这条高低不平的古道，蜿蜒前进，在左侧我们遇到了一个大峡谷。因为刚过了险途，大家想歇一下，喘一口气，就在谷口停车。我们就步行入谷，谷口较窄，而里面却既深且广，一眼望不到头，因为是秋冬季节，谷内虽有水道，却是干涸的。同行的人说，这个大峡谷倒是一个藏兵的好地方，里面隐蔽五万到十万人马，外面可以一点也看不见。

我们在谷内小憩片时，即继续赶路，傍晚刚好到临洮。我们刚到临洮，就看到了一种特殊的景象，漫天黑云重重叠叠，远处的群山成为一道青褐色的屏障，高低起伏，山前一排排的树木，在风中挺立，满处是黄叶纷飞，使你感到乌云压顶，真有"黑云压城城欲摧"的气势。更使你感到你面临的是一片古战场，似乎战争又迫近你的身边了！

临洮古称狄道，为秦献公时（公元前 384 年）始置，故城遗址在今临洮城北郊。唐时改称临州，故城在今城南旧土城，俗称蕃城，因唐时曾陷于吐蕃，故名。时哥舒翰任陇右节度使，率军于青海大破吐蕃军，保卫了临洮一带黄河九曲人民的安全，所以当地民歌说："北斗七星高。哥舒夜带刀。至今窥牧马，不敢过临洮。"至今尚存"哥舒翰纪功碑"，我曾前去调查过。碑在唐代临州城北城墙内，至今仍屹立。碑身统高7米多，宽1.84米。碑文为唐玄宗亲书隶书，碑额尚存"丙戌哥舒"四字，碑文可辨认的尚有60余字。哥舒翰为唐代名将，突厥族人。安史乱时，统兵20万守潼关，固守不战。遭杨国忠之忌，迫令出战，遂使大败，20万人坠黄河死者无数，故杜甫诗云："哀哉桃林战，百万化为鱼。"哥舒翰亦被俘后在洛阳被杀。现在这一代名将，尚存丰碑，也是值得后人瞻仰的了。

在临洮，我们又到了临洮古渡，即古丝绸之路的渡口，在秦狄道古城西门外，有古渡道口，由此直抵洮河古渡口，即今之红崖头洮河边。可惜原有的古渡遗迹已荡然无存，仅存滔滔洮河巨流，依旧奔腾不息。此处即昔张骞、霍去病、玄奘去西域过渡处，河面甚宽，我们在此留恋甚久，恨不得能找出一点当年玄奘等人渡河的痕迹来，然而千百年的历史，早已随着洮水东流而去，不可寻觅了！

秦长城的起点也在临洮，我又特意去拜访了秦长城研究专家王楷先生，由他陪同一起去秦长城的起点"杀王坡"。位置在今临洮县城北30里洮河东岸南坪西侧。全长穿越县境90余华里，出临洮入渭源县境，秦长城残存的墙基、城障、关门、烽燧等遗迹尚十分明显。"杀王坡"是其起点，地在大碧河边，即古洮河边。我们越过大碧河，即登山，甚吃力，经过努力，终于到达坡上，并见到了秦长城残迹，附近遗存尚有不少，蜿蜒可见。传说此处即李斯矫诏杀秦太子扶苏处，时扶苏与蒙恬正在此督筑长城，见诏即被迫自杀，故名"杀王坡"云。

1990年11月9日清晨6时，我们于临夏发车去夏河县拉卜楞寺，发车时，天尚未明，时星月在天，寒气逼人。出临夏市，尚不能见物，我亦在蒙眬中，途经双城、土门关，昔李自成在此激战出关处也。出土门关，两边高峰壁立，中为一大峡谷，直到夏河，两面皆大山，只有中间一条小道可通，真是兵家用武之地，而风景奇绝。我在车中，左顾右盼，目不暇给，一路所见所遇皆藏民和牦牛，途经晒经台，传为玄奘晒经处。台尚完好，此当是传说。这时，我们感到天气特别寒冷，坐在车里，手脚都冻，实际上我们已进入青藏高原了。12 时到夏河，即去拉卜楞寺，寺僧正在泼黄水粉刷院墙。奇怪的是有的僧人竟还光着膀子，一点也不觉得寒冷。

后复见寺僧列队进一堂，当是进午斋。

又见寺门前场上，众僧成堆，或起或坐，或伸手攘臂，你拉我推，状若争论，询问寺人，方知是在"辩经"。所谓"辩经"，即辨析经义，或有异见，即互相争辩，三五成堆，状甚热烈。我们得到主持僧的同意，参观了寺院佛殿，并拍了一部分照片。

拉卜楞寺，位于甘南藏族自治州北部，大夏河上游，夏河县城西，是藏传佛教格鲁派六大名寺之一，素有"第二西藏"之称，始建于清康熙四十八年（1709 年）。拉卜楞是藏语"拉章"之变音，意为最高活佛府邸，与西藏噶丹寺、哲蚌寺、色拉寺、扎什伦布寺、青海塔尔寺齐名，并称藏传佛教格鲁派六大名寺。拉卜楞寺历经二百八十余年，几经维修，1985 年"铁系琅"大经堂失火焚毁，国家拨巨款重建，全寺建筑面积40 余万平方米，金顶红墙，庄严巍峨。

下午2 时，我们从寺中出来，到街上走了一遍，满街都是香火及礼佛用品。到3 时即离拉卜楞寺回程。车稍出寺镇，我在车上回观拉卜楞寺，只见崇楼杰阁，气象巍峨，背靠青山，有如一道锦绣屏障，碧瓦朱甍，相映如画。

1991 年1 月2 日，我重到临夏，此行是为查丝绸之路积石关遗址。3 日清晨，天未明即发车去积石关，路极险，一路全是沙石路，要翻过三座大山，方能到积石县。过了积石县，才能到黄河边的大河家乡。我觉得这个名字起得很好，仿佛告诉你，你到了黄河的老家了。事实上这里已是黄河的最上游，接近河源了。这时，我特别感到天气严寒，约有摄氏零下30多度，我只好蜷缩车中，正在迷蒙中，迎面忽遥见一座雪峰，凛然天际，仿佛若姑射之山。我急取相机而指僵不能屈，恍忽间雪峰已从车前掠过，我颇疑此即大积石山之中峰，也即是最高峰。继续西南行十余里，即至积石关，这里是丝路南道要隘。关址横跨两岸，黄河自此奔流而出，河宽不过三数丈，水皆深绿，过此关即入青海境，山即是大积石山。我们继续前行，入山约数十里，两边皆高山，奇峰怪石，壁立如削，黄河一线曲折其间。车沿悬崖所凿小道徐徐而进，路愈险，山愈高，俯视黄河如绿色飘带曲折飘荡，其窄处似可跨越。司机因路奇险，天奇冷，怕车熄火，不肯再前进，即折回，然积石深山中之奇景，高耸入云而又远近四周环列的重峦叠嶂，朦胧的山色，有时还偶然见到几间草屋，这种"山深似太古"的气象，实在使我绝对不能忘记！

据《嘉庆一统志》："积石山，即今大雪山，番名阿木奈玛勒占木逊山，在西宁边外西南五百三十余里，黄河北岸。其山延亘三百余里，上有九峰，高入云雾，为青海诸山之冠。山脉自河源巴颜喀喇山东来，中峰亭然独出，百里外即望见之，积雪成冰，历年不消，峰峦皆白，形势险峻，瘴气甚重，人罕登陟。"

积石关，位于大河家乡西5公里的黄河边上，为明洪武间所设二十四关之一。积石山自青海由西北向东南至此，两山对峙，壁立千仞，黄河奔流其间，雪浪排空，水声轰然，惊心怵目，积石关即在黄河出山口之两岸，我们在岸的这边找到了积石关的遗址，遥望对面悬崖峭壁上，也有同样的建筑遗迹。此处的黄河实在很窄，似乎一步即可跨过去，但对面是壁立万仞的峭壁，而黄河的水面离我们还有数十丈深，所以是绝对不能跨越的。我们坐在河边的石头上，指指点点，寻找哪里是大禹劈山的斧痕，哪里是大禹休息的"禹王石"，最终还是带着无限的留恋，带着一连串的疑问，心情颇有点苍凉地回到临夏。

2001 年 8 月 5 日

炳灵寺 小积石山

　　我向往炳灵寺已经几十年了，记得50年代初刚发表炳灵寺的调查报告时，我就发愿要去炳灵寺，至今忽忽已过了四十年，此愿方能实现。

　　1990年10月18日，我因为调查丝绸之路，自兰州去炳灵寺。9时到达刘家峡水库，登船后，为了贪看景色，我坐在船头上。刘家峡水库水面很大，碧波万顷，有如湖泊，船行甚速，风很大，同行的朋友叫我到舱里来，我怕错过每一个有意义的镜头，依旧抱着相机坐在船头。船行两小时十分，始穿过水库，进入炳灵寺水道，即大寺沟，也即是由大积石山左折而来的黄河故道。黄河经刘家峡水库东北流入永靖县境，再入内蒙，形成河套。我们一入黄河故道，右侧奇峰林立，目不暇给，船继续前行，远近奇峰，纷至沓来，同行诸人为之欢呼。我们见到的这些奇形怪状的山峦，重重叠叠，无边无际，这就是小积石山。

　　小积石山，古称唐述山，在甘肃省永靖县，濒黄河之滨。黄河自青海之大积石山流出，经此小积石山，进入黄土高原，河水自小积石山以上水皆清澈，过小积石山入黄土高原，水始成黄色。炳灵寺即深藏于地处黄河之滨的小积石丛山中。

按郦道元《水经注》卷二《河水二》说：

> 河水又东北，会两川，右合二水。参差夹岸连壤，负险相望，河北有层山，山甚灵秀。山峰之上，立石数百丈，亭亭桀竖，竞势争高，远望崟崟，若攒图之托霄上。其下层岩峭举，壁岸无阶。悬岩之中，多石室焉。室中若有积卷矣，而世士罕有津逮者，因谓之积书岩。岩堂之内，每时见神人往还矣。盖鸿衣羽裳之士，练精饵食之夫耳，俗人不悟其仙者，乃谓之神鬼。彼羌目鬼曰唐述，复因名之为唐述山，指其堂密之居，谓之唐述窟。其怀道宗玄之士，皮冠净发之徒，亦往栖托焉。故《秦川记》曰："河峡崖旁有二窟，一曰唐述窟，高四十丈。西二里有时亮窟，高百丈，广二十丈，深三十丈，藏古书五笥。"①

又唐《法苑珠林》卷三十九《伽蓝篇》云：

> 晋初河州唐述谷寺者，在今河州西北五十里度风林津，登长夷岭，南望名积石山，即禹贡导河之极地也。众峰竞出，各有异势，或如宝塔，或如层楼，松柏映岩，丹青饰岫，自非造化神功，何因绮丽若此。南行二十里，得其谷焉。凿山构室，接梁通水，绕寺华果蔬菜充满，今有僧住。南有石门滨于河上，镌石文曰："晋太始年之所立也。"寺东谷中有一天寺，穷讨处所，略无定止。常闻钟声，又有异僧，故号此谷名为唐

---

① 段熙仲校点，陈桥驿复校《水经注》卷二，第 138 页，江苏古籍出版社 1989 年版。

述，羌云鬼也。①

以上是北魏和唐人对小积石山及其石窟的描述。对照着眼前我们所见到的景色，虽然时间已经千年，可是风景却依然如故。我们的船继续前进，只觉得船行太快，虽不停地拍摄，犹恐眼前的奇峰异峦，不能尽入镜头。过右侧诸峰，迎面而立的即是姊妹峰，亭亭玉立，状如双姝。这时船已泊岸，即登岸，至炳灵寺。

炳灵寺，是我国著名的石窟寺。"炳灵"是藏语"千佛或十万佛"之意。始建于西秦建弘年间（420 年前后）。这里千峰林立，翠嶂蔽日，宛然世外仙境。石窟开凿在上寺、下寺和上、下寺之间的洞沟等处，现存窟龛共 196 个，大部分在下寺。下寺窟龛全部开凿在大寺沟西侧崖壁上，黄河即在它面前奔腾而过。炳灵寺的雕塑以石雕为主，也有部分泥塑。下寺最大的造像高达 27 米。

炳灵寺的最大洞窟是 169 窟，也是开凿最早的窟。此窟离地面 60 余米，用栈道沟通，专家们认为这就是唐述窟。我曾登临其上，我在攀登之前，仰望此窟，恰巧有人在窟口走动，从下面看上去，确有些飘缈神秘之感，可以想见古时此处根本无人，偶然见高空洞窟中有人走动，难怪要疑为神仙或鬼怪了。我费了很大的力气，好容易攀登到 169 窟，得以尽情饱览。这是一个很大的天然洞窟，宽 26.75 米，深 19 米，高约 15 米。窟内满布佛龛，我们初次登临，一时还分不清主次。已编号的窟龛共有 24 个，保存着自西秦到北魏时期的一些造像和壁画，而以西秦的为多。其中第 18 龛位于窟内正中上方，主佛为一高 4 米的立佛，面型方正，躯体高大，磨光高肉髻，细腰宽肩，着半披肩袈裟，虽已严重

---

① 《法苑珠林校注》。唐释道世撰，周叔迦、苏晋仁校注。中华书局 2003 年版第 1247 页。

189

剥蚀，但尚有轻薄透体之感，明显地可见受印度雕塑的影响，就其整体来说，此龛风格古朴，可能是西秦初期之作。我曾摄得较好的照片，载《瀚海劫尘》。在此像周围分布着 11 个拱形浅龛，每龛一佛，均结跏趺坐。此 18 龛所占位置，为全窟最佳位置，造像皆为石雕，且都是单身。专家们分析，此窟应是最早的一窟，其时代当早于建弘元年（420 年）。

第 6 龛，位于窟内西北壁拐角处，是 169 窟内最重要之佛龛。龛内塑一佛二菩萨，佛像通高 1.55 米，结跏趺坐于覆莲台上，磨光高肉髻，面形方圆，躯干伟硕，内着僧祇支，上绘龟背形十字花纹，外着半披肩袈裟，作禅定印，神情静穆。背光项光皆彩绘，背光两侧各绘伎乐五身，意态飞动流畅，使此龛于静谧中又富有动感。此像东侧有墨书题记，甚长，但已剥落殆尽，唯末行纪年完整无损，文曰"□□建弘元年岁在玄枵三月廿四日造"。建弘元年是公元 420 年，专家们认为这个题记是单记此第六龛造像建成的时间，不是整个 169 窟开窟的时间，我认为这是对的。从这段题记的残文尚有"遂请妙匠，容慈（兹）尊像，神姿琦茂"等句，细味词意，似亦指造像。

第 7 龛位于第 6 龛东侧上端，现仅存一佛，及左侧一佛残迹，存左肩及左手，此像下面即维摩经变壁画。此佛像高 2.5 米，磨光高肉髻，面形方圆，细眉大眼，鼻高直，大耳下垂，唇薄，躯体高大伟岸，通高 2.5 米，着通肩大衣，两腿作八字形分开，直立于覆莲台之上，气势恢宏，背、项光尚全，佛双手已残，唯余长袖过膝。此像衣饰作波纹形，流畅而贴体，亦受印度雕塑影响，其风格亦较古朴，时代或亦较早。

第 10 龛为壁画，分上下两层，上层为一佛二菩萨像，佛像顶部绘半圆形华盖，佛略有磨损，基本尚清晰，其右方墨书"释迦牟尼佛"，尚清晰可辨。其左侧残留彩绘菩萨一身，高髻宝冠，长发披肩，上身袒露，背光外墨书"维摩诘之像"，字亦清晰可辨，论者以为以维摩诘作佛的胁侍，在壁画中实为少见。第11龛第3组壁画，尚有"维摩示疾"壁画，维摩像与侍者均有墨书题记作"维摩诘之像，侍者之像"。其右边华盖下作半卧状菩萨装的即维摩诘像，像尚完好。东晋顾恺之曾于建康瓦棺寺作"维摩示疾"的壁画，图成光照四壁，轰动全城，但此画早毁，现存"维摩示疾"壁画，要以此幅为最早了。

我们在169窟匆匆看了一遍，并拍了照片，以上所提到的造像和壁画，都已印入我的《瀚海劫尘》。

我们看完169窟后，又到下边看了不少洞窟，其中北魏的造像也给我极为深刻的印象，我觉得有不少都是北魏典型的作品。

整个炳灵寺给我的印象是西秦和北魏的作品非常突出，这恰好是我国雕塑艺术早期的珍贵遗存。当然炳灵寺在西秦北魏以后，各代也都有作品，尤其是唐代，我也看了不少，可惜时间匆促，未能细看和全看，始终给我留下了再去的悬念。

炳灵寺给我另一个突出的印象是，我觉得从西秦到北魏，其雕像已经有明显的世俗化的趋向。西秦的雕像面型趋于方圆而丰满，眉细长，眼略细，有的则是适中，鼻高而已少胡相，就是建弘元年的那尊大佛，也已具备这种西秦的共同特征，特别是169窟的思维菩萨像、同窟佛头像、菩萨头像等，[①] 这种特征尤为明显。

炳灵寺的北魏造像，除了大部分是秀骨清相的北魏造型外，其中有一部分，也已越出这个模式，更具有明显的世俗化的味道，如169窟佛像、二佛像等，[②] 其脸型完全是一个少年美女的形象，脸容眉眼微笑而

---

① 见《中国美术全集·雕塑卷》九第3、15、18页等。
② 见同上第47、48、49、50页。

稍露，而不是完全内涵。还有一点，炳灵寺的这几尊北魏造像，与麦积山的几尊西魏造像，其风格几乎可以说是相同的，除了共同说明这种世俗化倾向外，其间不知是否有艺术上的承传关系？

还有一点，是炳灵寺的壁画，几乎与嘉峪关魏晋墓砖画是同一种笔调，同一种画法，其明显的特征，是民间的画法，而不是规范化的佛画，从壁画的造型、笔法等，更容易看出这种世俗化的趋向。① 我并不是专门研究雕塑的，我只是从欣赏的角度提出来我的这种感受，不知道这种感受是否合乎事实？

炳灵寺地处偏僻，怎么会有这样规模宏大，延续时间这么长的佛教雕塑艺术宝库存在呢？其实历史地看，这不难明白。原来从汉代张骞通西域起，自长安通向西域的道路，也就是后来的丝绸之路，是沿着渭河河谷，翻越鸟鼠山（在今天水）到狄道（今临洮），再渡洮河至枹罕（今临夏），到凤林（永靖县莲花堡），渡黄河到炳灵寺东边的一条古道继续前行的，所以炳灵寺正好地处交通要道上，而并不是偏僻之地。特别是西秦是鲜卑人乞伏氏创建的政权，其早期政权在甘肃榆中（苑川），属前秦，公元376年，乞伏国仁联合陇西鲜卑诸部声讨苻坚，摆脱其统治而自立。公元385年，建立西秦政权，复移至金城，再移至枹罕（今临夏），其势力一直扩充到上邽（今甘肃天水）一带。所以炳灵寺恰好是靠近西秦政权临夏的一个好地方，而乞伏氏又笃信佛教，故在短短的四十七年②中创造了这么多的佛教艺术杰作。

我参观这些石窟造像，真是流连忘返，直到下午4时，才不得不离开洞窟登船，回到兰州，早已天黑了。

但炳灵寺的那些造像，却一直在我的脑际萦绕不去，我希望能再去

---

① 参见《中国石窟·永靖炳灵寺》第26、36、37、38、39、40诸图。
② 西秦政权，自公元385年至431年，共四十七年。

炳灵寺，再度领略这些举世无双的佛像的瑞相和小积石山神仙一样的仙境！①

2001 年 8 月 10 日于京东且住草堂

① 本文的写作，参阅了以下各书，特此致谢！《中国石窟·永靖炳灵寺》，文物出版社 1989 年版；甘肃省博物馆、炳灵寺石窟文物保管所编《炳灵寺石窟》，文物出版社 1982 年版；董玉祥著《甘肃石窟寺·梵宫艺苑》，甘肃教育出版社 1999 年版。

河 西 走 廊 (上)
——武威、汉方城、铜奔马、罗什塔

　　1990 年 11 月 12 日，我们从兰州西固区出发，继续西行，因车子出了点毛病，延至 11 时始发车。一路往西，沿黄河景色甚佳，至兰州西头过黄河，上甘新公路，西行途中，但见秋色如画，黄叶似金，不久，过武胜驿，壮浪河，即登乌鞘岭。

　　乌鞘岭，位于河西走廊东端，天祝藏族自治县境内，南临马夏山，西接古浪峡，地扼东西孔道，控河西咽喉，素有"河西走廊门户"之称。西汉张骞出使西域，唐玄奘西天取经，都经过此岭。岭上主峰海拔4326 米，经常阴云密布，沿甘新公路西望，乌鞘岭宛若长龙卧雪，起伏无尽。我们所过之处，海拔为 3500 余米，为陇中高原和河西走廊的天然分界。我们即停车稍事休息，大家下车后在路边山坡上小憩，同行的人都感到气喘，我却没有反应。岭上有汉长城、明长城，我揣摩着，路南侧山岭上的城堞似是汉长城，后来询问武威博物馆的同志，果真如此。我们在岭上停留约一小时，同行的朋友背着相机往南边右侧的山头上爬，我看他们非常吃力，就在附近的山坡上走到高处远眺，只见乌鞘岭重峦叠嶂，无边无际，而甘青公路蜿蜒其间，恰如一条飘带。我们在岭上停了一小时，即继续向西去武威。到武威的时候，已经是天黑了。第二天，参观武威博物馆，看到西夏碑、高昌王碑、唐武氏家族碑等，当天没有看完。

11 月 14 日，就由博物馆陆泽昌先生陪同去查看武威北面腾格里沙漠中新发现的汉方城，入沙漠后，四顾茫茫，不易辨认，连曾去过几次的陆先生，也一时难辨方位，经三次失路，至第四次方找对了路，得达方城。城为西汉遗筑，甚完整，四周全是大沙漠，城北为洪水河，今地图上可见，旧传为《水经注》上的清泉河，我查《水经注》，不符。河甚宽，有水。河北大漠中有古长城，迤逦可见烽燧，甚完好，因隔河水，未能前往查看。

我们进入城内，只见城墙高大坚固，城内皆积沙土，残砖断瓦甚多，城为四方形，面积不算大。此城深处沙漠之中，为近年所发现，我站在城墙上，环顾四周，只见洪水河在其北，河北长城蜿蜒甚长，此方城当是与长城为一组防御体系。我正在观望时，忽一群大雁作"人"字形飞过，且雁声嘹亮，使荒漠中别生情趣，我当时有诗云：

> 大漠孤城雁字横。洪河东去杳无声。
> 汉家烽火两千载，我到沙场有余温。①

我们从方城回来，走到半途，恰遇四头黄牛漫步回去，排成一队，相隔等距离，意态悠闲，甚是有趣。而近处另有两头黄牛在顶角嬉戏，显得无赖而天真，在这一片荒漠中，竟能得此天趣，实意想不到。原来是这些黄牛习惯到这里来喝水，喝饱后有的就漫步回去，有的就互相嬉戏。它们习以为常，也无人能见，今天恰巧被我碰着，可知大自然固不

---

① "温"字借韵。

乏天趣。

从腾格里沙漠出来，遥见祁连山白雪皑皑，横亘天际，映衬着上面湛蓝的天空，下面又是一道道黄色沙丘，真是一幅天然图画。

因时间尚未晚，我们即去雷台，这是著名的"马踏飞燕"出土的地方。我们到时，刚好夕阳斜照，照耀得雷台的红墙分外通红，再加上周围疏密有致的树影，使得远看雷台，于婆娑树影中蕴含着一片红光，令人颇生神秘之感，太阳转瞬即逝，我急忙将此瞬间奇景摄入镜头。"马踏飞燕"出土处是一座汉墓，当天未开放，我们就没有进去。但我在兰州甘肃省博物馆看过这件珍宝。我感到这件文物之可贵不仅仅是它精湛的铸造艺术，而更在于它奇妙的艺术构思，为了要表现骏马奔驰的神速，艺术家采取用飞燕来与它对比的手法，让正在飞驰的马的后右蹄踏在正在奋飞的燕背上，飞燕受惊后回首憬视，而燕身并不下沉，可见马蹄之轻快神速。尤其是艺术家不让马的前蹄踏在燕背上，而让马的后蹄踏在燕背上，可见马的速度，不是刚赶上飞燕，而是已经超越了飞燕，这一细节的构思，更见作者精微奥妙的匠心。虽然这是一个固定的造型，但在生活中应是瞬间的定格。这样一件精妙绝伦的铸铜雕塑，实在是艺术家奇思妙想的神来之笔。

15 日，我们又参观了罗什塔。塔在城内大北街北端，在一座院落里，此处相传为鸠摩罗什讲经处。此塔建于何时，没有记载。塔高 32 米，八角十二层，空心至顶，塔角翘首，系风铃。塔下空地甚少，不宜于拍摄。据传此塔是埋鸠摩罗什舌头的塔。这里有一个传说，据史载前秦苻坚派大将吕光征龟兹，获鸠摩罗什，回至凉州（今武威），闻苻坚已被姚苌所杀。吕光遂于凉州自立，建后凉，鸠摩罗什从此留凉州十六年之久，至后秦姚兴弘始三年（401 年）破后凉，鸠摩罗什到长安，姚兴甚重佛法，待罗什尤厚，让罗什领众僧在逍遥园译经。弘始十一年（409 年）8 月 20 日，罗什病逝。逝前告别众僧说：

今于众前发诚实誓：若所传无谬者，当使焚身之后，舌不
燋烂。……即于逍遥园，依外国法，以火焚尸，薪灭形碎，唯
舌不灰。①

武威的罗什塔传葬罗什的舌头，就是从上面这段文字演化而来的。

姚秦的逍遥园旧址，在今西安郊区户县，傍终南山，今为草堂寺。
寺对圭峰（山峰形状如圭璧，故名圭峰），紫阁峰亦在其旁，即杜甫诗
所谓"紫阁峰阴入美陂"之紫阁峰。我曾于 1990 年 10 月 2 日去草堂
寺，访鸠摩罗什舍利塔。原塔仍在，十分完好，塔为当年从印度运来，
周身雕刻精湛，为该寺重宝。该寺另有圭峰禅师碑，为柳公权篆额，裴
休撰文并书写，裴休字近欧阳询，结体严谨，为有唐名碑。另在罗什塔
前，有佛教宗派图碑，元至正建，碑自罗什起一直到元代，其中与圭峰
禅师同时的，碑上列入派系的有裴休、刘禹锡、郑馀庆、白居易四人，
此亦为前人所未知者。

主持僧宏林，与我谈甚投缘，坚请吃素斋，斋饭为粗麦面。我曾有
诗为谢云：

名碑宝塔共流芳。万里西来拜草堂。
多谢上人殷勤意，一瓯麦饭有余香。

以上因述罗什塔渊源，遂信笔迤逦至罗什临终前事，文虽琐屑，然
埋舌之说其来有自，非空穴来风，明矣。

2001 年 8 月 14 日

————

① 《高僧传》卷二《晋长安鸠摩罗什》，中华书局 1992 年版。

河西走廊（中）

——张掖、大佛寺、马蹄寺、金塔寺、祁连山

11月14日，我们匆匆结束了武威的调查，原拟去天梯山石窟寺考察，此为北凉时期的建筑，其主佛释迦牟尼坐像高约15米，其建造年代早于云冈和龙门，是非常值得一看的，但实在限于时间，没有能成行。

15日早自武威去张掖，途中长城迤逦不绝，我们一路傍长城而行，长城即在我们的右侧。至水泉子，残留长城城墙甚多，左侧有方城建筑，紧靠城基，有居民居住。且附近多散放牛羊，居民都在柳树下闲聊。我们即停车询问居民，居民说，这是秦始皇所筑城，是耶非耶，我们也无从辨别。我们停留了一会，继续前行，至绣花庙滩，长城矗立右边，甚雄伟，且地势开阔而险要，周围都是草滩，有烽燧散列于城墙边。据云：此段长城为汉代旧筑，明代重修。城墙南侧有汉日勒古城，为汉武帝元狩二年（公元前121年）匈奴浑邪休屠王降汉后，汉始置河西四郡：元狩二年置武威、酒泉二郡，元鼎六年（公元前111年）分武威、酒泉地置张掖、敦煌郡。① 此日勒城，即归张掖郡所辖，设都尉。

---

① 参见向达先生著《唐代长安与西域文明·两关杂考》，三联书店1957年版。

今遗址紧靠古长城，尚隐约可见。时刚雪后，残雪覆盖在城墙及草滩上，另有一番雪后风光。我们即在此处停留休息，我在日勒古城遗址上低徊再三，想看到点什么，但除离离荒草和巍然兀立的衰残烽墩外，其他一无所有，我随即抓紧时间拍摄这些历史的残迹，恰好城边有散放的马匹，都在啮雪嚼草，我即摄得数影，另外古长城的逶迤雄姿，加上蓝天和大朵白云，为我增强了画面的气氛，我也抢拍了数帧。同行的朋友则在枯草中拾得十六国时钱币一枚，总算给我们透露了一丝这里的历史信息。

我们继续前行，西部的荒凉广阔，四顾茫茫的感觉，满眼都是，不由自主地让你产生一种历史的感慨。再前行，到"丰城堡"，复前为"揣庄"。路旁有一方城，甚完整，其右侧长城依然逶迤不尽，我们下车匆匆察看，除"揣庄"两字的标牌外，余无所见，也无从问询，只得继续前行。公路穿过长城，长城便在我们左侧。下午3时半，到张掖。

张掖，是河西的第一重镇，素有"河西第一城"之称。张掖之名，取义于"张中国之臂掖，以通西域，断绝匈奴右臂"，完全是根据当时的政治军事形势而取的。张掖有一口清泉，泉水甘洌，故张掖又称甘州。

张掖很早就是一个经济商业城市，在我国的海上交通开辟以前，所有对外的交流，都是经过丝绸之路的，而张掖据河西走廊中部的重要地位，南有祁连山，北临黑河，为中西交通之所必经。所以这里是名副其实的当时全国最大的国际贸易市场，西域诸国悉至张掖交市。隋炀帝大业五年（609年），炀帝西巡到张掖，在这里会见二十七国的君主和使臣，作盛会，士女纵观，盛况空前。

张掖的文化古迹很多，最有名的是大佛寺，我们的住处恰好就在大佛寺附近，所以我们首先就参观了大佛寺。据《甘镇志》载，该寺创建于西夏永安元年（1098年）。1966年于卧佛腹内得石碑、铜佛、铜镜、铜壶、佛经、铅牌等物，铅牌记西夏永安元年始创卧佛。此卧佛是全国室内卧佛最大的一尊，身长34.5米，肩宽7.5米，脚长4米，耳朵也有2米多长，此像木胎泥塑，金装彩绘，塑造得极为精致。我去参观时，可惜周围护拦挡住视线，加之光线暗淡，不能细看。拍摄效果也不会好，虽然勉强拍了二帧，很不理想。

据地方志记载，西夏太后常来住此寺，降元之宋帝赵㬎则于此寺出家，元世祖忽必烈、元顺帝妥权贴睦尔均在此寺出生，可见此寺的历史价值。

我们在张掖，还参观了古黑水国遗址。出张掖城西北行，经黑河，河水甚大，我国的河水大都东流，但此水却是向西流向。古黑水国遗址离此河不远。我们是11月16日下午去的，黑水故城有南北二城，南城较完整，即我们所到处，城墙甚高，呈方形，左侧有一小方形堡，我们爬上了城堡最高处。城内满地皆断砖，因风沙吹蚀，砖面密布深痕，我取了半块回来，至今还保存着。据说此城是公元23年（王莽末年，汉淮阳王刘玄更始元年）所造，为汉张掖属国都尉治所，东汉河西五郡大将军凉州牧张掖属国都尉窦融曾驻于此，统领河西之地及居延地区。①也有学者认为此城是元明时所筑，北城则是西汉所建，但据1956年中央地质勘查队考察，认定此南城遗址下，尚有古城一座，此城才是当年黑水国故城。

黑水国之名，未见史籍，居人习以南城堡为黑水国，又呼为老甘州，因当地人称匈奴为"黑奴"，故有黑水国之名。相传先秦时小月氏国都城即建于此。西汉霍去病击匈奴时，曾于此屯兵（庸按：似当指地下老城）。1907年英国人斯坦因、1908年俄国人科兹洛夫于此城盗取文

①　参见邓如林著《丝绸之路古遗址图集——河西走廊段》，甘肃人民美术出版社1998年版。

物甚多。①

　　整个河西走廊我曾走了两遍，因此张掖也是前后来了两次，我第二次到张掖来是 1998 年 10 月 2 日。10 月 3 日，我即去马蹄寺，寺在祁连山中，距张掖市 60 余公里，汽车一路南行，渐近祁连山，景色幽绝。先到千佛洞，洞在肃南县马蹄河西岸悬崖上，初凿于北魏，佛像大部分已毁坏，现经重塑。再往前行，即至马蹄寺，游人甚多，寺亦开凿于悬崖上，以石级相贯通，石级外复有护栏，窟甚高，其中第 3 窟又名三十三天，位置更高而道窄难行，我未敢登临。其第 8 窟即马蹄殿，殿前石上马蹄痕迹犹存。殿内造像已无存。

　　我们从马蹄寺出来，陪同我们来的张掖的同志已安排我们到寺前蒙古包内午餐。入帐前先由四位藏族和裕固族姑娘在帐外欢迎，献哈达，喝青稞酒，每人一大碗，我略饮两口，随行的纪峰经不住劝酒，饮一碗。入帐坐定后，两位藏族姑娘其中一位叫卓玛，一位裕固族姑娘叫阿拉达娃，还有两位没有记住名字，她们四位一起为客人唱歌跳藏舞，殷勤劝酒，并送来大盘羊肉，极鲜美，我稍稍饮酒，食肉甚多，而纪峰已被大碗青稞酒打倒，醉不能起。

　　饭后，我要求去金塔寺，金塔寺离此尚有 40 多公里山路，经商量，隶涓与纪峰先回张掖，我与叶兆信、朱玉麒、张强民继续去金塔寺。去金塔寺的道路曲折崎岖，非常艰险，且一路爬高，已到海拔 3000 米以上。金塔寺位于肃南县临松山西面的崇山峻岭中，已是祁连山最深处。时值深秋，一路红叶如花，秋山似碧，白云青松，雪峰罗列似冰玉长屏，四周环绕，我们感到已入万山丛中，而周围景色更加奇丽，山间丛

---

① 参见西北师范大学古籍整理研究所编《甘肃古迹名胜辞典》"黑水国故址"条，甘肃教育出版社 1992 年版。

树，或丹红或金黄，在阳光照射下，似在闪闪发光，我们被眼前景色陶醉了，大家要求下车休息，尽情饱赏。我们约休息半小时，此时已在海拔3500米以上，而司机检查油箱，说不能再往前走了，再往前走，回去的汽油就不够了。但此处离金塔寺还有二三公里，而且是一路向上的小径。大家犹豫再三，决定让汽车在此处等候，我们步行上山。我因有心脏病，不能快跑，即让他们先行，我折了一枝松树当拐杖，独自一人，支着松枝往上攀登。一路都在松林里穿行，走了将近一公里，只见右手一片白桦林，白干黄叶，映衬着后面丹红的悬崖，简直是一幅名副其实的天然图画。我舍不得离开，除摄影外，在此静静构思了一个国画的腹稿。然后继续拄杖前行。又行里许，景色愈奇，右手丹崖高耸入半空，环列右侧如赤城，丹崖前为一深壑，其间红黄青紫，各色山花秋叶，杂陈其间，宛若百花长廊，我自己给她起名叫"万花谷"。再往前走，路更高，几乎举步喘气，却忽听前面高呼，说金塔寺已经看到了。这一声高呼，顿时使我精神大振，立即继续奋进，复行半小时，只见他们已站在路口等我。我抬头一看，原来金塔寺即在这对面高耸入云、环列如城壁的丹崖上，望之竟如在仙境。从我们所站的路口去金塔寺，必须先下谷底，然后从谷底循悬崖上修凿的石阶，步步上攀。从我的直观来说，就是一片壁立如削的红色绝壁悬崖上，悬挂着东西两座寺庙，庙的右侧红崖上，则是直垂下来的一条白色危道，其斜度，远看几乎是垂直的。作为景色来看，应该说是无上妙境，但要攀登，却不是容易的事。我自知体力和心脏都不能胜任，决定在路口对望守候，为他们拍照，我鼓励他们继续奋进，好在他们都是年青力壮，就立即下到谷底，再从陡峭的危级上向上攀援，大概足足走了四十分钟，才见到他们从谷底升到半空，渐次升到寺庙一样的高度。这时我只能借助我的照相机的长镜头去观察他们的行动，眼见他们终于到了寺前。可惜寺门紧锁，无人开门，只能从窗户中向内窥望而已。又过半个多小时，他们才从崖壁上下来。

据考，此寺始凿于北凉初期沮渠蒙逊时代（397—412），其时代与炳灵寺169窟大致相同，或更早一些。看来因为地处深山绝壁，故未受"文革"破坏，我后来从石窟图集里看到一些造像，其风格确是最早期的雕塑。

我们从山里出来的时候，恰值夕阳斜照，一路景色，奇绝妙绝，真是莫可名状。司机抢着要在有光照的时间赶出山口上公路，所以一路狂奔，我们也随之天旋地转，但满眼奇丽的景色，任凭如何颠簸，也不能让我从醉人的秋光中醒来。赶到张掖，天早已漆黑漆黑了。

2001年8月15日

河 西 走 廊 （下）

——嘉峪关、酒泉

　　11月17日早8时，我们离开张掖，去嘉峪关。12时到酒泉，在酒泉午餐。下午2时到嘉峪关，住嘉峪关宾馆。

　　18日早8时半，我们去嘉峪关。当天是个阴天，我们到关楼时，阴云密布，仿佛是要下雨。嘉峪关雄踞大漠，我在城上四顾，南望祁连山，因为阴天，山色如墨如黛，千里不尽，而山顶却积雪如银，冰峰罗列，映衬着天上的乌云，反觉明亮映眼，如同一列银屏，参差迤逦于东南半天。北望黑山，则山色如铁，两山遥相对峙，关当其间，龙盘虎踞，不可飞越。登关西望，黄沙漠漠，一望无尽，一片龙沙荒凉的雄浑气象。这时太阳勉强从云缝中偶露半面，我抓紧时机，拍了几张照片。当我正在拍摄的时候，忽然天空又飘起雪花来，纷纷扬扬，漫天飞舞，我非常喜欢这种雄浑而深沉的气氛，因有诗云：

庚午十一月十八日，风雪登嘉峪关城楼

天下雄关大漠东。西行万里尽沙龙。

祁连山色连天白，居塞烽墩接地红。

204

河西走廊（下）

满目山河增感慨，一身风雪识穷通。

登楼老去无限意，一笑扬鞭夕照中。

　　河西走廊，自汉武帝初年遣骠骑将军霍去病出陇西，逾居延，攻祁连山，把匈奴逐出河西后，河西一带尽入汉朝版图。匈奴失去河西之地，失去祁连山、焉支山等水草丰美，冬温夏凉的大片上好牧地。乃作歌曰："失我祁连山，使我六畜不蕃息，失我焉支山，使我嫁妇无颜色。"①

　　河西自汉初开辟以后，遂成为东西方商贾旅行的交通要道，同时也成为抵御西部少数民族贵族政权向东侵扰的一个重要军事通道和要塞。在汉初，嘉峪关地区西北面有玉门关长城，东北面有居延长城，相互连结，拱卫河西地区。汉代在河西地区还修筑了河西长城，今绣花庙滩一带尚存遗迹。西汉的防御体系，除作为主体防御工程的长城外，另还设有亭障和列城，作为散点延伸的防御工程，以与长城相连结和配合。

　　嘉峪关地区在汉代虽是东西方商贾旅行的通道，但并未设关，只设过玉石障，到五代时曾经在嘉峪关附近的黑山脚下设过天门关，后来又渐被废弃。直到明代初年，征虏大将军冯胜看到这里的天然形势：自凉州（武威）到甘州（张掖），南面有祁连山，其主峰在嘉峪关东南，海拔6000多米。北面有龙首山、合黎山与祁连山对峙平行。过甘州以后，地势逐渐开阔，形成一个大平原。过肃州（酒泉）以后，地势又渐渐收缩，南北两山对峙，形成一个峡谷，宽不到15公里，势如"瓶口"。东西方交通要道，都必须从这个"瓶口"通过。冯胜就选择了这个天险，在此建筑嘉峪关。从此雄关如铁，嘉峪关遂成为东西交通的一把锁钥。历史上，张骞、班超、班勇出使西域，都是从此经过，玄奘西天取经，

---

　　① 《史记·匈奴列传》"索隐"引《西河旧事》语。

205

就是从嘉峪关的大草滩出去的。当然，他们经过时，还没有嘉峪关这个"关"，这是不言而喻的。

另外，从中亚、西亚和欧洲到中国来的商贾和旅行者，这里也是必经之路，如威尼斯商人马可·波罗，葡萄牙旅行家鄂本笃，也是从这里进来的。鄂本笃最后病死在酒泉，安葬于祁连山前。马可·波罗则从酒泉到了甘州（张掖），然后折向北方的"亦集乃"，即今内蒙古额济纳旗的黑城。然后从黑城经居延海到"哈喇和林"（呼和浩特）。后来他在他的《马可·波罗行记》里还专门写了肃州、甘州等章节。以后的斯坦因、科兹洛夫等，也是从这里进入河西地区的。所以嘉峪关这个关口，不仅仅是军事、政治的要隘，也是经济、文化东西交流的一个枢纽。

在嘉峪关还有一件令人难忘的事，就是参观嘉峪关新城乡的魏晋墓。我去参观的时候，还是十年前的1981年8月2日，那次我从敦煌参观莫高窟后回来，同行的还有孙家琇先生和祝肇年同志。这是我第一次到嘉峪关，魏晋墓发现还不算太久，当时正式清理后可供参观的墓地也只有6号墓，5号墓则已迁往兰州甘肃省博物馆去进行复原。嘉峪关魏晋墓的发现，应该说是近些年来文化发现方面的一桩大事。我去魏晋墓的路上，根本还不知道是怎么一回事，及至到了嘉峪关北面的大戈壁滩上，到了6号墓前，才意识到我已将进入一个被埋藏在地下一千几百年的既熟悉而又完全陌生的往昔社会的现实生活里，历史好像真的要回转了，好像真的要让我回到曹魏或西晋时代的社会生活中去了。而这个6号墓的墓门，似乎就是曹魏社会或西晋社会的入口处。

这个入口处，却确实是有点不平凡的。它的墓门，就叠砌了五层穹形的券门，在券门上面，再叠砌结构精巧的门楼。其楼门之繁复和层次之多，可以说完全像一座嵌空玲珑的宝塔，如果把这个墓门和它的门楼建筑在平地上，那可以毫不夸张地说是一座精致而特殊的砖塔——我所见到的不少砖塔，还远远没有它高。

我们即从塔基底层（即门楼下的墓门）的券门进去，进入墓门后通过一条长长的斜形梯级通道，通道尽处，即进入墓室。从墓门两边的墙壁到墓室内的墙壁，都布满着各种内容画面的砖画。一般都是一块砖是一幅完整的画面，也有两块砖画一幅画的。这个6号墓，共有136幅砖画，其内容从墓主的宴饮、奏乐，婢仆的侍候、进食、执扇，到杀猪、炊事、烹饪、椎牛、耕种、扬场、采桑、丝帛、璧玉、放羊、放牛、放马、配种、牛拉车、牛犁地、烤羊肉串、洗剥野味、打猎、养鸡、放鹰、邮递、捧剑官员、骑吏、执笏小吏、坞壁、碉堡，以及羊群、马群、牛车出行等等，全部生活内容基本俱全。如加上其他墓室的砖画，则内容更加丰富，如军屯、民屯、官吏出巡等等，可以说从政治、军事、经济、农耕、蚕桑、畜牧、建筑，到音乐、歌舞、交通、宴饮等等，一应俱全。进入墓室，仔细观察砖画的内容，真如进入了一千几百年以前的一个社会，目睹着他们的种种生活方式和生产方式。

像这样全面的社会风俗画式的绘画作品，在此以前，我孤陋寡闻，还未曾见过，如郑侠的《流民图》、张择端的《清明上河图》等，都远比魏晋墓要晚得多。尤其特别值得重视的是，魏晋墓的砖画，纯粹是世俗性的，没有一点宗教色彩，也没有什么神仙怪异。连神话题材的东西，也基本上没有。只有画一点云气和瑞鸟，这种偶一见之的画面，还构不成神仙怪异的场面。更没有一般汉墓常见的墓室壁画分天上、人间、地下三层不同内容的描画，魏晋墓的壁画，只有人间生活这一层，这样纯粹的社会生活画面，它给了我们以多方面的认识，实在值得研究。

从砖画的画风来说，我认为是民间绘画，画工的笔法非常熟练，用色也极其单纯，只有少数几种颜色，其风格颇有点像甘肃炳灵寺的壁画，但炳灵寺比魏晋墓晚很多，只能说两者都是民间绘画的风格。如要说影响，则只能是这里的画风影响到炳灵寺等地区。有的研究者把砖画的渊源上溯到原始彩陶画，我认为这两者的时代离得太远。因为中国的原始绘画与魏晋砖画，中间隔着漫长的历史时期，到魏晋时期，中国的绘画，早已经历了周、春秋、战国、秦、汉这样重要的历史阶段了。中国的绘画和造型艺术，也早经过了春秋战国的墓室帛画到秦代的宫室壁画，到汉代的宫殿壁画、墓室棺画、墓室壁画、器物画，以及大量的画像石、画像砖、墓室石刻线画的阶段了。嘉峪关魏晋墓的砖画，从墓室画这种风俗来说，最接近的就是汉代墓葬通行的画像石、画像砖，甘肃也是有画像石、砖的一个地区。但刻制画像石和画像砖，显然是费工费力，用画来代替，当然要经济省力得多。特别是汉代也有部分墓葬是用壁画来装饰的，例如河南洛阳的卜千秋汉墓、密县的打虎亭汉墓，河北的望都汉墓、安平汉墓，山西的平陆汉墓，陕西千阳汉墓、咸阳汉墓，内蒙和林格尔汉墓，辽宁朝阳十六国时期墓、朝阳北票北燕的冯素弗墓等等。所以我的意见，认为它是汉画像石意义上的演变和改进，也是汉墓壁画的直接继承，其中尤其是平陆汉墓、安平汉墓等，壁画内容也是以墓主的现实生活为主，也包括坞壁建筑等等，所以从汉代到魏晋，这类少量的墓室壁画，就是后来大量墓室壁画的滥觞，它在绘画史上，似具有特殊意义。从嘉峪关魏晋墓的绘画风格来说，则是民间绘画的传统，而不是当时已经流行的佛、道画的传统。

我游嘉峪关的魏晋墓，看了这么多纯粹世俗生活的画面，真如倒转了一千几百年，仿佛退到了曹魏或两晋时代北方河西地区的生活中去了，它几乎让我可以想象到嵇康、阮籍乃至于陆机、潘岳、左思时代北方嘉峪关地区生活的样子了，这是一次多么富于历史感和想象力的游览啊！

1998 年 10 月 7 日，我因要去内蒙额济纳旗调查居延海、黑城和肩水金关，第三次到了嘉峪关，补游了悬壁长城以后，即赶到酒泉。酒泉，东汉应劭云：“城下有泉，其水若酒，故曰酒泉。”唐颜师古注曰：“旧俗传云：城下有金泉，泉味如酒。”又俗传霍去病破匈奴获大捷，武帝赐酒为犒，霍倾酒入泉，与士卒共饮，众皆欢悦，因名曰“酒泉”。今其泉尚在，我以前曾去看过，在公园内。这次到酒泉，主要是去看丁家闸的十六国墓及其壁画，墓的位置在酒泉西北8公里的戈壁滩上，这是一个魏晋、十六国时期的大面积墓葬区，它的北面与嘉峪关新城公社野麻湾相连接。

丁家闸十六国墓，是一座侯王级的贵族墓，墓虽已被盗过，但墓未被破坏，墓室壁画完好。该墓分前后两室，墓主的棺木在后室。墓室壁画集中在前室，共分五层。第一层是墓顶，覆斗形，顶部绘重瓣莲花藻井。第二层东壁绘东王公，西壁绘西王母，南壁绘一奔驰的白鹿和一飞升的羽人，羽人肩生双翅，穿世俗服装，着浅口平底鞋。北壁于龙首下绘一飞驰的神马，其神骏的姿态一如雷台汉墓出土的铜奔马，因为是用笔画的，可以画出飞驰而过的云气和迎风向后纷披的鬃毛，更加衬托出飞驰的神速。下部则为山峦。墓室四面壁画组合成一个天上的世界。壁画的第三、四两层，主要画墓主生前的宴饮、享乐、出游等场面和奴婢们大量的农耕、畜牧、蚕桑、狩猎等生产活动，以及庄园主的坞壁建筑结构等等。第五层已是到墓室墙根，似即表示大地。

墓室壁画的绘画艺术，远远超过嘉峪关魏晋墓。前室西壁墓主的宴乐场面，是墓室壁画的主题和重点，其人物画得十分生动，而其人物造型和风格，略似望都汉墓、营城子汉墓。此墓的时间，据专家研究，定在公元386年到441年之间，也即后凉吕光太安元年到441年北魏破酒泉时期。[1] 按吕光太安元年，鸠摩罗什已到凉州，且居凉州十六年，宏

---

① 参见《酒泉十六国墓壁画》，文物出版社1989年版。

扬佛法。此时河西走廊早已有佛法传布，但此墓却无半点佛教信仰的信息，相反却于墓室第二层（顶下第一层）画东王公、西王母的像，并有飞天飞升。按东王公、西王母是道家的形象，而这个飞天作世俗装，绾长发结，绝非佛教的飞天。我曾有文论证中国早期就有自己的飞升思想和羽人即飞天的形象，[①] 此丁家闸墓的飞天，又为我增加了一个论据。

按照汉代墓室壁画的一般情况，都有天上、人间、地下三个境界，而此墓却只有天上、人间两层，而重点不是在天上而是人间的现实生活，尤其是除了墓主人的宴乐外，更多的场面是生产场面，这就显然有点特殊。

按照此墓的时代，正是河西走廊佛法盛行的时代，鸠摩罗什就是由吕光灭龟兹后从龟兹"请"来的，而此墓却依然是传统的儒、道思想，这是又一个特殊。

我参观此墓，深深感到历史是丰富多彩的，如果戴着固定的模式去套生动多样的历史真实，硬要历史来牵合自己，要削历史的脚来适自己的履，那是肯定不行的，这是这个墓室壁画给我的深刻启示。

又据《肃州志》引《元和志》说：

> 在州北二百四十里，李陵与单于战处，隋镇将扬元于其地得铜弩、牙箭簇。

又引《寰宇记》说：

> 酒泉有古长城，在县北。《汉书》谓之遮虏障。

---

① 见拙著《落叶集》第14页到19页，中国社会科学出版社1997年版。

河西走廊（下）

《汉书·地理志》张掖郡居延县下师古注云：

　　阚骃云：武帝使伏波将军路博德筑遮虏障于居延城。

　　那末，这个一代名将李陵战败被俘处，是否恰好是我要去调查的肩水金关到居延海这一带呢？我怀着这一疑问，又将奔向茫茫的居延海，我期待着居延海和肩水金关能帮我解开这个谜！①

2001 年 8 月 26 日

---

　　① 此文参阅高凤山、张军武著《嘉峪关及明长城》，文物出版社 1989 年版；《嘉峪关壁画墓发掘报告》，文物出版社 1985 年版；《酒泉十六国墓壁画》，文物出版社 1989 年版，等书，特此致谢。

《阮堂诗词选》序

　　阮堂江辛眉兄，是我的同门学长，我们先后都从海上王瑗仲讳蘧常先生学，然初未相识。1977 年，杨士则讳廷福学长兄受中华书局聘参加校注《大唐西域记》，来京任职，遂日相过从，一周而三至以为常也。士则精史学，而复兼擅吟咏，一夕，忽为予言曰：海上有江辛眉兄者，当世之杜、韩，瑗师极重之，惜与予同遭丁酉之难，蹭蹬世途。兄其有以解之。予详问所以，乃大为所动，即荐之于人民大学中文系任教，于是吾三人春明重逢，朝夕相聚矣。

　　是时，四凶初除，大患方平，举世有复苏之庆，万民解倒悬之危。一日，士则兄忽袖诗来访，予展视之，乃《丙辰咄咄吟》也。士则原唱，辛眉赓和，予读之感慨苍凉，泣下沾襟，乃为之序笺，抄刊而布之，遂传于日下。

　　未几，辛眉兄又示我以和熊德基先生悼陈毅元帅诗，诗云：

神州今日起风雷。父老江东说将才。

飞虎营中辛弃疾，江西图上吕东莱。

九天熊罴摧天柱，十万旌旗照夜台。

《阮堂诗词选》序

掩卷赣南词罢读，唯将双泪滴深杯。

是诗戛玉敲金，句句工切，字字跳动，见者无不叹赏，遂盛传于都下。辛眉复有《题吴晗同志遗札次程应镠教授原韵》，诗云：

感旧山阳笛，悲深向子期。

十年天下事，百丈镜中丝。

河尽槎回日，山空斧烂时。

春风鹃口血，能唤几人归。

亦歆动都城之作。

未几，士则、辛眉两兄皆先后归沪上。1984 年冬，士则兄突患肺癌，予前后三次去沪探望。病榻凄然，唯有泪眼相对。翌年 5 月 1 日，予乘江轮自奉节赴重庆，是夜忽梦辛眉兄重来北京，与予相见，予急问士则病状，辛眉兄蹙额不语，予悚然而觉，唯闻江声浩荡，唯见星月沉沉而已。予虽心知不祥，而犹冀有意外奇迹也。延至是月 25 日，士则兄终于不幸病逝，予与辛眉兄，皆伤痛不能自已。

是年秋，予再至沪上，辛眉兄电邀予午餐，予已前闻辛眉兄患足疾甚剧，复有肾结石，时复剧痛。是时辛眉兄语声沙哑，几不成音，予闻之惨惨，急问其病状，辛眉兄告予结石已排出，足疾亦渐愈，可告无虑，予乃大慰，约定下次来沪再图欢叙，并云届时足疾当可彻底痊愈，语音亦可恢复矣。岂知是年（乙丑）除夕，予忽得王运天兄自沪来电话，告知辛眉兄已于沪上病逝。予骤闻之下，几不能自持，犹疑误听，询之再三，则确然无误也。

呜呼，士则之逝与辛眉之逝，相隔仅八月。予于数月之内，顿失生平两位知友，情实不能堪也。

213

　　岁月飘忽，去日苦多，今辛眉夫人及其令嗣，已编次辛眉兄诗稿，嘱予作序，予自不可辞也。

　　辛眉兄之诗，超超乎当世之一流，自不待言矣。集中所作律诗，格律精严，所作长歌，则渊雅古拙，可以比之杜、韩、苏、黄。予曾云：辛眉兄诗律精于老僧，酒量可比江海，高情纯于金玉。设使辛眉生于盛唐，则可与少陵游；生于中唐，则可与退之游；生于晚唐，则可与长吉游；生于北宋，则当与苏、黄游也。乃辛眉不生于唐，不生于宋，而生于当世，当世无杜、韩、苏、黄，则其人谁与归乎？

　　吾读辛眉遗诗，往事如烟，不禁泫然，情何以堪，虽此短文，已数辍笔矣！更何能为长言乎？唯识者谅之，幸甚！幸甚！

　　　　　　　　　　　　　　　　1995 年 11 月 5 日于京华瓜饭楼

锡州大楼赋

太湖之滨，龙山之阴，有楼巍然，高出层云。斯楼也，远而望之，如阆苑琼宫之下临；近而察之，如雕梁画栋之连云。烟雾霏霏兮人间仙境；玉宇琼楼兮光耀日星。

登是楼也，曲房洞达，椒室温馨，幽兮寂兮可以养性；雅兮文兮可以延宾。乐奏天钧，妙韵自成，林鸟和鸣，渊鱼潜听。宴开玳瑁，陆海山珍；舞作天魔，醉魄销魂。佳宾赏其妙味，贵客恋其奇馔。于是宴排百席，乐张洞庭。熙熙乎满堂佳宾；攘攘乎欢笑盈盈。酒熏熏兮启窗，情脉脉兮照镜。

南望苍梧，郁郁菁菁。东望泰岱，旭日蒸蒸。北望长江，大河奔腾。西望太白，连天雪岭。览气象之万千，叹宇宙之无垠。

春之日兮，桃花灼灼，灿若霓云。夏之日兮，菡萏香浓，翠盖消熏。秋之日兮，丹桂摇金，丹枫成林。冬之日兮，琉璃世界，白雪乾坤。四时之佳卉无穷，一年之景色常新。

斯楼也，据天地之中，扼交通之津，南来北往，流水无停。且夫滨泰伯之梅里，依梁鸿之故郡。在晋则有画痴顾虎头，在唐则有诗豪李绅，在宋则有书隐尤遂初，在元则有高士倪云林，在明则有清流东林，

215

在清则有绳孙梁汾，在今则有钱、陈、薛、秦。蔚一代之人文，传万世之英名。

故斯楼也，得天时之顺，据地理之正，拥人和之灵。

予乃为之作歌曰：

琼楼玉宇兮窗明万镜。四海风云兮荟萃精英。

人文之蔚兮人杰地灵，浩浩荡荡兮百代流芬。

甲申孟春，宽堂冯其庸撰并书，

时年八十又二，客京华五十年

从大医裘沛然想到施叔范和秦伯未

11 月 20 日的《文汇报》，刊登了介绍大医裘沛然老先生的文章《大医精诚》。我反复读了好几遍，对裘老的学识和医德、医术备致钦迟之情。裘老对于中国古典医籍的研磨和体会，对于临床经验的总结，特别是把古典医籍的研磨与临床实践紧紧结合起来，反复实践参悟，他既重视古典医籍而又能苦心研磨，深会古医人之心，从而领会古典医籍的真精内涵，他对药性的功能，也从实践中获得真知，从而发挥药性的真功能。裘老对医德之重视，把它列为首要，更是所有医者的必具德业。裘老的这些话，可谓句句从自身的实践和修养中来，无半句浮话，句句是真言。我个人丝毫不懂医道，但却觉得裘老所说的道理，实际上与治学之道也完全一致。苦心钻研和实践印证，心有所悟和反复参稽都是求真求实所必经之途。所以裘老的高论启我良多。

我在读有关裘老的文章时，却意外地发现了六十多年来常藏在我心里而不得其详的一个名字——施叔范。事情是这样的，1945 年 8 月 15 日日寇投降，抗战胜利。国民党的许多接收大员纷纷从后方回到上海、南京，全国沉浸在一片欢腾之中。我当时二十岁刚出头，在前洲小学当小学教师。有一天，从上海的《申报》上读到施叔范的四首律诗，题目

217

记得是《过永嘉江心寺哭文天祥》。诗写得极好，我们几个年轻人都读了，大家比赛默读几分钟后看谁能背得出来，我居然全背出来了。自从那时起，这几首诗我一直能背诵，但经过"文革"的一场浩劫，我的记忆力大损，现在只能背第一首和可能是最后一首的下半首了。第一首是这样的：

> 江流到海故回折，山势浮空欲动摇。
> 双塔常旋星日月，孤臣独看寺云潮。
> 生排万劫天仍坠，死近千年虏尚骄。
> 屠郭洗街新梦过，伏碑无泪哭前朝。

另一首的下半首是这样的：

> 槛外荒寒鸦泼墨，江心郁怒浪开花。
> 临归得鉴衣冠影，一棹天清日未斜。

当时我在偏僻的农村教书，虽然心仪此公，却无从打听。前好几年，画家唐云先生来京，并与周怀民先生一起下顾寒舍，唐老除欣赏我藏的曼生壶外，无意中又谈到了诗。他问我读过陈小翠的词没有，我说不但读过，还崇拜得了不得，而且我还认识她，曾到她府上拜见过她，我习作的词，还得到她的鼓励，那次还见到了陈定山先生，还有陈小翠的女儿。唐老听我讲出这么多情况来，大出他的意外。我说当时我认为陈小翠就是当代的李易安。唐老对我的说法，竟大为激赏。接着我忽然想起了积在我心中数十年的施叔范。我就问唐老认识不认识施叔范，他马上就说知道知道，是一位老诗人。正当他说到这里，却来了另一位朋友，话题就此打断，接着唐老就回到了上海，我虽然每去上海总要去看唐老，但却未能旧事重提，而唐老后来又不幸去世了。这样施叔范的线索就算断了。这次读《文汇报》的《裘沛然小传》，竟然说裘老"十一岁师从姚江学者施叔范先生"，这一下使我眼目一亮，我又找到了了解施叔范诗人的线索了。当然这位我心仪已久的诗人是不会在人间了，我已不可能像拜望陈小翠一样拜望他了，但我希望能有他的诗集传世，也希望有机会拜望裘老能多知道一点有关诗人施叔范的信息。

《文汇报》的文章里又说，裘老"此后又时常请教海上诸名家，如谢利恒、夏应堂、秦伯未、程门雪诸先生"。如果说施叔范先生我只闻其名，那末秦伯未先生我却是有过交往，较为了解的。秦伯未先生大约在上世纪 50 年代末调到北京来了，成为北京八大名医之一。上世纪 60 年代初，我在编《历代文选》，我在写那篇长长的叙论时，有一次突然晕倒在椅子上，经过很长的时间才醒过来。之后，就不断发生这种现象，甚至不太敢拿笔写东西，因此就有朋友把我介绍给秦大医师。当时秦老的诊室在海运仓中医研究院内，这座房子原是人民大学的，我曾在此住过一年，离我当时住的张自忠路只有百步之遥。我见到秦老，问明情况，切脉以后，秦老对我说：你的病我可以试试，但不一定能治好。你先服六服罢。我心知这是秦老的谦虚，就遵嘱服六服。六服后我又去求治。秦老问我服药后有什么感觉，我说什么感觉也没有。他又问：有不舒服的感觉没有？我说没有什么不舒服。他就说这就好。他说这就说明我的药是对路的。他说治病如理乱丝，一定要找出头绪来，因为我的病情复杂，必须抓住病的主导方面，然后层层抽剥，才能逐步痊愈。你吃了六服药没有什么不舒服，说明药是对路的，只是你病根较深，六服药的药力远远不够，必须继续进攻。所以又将原方略作改动，再服六服，这样我连续服了七十二服，到最后一次我去看秦老时，秦老切脉后，问我有什么想法？我说我感到我身上的病好像都没有了，不仅仅是没有头晕了。我说是否可以不服药了？秦老笑笑说：我也是这样想，你已没有病了，也就不必服药了。

经过这个漫长的治病过程，我对秦老真是既感且佩，我真正感到中医是有很深的医道的，是祖国的一项宝贵的文化遗产。从此我也就与秦老建立了友谊，他开的一大堆药方我也一直珍藏着，作为医学文献。秦老不仅精于医道，而且还精于书画鉴定。据说他特别精研赵之谦。而我也是特爱赵之谦，我藏有赵之谦的原拓印谱三部。由于书画鉴定，邓拓同志常去找他，我当时则被吴晗同志聘为他所主编的语文小丛书的编委。谁想到"文化大革命"一来，邓拓、吴晗、廖沫沙被打成所谓"三家村"的反党集团。秦老也因邓拓的关系被造反派抓去批斗，而我则一开始就被打倒，"罪名"很多，因吴晗的关系，"三家村"也成为"罪名"之一。我长期被批斗和监禁，与外界不能通信息，后来才知道秦老竟因批斗终于去世了，我听到这个不幸消息，心中永远不能平静。屈指一算，至今也已整整四十年了。

现在竟有人提出要取消中医，不禁使我想起了这些往事。我们的民族从新石器时代算起，已经有八千年的历史了，西医传入中国最多只有两三百年的历史，我们的祖祖辈辈能够繁衍生息地传下来，能够有瓜瓞绵绵的子孙，完全是靠的中医。吸收西医的长处是完全必要的，但千万不要忘记自己的老祖宗，千万要认识中医的科学性和长期积累的临床实践经验，这是我们的宝贵财富，也是人类的共同财富，我们千万不能"数典忘祖"，忘记了历史，忘记了自己的祖宗，忘记了自己是怎么过来的。

2006 年 12 月 12 日夜 1 时半

长了金翅的理想

——《梁祝研究论文集》序

梁山伯、祝英台的故事，是一个家喻户晓的故事。我在很小的时候就已熟知这个故事了。但那时我并不知道这个故事发生于何地，我也根本没有想去追究它。

我在读初中的时候，因为喜欢碑刻和书法，常常读碑帖，有一次意外地读到商务印书馆万有文库本的《国山碑考》，得知"国山碑"这个东吴名迹，居然就在我的邻县宜兴，而且我的家离它很近。我就利用假日到宜兴去调查"国山碑"，没有想到在寻访"国山碑"的途中，却先到了"碧鲜庵"。事先我并不知道"碧鲜庵"的来历，经乡人介绍才知道这就是祝英台的读书处，这是我第一次知道祝英台是实有其人、实有其事、实有其地的。当时乡人还给我介绍了善卷洞，说这里是祝英台的故宅，这就更加增加了我的兴趣。我们看罢"国山碑"，随即就去善卷洞，凭吊了自东晋以来祝英台的这一遗迹。

这次的宜兴之行，我还寻访了周孝侯庙，寻访了有名的蛟桥，但实际上我看到的蛟桥是乡人的误指，真正的蛟桥当时还在，是拱形的石桥，但乡人指给我的是一座平桥，我还特意去走了一遍。回来后才知道是搞错了，一直想再去看看真的蛟桥，却始终未果。

我这一次宜兴之行的最大收获是得知了祝英台其人其事的原发地和读到了仰慕已久的东吴名碑"国山碑"。

一晃就是半个世纪，我也旅居在北京整整五十年了。虽然没有从事梁祝故事的研究，但脑子里宜兴梁祝故事的遗迹却一直没有淡化过。

前好些年我去宁波，宁波的朋友要我去看看宁波的梁祝遗迹，这使我大为惊奇，也是我第一次知道除宜兴以外，别处还有梁祝的故事流传。那一次，可能因为年代较早，这些民间的文化遗产还未认真开发清理，所以看到的资料较少，印象不大深刻。

近几年来，陆续听说关于梁祝的故事流传极广，除宜兴、宁波外，杭州、上虞、驻马店（河南）、济宁（山东）等地也有梁祝的传说，可见梁祝故事传布之广，也可见这个故事牵动人心之深。民间传说，有的是出于真人真事，有的因为离故事产生的时代太过遥远，它的生活依据几经转折便发生了变异，不太容易找到它的最古老的真实的生活依据了。梁山伯、祝英台的故事可能是属于前者。从现今所能看到的历史资料来说，宜兴的资料从南齐经唐、宋、明、清，可说是一脉相承，络绎不绝。其中较多的是地方史志，可信的程度较高。就如小说，如冯梦龙的《古今小说》①，虽属说部，但大家知道，明代的这些短篇小说，如《拍案惊奇》、《醒世恒言》等所谓三言二拍，其故事大都采自民间的现实生活，不是虚妄怪诞的子虚乌有。特别是冯梦龙，他既是一个通俗文学大家，还是一位严肃的史学家，他有多种史学著作。甚至他把戏曲也当作历史来看。他改写传奇《精忠旗》，明确地说："依宋史分回出折，不等闲追欢买笑。"可见他是十分重视史实依据的。他收在《古今小说》

---

① 冯梦龙纂辑。后改称《喻世明言》，为明末著名短篇白话小说《三言》之一，收短篇白话小说40篇，其中部分为宋元旧作，大部分是晚明社会现实的反映。

里的《李秀卿义结黄贞女》的开头有一段短小而完整的梁祝故事。明确地说"祝英台，常州义兴人氏"，说梁山伯是苏州人。冯梦龙自己就是苏州人，自称"古吴龙子犹"。《古今小说》里所收的这段梁祝故事，从文艺的角度看，结构比较完整，思想也十分鲜明动人，看来这段小说的生活素材，明显是取自宜兴的素材。

作为小说或民间故事，最最重要的，不仅仅是它的发生地，还有它的思想，甚至可以说更重要。梁山伯祝英台的故事，产生于中国的中世纪，其故事的主要人物祝英台，更居于主要地位，是女性争取婚姻自主，反抗封建婚姻的早期的典型。她不仅以身相殉——这个"殉"，不仅仅是殉"情"，也是殉自己的生活理想、婚姻理想。而且"殉"的另一面，就是"抗"，所以这个故事，又名《英台抗婚》。"抗"，当然就是反抗封建压迫、反抗封建的婚姻制度。所以这个故事的思想虽然朴素，但它的反抗性却是鲜明而强烈的。尤其是化蝶的结局，明显是对她和他们俩人的理想的歌颂。他们坚信，他们的理想会化为美丽的蝴蝶，永远在人间飞翔，会变为现实！

这个结局，多么具有崇高的理想，具有顽强的生命力和浪漫主义的色彩啊！

正是这种崇高的生活理想和强烈的生命力，促使它像长了翅膀的蝴蝶一样，永远飞翔在人间。那末，全国各地，有不少地方有梁山伯祝英台的故事，并且认为自己是原生地，也就非常自然了。因为这种反封建的争取婚姻自主自由的思想本来就是广大人民群众自生的、共有的。所以，梁祝美丽而悲壮的故事和她的崇高理想是属于全中国的，也是属于全人类的，是人类宝贵的文化遗产。

我希望这个故事传得更远、飞得更广，有更多的地方有梁山伯祝英台的美丽故事流传，让这个长了金翅的会飞翔的理想飞翔到全国、全世界，让它永远飞翔在人间，并且变成现实。

　　我的家乡无锡，把一种很大的彩色蝴蝶叫做"梁山伯"，我相信宜兴也是如此。

　　那末，我祝愿这种长了金翅的象征人民美好生活理想的"梁山伯"——金色的大彩蝶永远飞翔在人间！

2004 年 6 月 18 日晚 11 时写于双芝草堂

成才之途在自学

——读徐湖平画有感

我一向认为，古往今来的人才都是自己造就的，不是天上掉下来的，学校的教学和老师的引导，都是十分重要的，但也不过是打好基础而已，基础的好坏当然极有关系，所以要重视教学，要尊敬老师，所谓名师出高徒，这是有道理的，但这也仍还是打基础的问题。真正的成就，更高的成就，都有待于自己长期的甚至毕生的学习，毕生的社会实践。实践出真知，实践还出人才；离开了实践是根本出不了人才的，从来没有听说过有高悬于空中，从未经实践的"人才"，而且，只有经过无数次实践考验才能确认是否是真正的人才、真正的专家。正因为如此，所以我特别重视实践，重视从实践中自我造就，自我成长。也从实践中检验自己的认识是否正确。

我为什么忽然想起这一番话呢？因为前些天，我意外地看到好友徐湖平同志的画作和摄影作品，大为惊讶。我熟识湖平，已经快三十年了，记得1975年我为校订《红楼梦》一事去南博，承姚迁院长热情接待安排，并为我介绍了徐湖平同志，以后具体的事，都是湖平来办，那时我并没有听说他喜欢画画。1984年冬，姚迁院长无故受了极大的诬冤，我突

225

然接到一个不相识的人——画家董欣宾的来信，为我诉说这桩冤案，并希望我能为之呼吁。差不多同时，我又接到湖平来的消息，确知其事，我连忙写信给姚迁同志，告诉他我受国务院、外交部、文化部的委派，去苏联鉴定《石头记》藏本，回来后一定去看他并商量此事。没想到姚院长在接到我的信后，泪如雨下，连说来不及了。当时身边的人没有明白他的意思，没有采取防卫措施，不想他竟自尽了。后来才明白他已经决定用死来抗争，来证明自己的蒙冤。

在这件意外之事面前，湖平同志和院里其他许多同志一道尽了极大的努力，为姚院长的冤死争取到了中央下来调查和彻底平反昭雪，在这整个过程中，我与湖平的接触更多，除了感到他重感情，秉正义，敢于挺身直言，勇往直前外，也还没有得知他能画画。

去年，董欣宾同志患癌症去世了，我读到了湖平的悼念文章，文章写得极好，极有情致，从文章我才知道，湖平与画家朋友之交，自己摸索着画画，已经历有年数了。这样才解开了我心头的疑团，而且又一次证实了我在文章开头写的那段话。

我读湖平的水墨画，觉得他的悟性好，天分高，虽然并未受过专业的训练，却出笔爽利，略无滞涩，真有挥洒自如，俯仰皆得之感。画画，一方面要讲求笔墨，另方面还要讲求意境。但有人认为笔墨是无所谓的，其实这是对中国画并不正确的理解。中国画的传统，无论是山水、人物、翎毛、走兽，都是有笔墨的追求的，所谓笔墨，就是指作画时的用笔和用墨，用笔的准确，用墨的干湿，与画的客观效果都密切相关，而且，这些还与使用的纸或绢有关，纸还要分新旧，还要看纸的棉料，要十分有经验地把握纸的性能，才能使笔墨恰到好处，产生意想不到的效果。我看到湖平的《黄山意象系列》，其笔墨韵三者都很耐人寻味，可见他在笔墨上已是历尽甘苦，有所参悟了。

关于画的意境，也是非常重要的一个方面。我体会，意境是由构图组成的，而又必须有好的笔墨功夫，才能使画的意境理想得以呈现，所以一幅好的画，必须是笔墨与构图完美结合的作品。湖平的画，恰好在这方面也已经作了相当的努力和探索，所以才有现在的成就。

湖平还有一部分油画，我对油画更是外行，只好从自己的喜好和理解来说。如他画的那两幅动物，或者是虎还是怪兽，我一眼就感到带有原始绘画的味道，使我很自然地联想到濮阳出土的原始时期用贝壳等物嵌成的龙和虎的形象。他画的"脸谱"，也令人联想起远古文化面具来，这或许因为他长期从事文博工作的缘故罢。

特别是他的摄影，我几乎要惊讶，不仅是因为画面好，更因为我感到我们的审美观点和取景的方式太相似了。我特别喜欢那套三峡的作品，因为我曾去过三峡至少是三四次，还有小三峡、香溪、屈原故里等等，我都曾深入过。有一次，我还乘江轮半夜里从神女峰下的江边下船，然后攀悬崖绝壁，找到了村路，再回头看时，只见大江东去，浩荡无尽，崖岸壁立，几乎不敢相信自己是从这底下直线爬上来的。险是险极，但景色也是奇绝。其中我就感到湖平有几张照片，几乎就是我此行所看到的，尤其是那幅石壁，其石纹犹如千年古树，简直不可思议。当然湖平拍的不一定就是我当时看到和拍摄过的，因为在长江边上，这样的石壁有好多处，但喜欢这样的取景方式，却是我们共同的审美观点。还有那幅瞿塘峡口，一边是赤甲山，一边是白盐山，中间就是瞿塘峡，我曾经趁冬天水枯季节，坐小木船从瞿塘峡一直到大溪口，沿途饱看两岸景色。而湖平照片里的这张景色，是我百看不厌的一处，我也曾经拍过多次，似乎都没有他这一幅理想。特别是那幅江心巨石上刻着"朝我来"三个大字的照片，应该说是一幅珍贵的镜头。我去过瞿塘峡多次，都没见到这块巨石。实际上，这就是古书上记载的有名的"滟滪堆"。此处水流回旋急转，古代行船的人常常在此处覆舟，但总结出一条经验，船出瞿塘峡，必须直向"滟滪堆"猛开，然后让回旋的急浪趁流把船卷回航道；

如见到回流急浪不敢向前猛冲，则回流就将船卷向礁石撞得粉碎。所以这"朝我来"三字是无数舟人血的经验总结，也是瞿塘峡口的一座航标。因为瞿塘峡、滟滪堆太险了，懂得并熟练如此行船的船工又太少了，所以解放以后，大约是 50 年代，就用大量炸药将滟滪堆炸掉了，我去三峡已经是 80 年代了，滟滪堆早已没有了，现在的"朝我来"三个字，是近年来重刻在崖边巨石上的，已不是当年的"滟滪堆"了，但凭着这"朝我来"三字，能引起人们多少的历史感啊！

还有他的"黄山系列"作品，也太让我高兴了，为什么？因为我也是喜欢这样的取景构图的，下次湖平来，还可以看到我拍的与他取景相同的作品。古人有作诗而四句一绝完全与前人相同的作品，我现在却发现我与湖平各拍黄山而竟有取景完全相同的照片，可见我们的理解、心意何等相通啊！

我小学五年级时抗日战争开始，家乡沦陷，从此失学种地，后来上了农村中学，半农半读，以后虽然读了无锡国专，拜了多位名师，但那时已是解放战争，读书不能专心。后来就一直靠自学，几十年来，我一直走着自学、实践的道路，虽未成才，但其中甘苦是最为清楚的。所以当我看到湖平的画，知道他完全是走的自学的道路，而且达到了这样的境界，真正使我非常高兴，非常兴奋。

所以，我确认人才是靠自我造就的，只有勤奋，只要知不足，只要学而不厌，只要永不自满，永远追求，那么，他就必定会有成就。我看到湖平就是这样！

2003 年 3 月 21 日

不读书　无以能

没有经历过失学痛苦的人，是很难体会到读书机会的珍贵的。我小学五年级因抗战爆发，家乡沦陷，学校停办而失学，一直在老家农村种地。实际上即使我在上学的时候，也是一直跟着大人下地劳动的，农村的孩子，一般十来岁早就下地劳动了。

我在小学读书的时候就喜欢读课外书，所以五年级失学时（虚岁十四岁），我书包里还有一部学校图书馆的《三国演义》，因学校突然停办，我无处可还，就成为我失学以后唯一的读本。因此有不少回目，不少精彩的对话，我当时都能背出来。之后，我又借到《古诗源》、《唐诗三百首》、《古文观止》、《西厢记》等等，我读书喜欢背诵，大概是因为书难借到的缘故，所以借到后就舍不得放手，只有一个办法，尽量能多读熟背诵一些。后来我上了农村初中，也还是千方百计找课外书读，后来我也积了一点书。读了《浮生六记》，我还特意到东高山去找沈三白和芸娘住过的地方，因为书中所记的东高山离我家太近了。可惜我去调查时，已什么痕迹也没有了，但从此时起我即养成了读书和调查的习惯，直到今天还是如此。

我从小就不知不觉地走上了自学之路。那时我读书渐渐多了，知识也逐步扩充了，我好像发现了一个新天地，觉得原来不少不懂的事情都是可以从书本中获得的。我好像得到了窍门，自觉乐此不疲。

我在读书过程中，还有一个乐趣就是"悟"。因为贪读，所以有些诗或文章，尽管还不大懂，我却先背熟了。在地里劳动的时候，我脑子里就默诵这些诗文以为乐趣。农村的很多活是简单劳动，完全可以既干活脑子里又想问题的。有一次我在锄地的时候，脑子里忽然跳出了《古诗十九首》中第一首的四句诗："胡马依北风，越鸟巢南枝。相去日已远，衣带日已缓。"我想这是说从胡地来的马，依恋着北方吹来的风，从南方越地来的鸟，筑巢也要筑在向南的树枝上，这就是说无论是胡马还是越鸟，都怀有思乡的情绪。下面两句最后的一个"缓"字我长期不得其解，这时忽然悟到，"缓"就是"松"，就是"宽"的意思，这样也就明白了下面两句是说离别已经很久了，衣带也显得宽松了，为什么宽松，因为想念亲人瘦了。我想到这里，觉得这四句诗完全可以贯通了。当时心里非常高兴，虽然还不知道我理解得是否正确，但我心里却真的非常快乐。从此以后，我就悟到读书要多想，多思考，因此多思也就成为我的读书习惯。现在的人会觉得拿部《辞海》来一查不就解决了吗？这当然不错。但那时还没有《辞海》，那是我失学以后一年或二年的事，大约是1937年或1938年。中华书局的第一本《辞海》是1947年出版的，这已经是十年以后的事了。我那时僻居农村，只靠死读、死背和苦思苦想，哪里知道有什么工具书之类的书？就连注释这些古诗文的书也无处可找。到1947年中华书局的《辞海》出来了，我竭尽全力买到了一部。这就成为我的读书宝钥，凡是不懂的都去问这部书。这部《辞海》跟随我已经六十多年了，我也有了好多新的工具书，但我还舍不得丢弃这部《辞海》，因为我是靠着它慢慢地成长的。

当然，读书多思，还只是一端，多思还必须求证。你的思考是否正确，还必须得到证明，这证明一是靠前辈学者研究的成果，包括古人的笺疏；二是靠你再查各种资料，包括《辞海》之类的工具书和其他可以确证的资料。决不能自以为是，只凭自己的理解，不求确证是不科学的。

读书一是为了增长知识，增加学问；二是为了砥砺自己的品德，而后者是更重要的。孟子说"吾善养吾浩然之气"，孔子说"见贤思齐"也是这个意思。如果读书而不敦品，则只能成为一个知识库，一个"书囊"，充其量只是有知识而已，如果不珍惜自己的品德，那就错了。我认为人才是靠自我造就的，当然老师和学校都很重要，但自己不能奋发努力，也就很难有成就，所以人才归根结蒂是要看自己能不能敦品自励，刻苦锻炼。而且这是长期的，一辈子的事，不是几个月几年的事。

人还应该懂得自我开发，自我造就。往往自己内在的潜能自己不一定清楚，要靠自己勤奋地学习，扩展自己的知识和兴趣来开发自己。兴趣是很重要的，同时也是靠学习来加深和扩展的，只要你有兴趣，你就能钻进去，锲而不舍，以至于成功。

人一辈子在自我改造、自我造就、自我完善的过程中。从无知到有知，到有大知；从不能到能，到有大能，这就是人的发展过程，无一例外，因为世界上没有生下来就能的人，相反倒是生下来什么都不能，连吃奶都要靠母亲喂，所以从无知到有知，从不能到能，是人自我发展的共同规律，这个发展过程中的关键就是读书和学习。读书学习愈勤奋、愈广博，可能他的自我开发、自我造就愈成功。反之，不读书、不学习，也就无以能。

2009 年 6 月 20 日于瓜饭楼

文化振兴需广开"才路"

我们所处的时代是一个文化大发现的时代。

从新中国成立到现在，从考古的角度说，几乎年年都有新发现。所以我和学生们讲，你们是最幸福的一代人，很多珍贵文物、文化遗存，郭沫若没见过，王国维没见过，甚至连汉代的司马迁都没见过，现在都逐步发掘出来了。这些遗存需要有人懂得它，需要我们去研究它、传承它，可惜的是现在整理研究文化遗存的专业人才太少。

现在的很多年轻人不了解我们祖国辉煌的历史，容易受外来文化的影响，认为人家的什么都好。这样下去，对我们国家未来的发展很不利。对于国外的先进文化、科技自然应该认真学习、借鉴，但发扬我们自身积累的丰富文化成果，才是我们奋发自强的基础，也是树立民族自信心自豪感所必需的。

今天，国家很重视对传统文化的继承和创新，我觉得非常好。而要很好地继承传统文化并有所创新，非常需要培养一批中国历史文化研究和传播方面的人才。

要培养人才，我们两眼不能只盯着学校教育。学校培养出来的人，不是个个都有水平。有的有学历，有能力；有的有学历，但实际能力非常一般，甚至很差。而在社会上，尤其是文史方面，优秀的人才很多。我们要创造一种机制、氛围，想出一些办法，让包括文史方面在内的各类人才，都有机会脱颖而出，从而把社会的成才道路开辟得更宽广，让更多的人觉得，他学习一项技能、研究一门学问，就会有施展的天地，从而回报社会，为国家做贡献。

我还很希望有人能编一本《自学书目》，为社会上没有机会上大学的人介绍掌握传统文化必须读哪些书，便于他们阅读自学。到一定时候搞一次考试或测验，让他们有办法检验自学的程度，从而提高学习信心。另外，上世纪50年代，许多大学都有文化补习班，现在考虑把这种补习班再办起来，甚至办到地方上去，让更多的人了解我们的传统文化。

这样，整个社会的文化水平可以慢慢得到提高，也能增加更多的人成才的机会。

（2007年4月2日发表于《人民日报》）

开 架 选 书

很久不到王府井新华书店去了，倒不是因为忙，而是因为我的眼力不好，隔着柜台老远地看架上的书，实在看不见，去了也没有用。带着望远镜去看吧，又未免有点夸张，会引人侧目，所以只好不去。最近因事过王府井新华书店门口，顺便又走了进去，却大吃一惊，原来几个月不去，已大大变样了。变化最大的是拆除了那拒人于三米之外的柜台，一下子把读者与书的距离拉近了，读者可以在书架前任意选书。对于我这样目力不济的人来说，等于是拆除了障碍，可以纵观无碍。我不由得从心底里涌起一种兴奋的情绪。我看到许多年轻人都站在书架前静悄悄地翻书，神情专注，意态自得，我也赶忙挤入行列，一架一架地浏览挑选，正是如行山阴道上，目不暇给……

走在回家的路上，不禁想起三十六年前的往事。那时我在上海读书，一有时间，我就喜欢到福州路的旧书店去翻书。那时书架前是根本没有柜台的，读者完全可以任意翻看。福州路的旧书店我都很熟悉，而最熟的是温知书店，经理叫王兆文，现在仍在上海古旧书店。那时我正在留心词学，撰写蒋鹿潭年谱，我把福州路的旧书店逐家逐架地"普查"过一遍，搜集到了一批清代咸丰年间聚集在淮海一带的词人的集子，其中还收到了蒋鹿潭自藏的《水云楼词集》，上面钤有"水云楼"的图章，至今我还珍藏着。

在这些旧书店里，不仅可以看书，还可以坐下来喝茶、抄书。关于版本方面的知识，还可以随时向书店的店员请教，他们都是几十年从事书业，目见手经的书很多，对于版本非常熟悉。所以那时的旧书店，不仅仅起了书店的作用，它还起了图书馆的作用。到图书馆去，还有一套借书手续，要费时间，到书店里去，就像进了图书馆的书库，既可以拿来就看，又不会浪费时间。据我所知，有许多学问家，都是与书店结了不解之缘的，已故的郑振铎、阿英、谢国桢等先生无不如此。鲁迅当年也是喜欢跑旧书店的，只要翻翻他的日记就可以了解。所以书店实在是我们的一个重要的文化阵地，它也是一所培养人才的学校，业务知识好的店员，其实也就是读者的老师，他们也起着培养人才的作用。

记得解放初期，这种好风气还保持着，我常到琉璃厂、隆福寺等地旧书店去看书，后来还到宴乐胡同、国子监的中国书店服务部去看书，书店里有好多老店员，实际上也可称得是版本方面的老专家，其中有一位叫李保纬的老同志，我经常向他询问版本方面的问题，得到他很多帮助。

不知从什么时候起，书店也学起了"高筑垒"的办法，把读者"垒"在书架之外两三米远的地方，读者只可远距离瞭望，不可亲近，这样久而久之书店与读者的关系，也就仅仅剩了买卖关系了。像我这样目力稍逊的人，就只好干脆不去了。一阵改革之风，忽然把书架前的"高垒"吹掉了，我又看到了许多青年读者逐架选书，倚架看书，神情专注，如饥似渴的情况，不由得由衷的高兴。如果全国大大小小的书店都这样办，不等于突然增加了千千万万所图书馆和学校吗？这实是书业改革中方便读者的好措施。

（1984 年 10 月 15 日发表于《人民日报》）

空前的盛会　历史的转折

——回忆 1979 年第四次文代会

第四次文代会于 1979 年 10 月 30 日开幕，11 月 16 日闭幕，会议共进行十七天。我是此次会议的代表，于 10 月 29 日下午去西苑旅社开中直代表团的建团大会，晚上到人民大会堂开党员大会，由胡耀邦同志讲话，对大会提出了五点希望。30 日上午到人民大会堂开大会预备会，通过主席团名单，下午大会开幕，全体中央政治局委员都出席了会议，叶帅、小平同志、李先念副主席都出席了开幕式，小平同志作了长篇讲话，茅盾同志致开幕词。

这次大会，上距 1949 年建国刚好三十年，现在来回顾，离开那次大会刚好又是三十年，因此，那次大会成为两个三十年的分界线。前三十年，建立了伟大的中华人民共和国，然后就是一系列的运动，包括震惊世界的抗美援朝运动，这是保卫新中国的一次伟大的艰巨的斗争，我们终于赢得了胜利。之后就是不断的运动，尤其是 1957 年的反右运动，1958 年的"大跃进"，"人民公社化"，"超英赶美"，使当时的政治气氛越来越"左"，一直到 1966 年的"文化大革命"。"文化大革命"当然不是一般的政治运动，其中还隐藏着林彪、"四人帮"篡党窃国的阴谋，使国家濒于危亡的边缘，这是前三十年的大概。而后三十年，却是改革开放的三十年，安定团结的三十年，国家科学经济大发展的三十年，综合国力飞速发展上升的三十年。从现在回顾一下这建国以来六十年的历程，1979 年的文代会恰好是两个三十年正中间的分界线。

在这次会议之前，1976 年"四人帮"已彻底垮台，党和国家、人民已从"四人帮"的法西斯统治下解放出来，特别是 1978 年 12 月，党中央举行了十一届三中全会，确定了把全党全国的工作重点转移到社会主义现代化的建设上来，于是在全国人民面前，展现出了一条光辉灿烂的康庄大道和锦绣前程。

这次大会的重点议程之一，是肃清"四人帮"的流毒和影响，所以小平同志的报告一开始就是批判"四人帮"的所谓"黑线专政"，为三十年来党的正确的文艺路线彻底平反，为大批受"四人帮"诬陷的新老作家、作品平反，鼓舞作家们的战斗意志。

大会另一个重点是讨论如何反映社会主义现代化的新时期等等。我当时与孔萝荪、钟惦棐、朱寨同志任文学第一组的召集人，记得吴祖光、王蒙都在第一组，大会的发言和小组讨论都异常热烈。

这次会议期间，各协会如作协、剧协、美协、音协、舞协等同时召开代表大会。四次文代会的筹措主持工作是林默涵、冯牧等同志，我还向默涵和冯牧建议请上海的余派名演员张文涓来演《搜孤救孤》。所以 11 月 14 日晚上在京西宾馆的晚会节目是：

　　一、金山寺

　　　白素贞——关鹔鹴

　　　小　青——白小华

　　　法　海——吴永生

　　二、搜孤救孤

　　程　　婴——张文涓

　　公孙杵臼——朱金琴

　　屠岸贾——方荣翔

三、古城会

　　关　　羽——高盛麟

　　张　　飞——马名群

　　甘夫人——陈　琪

　　糜夫人——蔡英莲

　　蔡　　阳——何金海

　　马　　童——江长春

四、女起解

　　苏　　三——张君秋

　　崇公道——郭元祥

　　传统的京剧，被"四人帮"扼杀已十年了，所以这次京剧晚会，也是一次戏曲的盛会。可惜这次盛会的多位名角都已经不在了。我至今还保存着当时的这张戏单。散戏时，恰好碰到了厉慧良，高兴得不得了，他被"四人帮"折磨得很惨，人也老了，与我立谈甚久，他表示还要回舞台，后来他果然在北京重登舞台了，演的是《长坂坡》，前赵云后关羽，除了嗓音不如以前外，功夫仍未脱，不但未脱，而且演得更沉稳。我为他题了三首诗，当然这都是后话。

　　11 月 16 日，大会闭幕，下午由夏衍同志致闭幕词，他却说："过了10 月，我已经是八十岁的人了，这次代表大会，可能是我所能参加的最后一次会议。"这句话现在重温，令人叹息。回想当时与会的老一辈的领导和作家，大都已不在了，岁月无情而人却是有情的，能不令人长想？

　　闭幕那天晚上，华国锋主席和邓颖超同志及其他中央领导同志等接见代表，一起摄影，6 时半举行茶话会，我坐 233 桌。华主席、胡耀邦等同志出席茶话会，耀邦同志讲了话，大会又掀起了高潮，到 7 时半大会圆满结束。

　　事情已经过去三十年了，我的回忆，如同梦境一样，已经很模糊了，但这是一次空前的盛会，一次历史的转折点，这是我任何时候也不会忘记的。

2009 年 6 月 19 日于瓜饭楼，时年八十七岁

《浮生六记》德译本序

1937 年抗日战争爆发的时候，我十三岁，读小学五年级，很快我的家乡沦陷了，我开始失学，在农村种地。一直种了十年地，到 1946 年，我才离开农村。

我在十多年种地的时间里，读了不少古典小说、诗歌和散文。《浮生六记》就是我当时最喜欢读的一种书。我现在翻开这本书，还能重温当年在农村的地头田间读这本书的滋味。

我喜欢这本书，第一是因为作者沈三白写得很坦率真实，不论是哪一章，都有浓厚的生活气息和人情味，而且，作者的思想是很自由的，尤其是开头第一篇就是写夫妇生活的《闺房记乐》，而且写得那么大胆和自然，一点也不像封建时代的人写的，可我们不能忘记，沈三白生于曹雪芹死后一年，即乾隆二十八年癸未（1763 年），距离现在已经整整二百多年了！第二是这本书里写到的许多地方我都了解，例如《坎坷记愁》里写到的"东高山"，就离我家只有二三公里，我小时就去玩过。至于书中记到的"沧浪亭"，扬州、江阴、靖江等地，也都是离我家不太远，都是耳熟能详的地方，所以读起来特别感到亲切。前几年我去扬州，还特地到金匮山去访陈芸的墓，可惜因为日暮，到了金匮山也未能找到陈芸的墓地。

从前我看过俞平伯先生校点的《浮生六记》，记得书前还附有沈三白苏州住房的照片和沈三白的画的照片，可惜现在连照片也找不到了。

我读《浮生六记》，一直是把它作为我国古典散文中最美好的一种散文来读的，事实也确是如此。我还认为作者是深受《红楼梦》的影响的，尽管书中一句话也没有提到，但他写《浮生六记》之时，已是嘉庆十三年（1808 年），这时《红楼梦》程伟元、高鹗刻本早已风行了十八年了；不仅如此，从嘉庆十六年（1811 年）东观阁重刊《新增批评绣像红楼梦》来看，既叫"重刊"，那末在此以前，必定还有初刊，这样看来，很可能当时连评点本《红楼梦》也已经通行了。总之，说沈三白的文笔和思想受过《红楼梦》的影响，是毫无问题的。

《浮生六记》已经有英、法、意、捷、俄文的译本，现在史华兹先生又把它译成德文，不仅是沈三白的幸运，也是德国读者的幸运。

史华兹先生的汉语水平很高，对《浮生六记》研究得很深，我曾多次与他讨论过有关《浮生六记》的一些文句、地名等等，发觉史华兹先生理解得很深刻也很正确，并且他读书十分细心，连《浮生六记》中的一些细枝末节的地方，他都不放过，都作了深入的探讨。根据这样的情况翻译的这本书，当然是最可靠的译本了。

这本书的德译本的出版，对中德的文化交流是一大贡献，因此我很乐意为这个译本作"序"。

1988 年 4 月 25 日夜 1 时于北京

《海南诗草》跋

　　予于庚辰岁末（2001年1月12日）避寒至海南，2月9日夜归京，共在海南二十七天，得诗三十六首，皆记实也。于东坡儋州，曾两度往瞻，并寻得古昌化军旧城门，此东坡昔年经行处也，予不胜高山仰止，俯仰畴昔之思，以为万古灵气聚于此矣！古崖州城，昔唐李德裕，宋赵鼎、胡铨、卢多逊、丁谓，元王仕熙，明王佐、赵谦等诸贤流放地也，碧海无尽，中原一发，人生死生，已付苍苍，而诸贤以浩然之怀，俯仰天地，襟期照日月，肝胆独轮囷，此中华之正气，而万古不磨之日月星辰也！予不胜低徊其间。昔赵鼎抗秦桧卖国，于崖州绝食而死，临终有句云："身骑箕尾归天上，气作山河壮本朝。"胡铨南贬，张元幹以《贺新郎》词送别，词云："梦绕神州路。怅秋风，连营画角，故宫离黍。底事昆仑倾砥柱。九地黄流乱注。聚万落千村狐兔。天意从来高难问，况人情、老易悲难诉。更南浦，送君去。　　凉生岸柳催残暑。耿斜河、疏星淡月，断云微度。万里江山知何处。回首对床夜语。雁不到、书成谁与。目尽青天怀今古，肯儿曹、恩怨相尔汝。举大白、听金缕。"予徘徊古城，默诵长歌，留连几不忍去，他日南行，自当再拜，故海南者，中华之圣地也，岂能以南荒目之哉！

2001 年 2 月 19 日跋于京东且住草堂

附诗四首：

读东坡儋耳诗

寂寂东坡一病翁。凌云健笔气如虹。
儋州海曲南荒地，雄视中原一扫空。

中和寻东坡旧城有感

太白雄才五柳身。此生只合是孤臣。
光风霁月岩岩客，南海归来笔更神。

游古崖州城口占

春风万里古崖州。赢得千年国士稠。
我到荒城怀往昔。一杯欲奠五公愁。

辛巳正月十二日访海南古崖州城，
宋赵鼎、胡铨等流贬处也。自崖州再至
天涯海角，海天无尽，低徊赋此

平生梦想到天涯。欲访幽人处士家。

万古忠魂归海域，一腔忧愤郁浪花。

无边碧水吞天地，只柱擎空捍物华。

我自低徊天尽处，微吟不觉日西斜。

白帝城竹枝词碑园序

　　巴渝竹枝词，诗之国风辞之《九歌》也。昔仲尼删诗而存国风，屈原作辞而定《九歌》，故知圣人重俚言而辞祖珍乡音也。夫三峡形胜自古而然，歌词流丽亦随惊波。自顾、刘以还为世所重，梦得并创为联章，雅俗悉称，遂使歌词腾涌万世相沿。今沧海桑田，三峡安流，而巫峡猿声，瞿塘惊涛，皆不可闻见矣。魏君靖宇，笃古之士，乃谋建竹枝碑园，使在昔巴渝之歌得与金石而同寿，并世书家之迹映清波而长存。予故乐为之叙云尔。

1994 年 10 月

永不忘却的记忆

——《瓜饭集》序

　　我家老屋的西墙下，有一片空地，长满了杂草，面积不大，倒有个名字，叫"和尚园"。每到秋天，大人在这里种的南瓜就会丰收，那硕大的金黄色的南瓜，一个个在南瓜叶底下露出来，它就是我们一家秋天的粮食。

　　尽管我儿时的生活贫困到了极点，但我的精神生活却觉得非常丰富。我因抗战开始，小学五年级就失学，在家种地。当时我有个同伴，与我年纪一样大，小名叫"阿桐"。我们自己摸索到了一个办法，就是读书。起先我们读《三国》、《水浒》一类的书，后来像《唐诗三百首》、《古诗源》这类的书也读，而且我们还一起讨论，不懂的句子还一起揣摩。特别是唐诗，我们还一起背诵，连《古诗源》上的一些诗也背。这样的日子我们延续了有二三年，自觉其乐无穷。但有一天，阿桐却告诉我，他妈妈给他找到了工作，到很远的地方去当学徒，这样，我们就不得不依依分手了。临别时，我居然还写了一首五言古诗送给他，反正都是孩子，像不像诗也没有考虑，诗较长，我一直能背诵。后来，我读完农村初中，到无锡读高一，我还把这首诗抄给顾钦伯老师看，不

246

料竟得到他大大的夸奖。我疑心是老师哄我，我给顾老师说，这是我好多年前小学五年级失学后在农村时瞎写的，不是现在写的。哪知顾老师反而更加夸奖，说我十多岁就写出这样的诗来，真了不起，他没有瞎夸奖，他特别指出诗中"簇上春蚕老，垄头麦油油"等好几处的诗句，说确是极好的古诗格调。我每想到儿时的这一段生活，总是要让我为之神往。所以至今我虽然八十六岁了，但我终觉得自己还是一个农民。

上初中时，丁约斋老师告诫我们，写好了作文自己必须读三遍到五遍，才许交上去，最好能背诵。每到交作文时，他都要问你读了几遍。这对我来说，一点也不是难事，因为我与阿桐一起读书时，就经常背诵古诗，自己学写了诗，也反复背诵，所以丁老师的这个要求，非但不难，我还很乐意这样做。由此养成了我的一个习惯，无论写什么，写完后总要读好多遍，即使是后来写很长的论文，我也坚持反复读。我自己想，自己写的文章如果连自己都不想再读，那别人是一定不会感兴趣的。后来我读鲁迅的书，才得知鲁迅先生也是这样谆谆嘱咐青年们的。

1954 年我到北京时是三十岁，实在是知识贫乏得很，我感到北京是一个大学校，我要不到北京来，我肯定不是现在这个样子。我刚到北京时就担任了大一的国文，那时压力真大。生怕讲不好课，就拼命读书，认真备课，天天总要到深夜一二点甚至二三点才睡。我当时孤身一人到北京来，背着这么重的压力，真有些凄然的感觉。那时我在西郊人民大学，为赶头班校车进城上课，早上 5 点必须起来，上校车时天还黑着，深秋的北京已经很凉了，头顶上的月亮却很亮。我有一首诗说：

> 一别故乡三万里，归心常逐白云飞。
>
> 酒酣始觉旧朋少，梦冷正怜骨肉微。
>
> 月上高城添瘦影，风来塞北薄秋衣。
>
> 茫茫南国秋风起，日暮高堂望子归。

这首诗，正是我当时孤凄心情的写照。

在重重的课程压力下，我克服了凄清的心情，勤奋读书，每天到深夜，数十年如一日。1959 年国庆节，我写的剧评在《戏剧报》发表，得到了田汉老的赞赏，为此而请我吃饭，还有吴晗、翦伯赞等几位老专家同席，这对我是极大的鼓励。之后，我主编的《历代文选》又得到毛主席的赞扬，吴玉章校长为此而专门找我谈话，把他的书送给我，给我鼓励，更使我觉得要自觉地奋勉谨慎。后来，郭沫若院长因为讨论《再生缘》作者陈云贞的事，约我见面，我直说了我的疑点，他反而签名送给我书。还在他的文章里提到了我，特别是"文革"最艰危的时刻，郭老让人带信向我问好。他是知道了我已在受批斗的消息后才让人带话给我的，这当然含着很深的厚意。记得上世纪 60 年代初，周扬有一次召集了一个小型座谈会，与会的有张光年、何其芳、蔡仪、王朝闻和我，还有一位我记不起了，连周扬一共只有七个人。会议是讨论文风问题，他批评了当时的文章连篇累牍地引马克思、恩格斯等人的话而没有自己的意见，说这种文风要改革。说着说着，他却转过身来指着我说：你的文章好，写得畅快。这使我非常紧张，觉得当着这么多大家的面，怎么好这么说呢？会议是一次轻松的座谈，与会专家也各抒己见，都是赞成他改革文风的意见的。

我最难忘的是"文革"后期，社科院的李新、黎澍两位老人下决心要把我调到社科院历史所去，而且终于调成了，我也去上班了一段时间，后来因为人大被"四人帮"解散的事，又把我扯了回去，但两位老人对我的拳拳爱护之心，我是永远铭记在心头的。

所以，我每到夜深不寐的时候，想想前尘往事，觉得当时重大的课程压力和社会上许多专家领导的爱护关怀，是使我奋发努力的一种巨大力量。直到今天，我依然不敢懈怠。

　　几十年来，我还有一种乐趣，是与学界的好友论学，早些时候是杨廷福、江辛眉、祝肇年等几位，还有戏曲界的不少朋友，稍后又得到启功、周绍良、许麐庐、周怀民、刘海粟、朱屺瞻、唐云、谢稚柳、徐邦达、杨仁恺诸老的交游，特别是启先生还专程到我家里来聊天作客，在学问和艺事上不断给我鼓励，使我在生活中，又展开了另一个领域，我至今还仍旧乐此不疲。

　　上世纪80年代中，我开始了中国大西部的考察，从1986年到2005年，二十年间，我十次去新疆，三次上帕米尔高原红其拉甫和明铁盖达坂，其高度是4900米和4700米。两次穿越塔克拉玛干大沙漠，并积数年之功，绕塔里木盆地走了一圈。还穿过原始胡杨林到了塔里木河边，同去的人还在塔里木河里洗澡。特别是2005年我已八十三岁，我于8月15日到明铁盖达坂，为玄奘立东归之路的碑记，并且终于到了玄奘记载的公主堡，弄清了玄奘下明铁盖后确切的路线。同年9月27日，我又从米兰进入罗布泊，穿过罗布泊到达了楼兰，然后又从楼兰再穿罗布泊到龙城、土垠、LE遗址，再到白龙堆、三陇沙，入玉门关到敦煌。全程历时十七天。在罗布泊、楼兰、龙城宿营七天。这是我最为快意的一次考察，也是收获最大的一次考察。这二十年间，在我的学术领域里，真正开辟了一个新的天地。

　　我对《红楼梦》的研究，从1975年开始至今已历三十多年，始终没有间断，这当然有更多的学术知友和同好，因为这个领域可说的人和事太多了，不是短短的篇幅可以尽其大概的，所以这里只好暂时不谈。

　　总之，我三十岁到北京，今年八十六岁，在北京半个多世纪，是北京培育了我，是北京老一代的和同代的学者们教育了我，是这半个多世纪以来的风云激荡了我，风雨洗涤了我，我收在这本书里的一些人和事，应该说都是助我成长的力量，当然还有更多的无法收进书里的人和事，有的已在另外的书里铭记了，有的是永远藏在我的心头，譬如我幼年的书伴阿桐，我那长满南瓜的和尚园，我的好多位启蒙老师，这一切，我是永远不会忘记的。

2008 年 9 月 13 日于瓜饭楼

问苍茫大地　浩劫几千秋

——丁和西域摄影集《流沙梦痕》序

从 1986 年到 2005 年，二十年间，我去新疆十次，时间长则达数月，短则半月到一月。我曾三上帕米尔高原，两越塔克拉玛干大沙漠，并绕塔里木盆地整整走了一圈。至于玄奘取经之路、丝绸之路，以及西域的重要历史文化遗址，南北疆的特异地貌、特异风光，我也大都走过了。前年无意中上海的老友汪大刚告诉我，上海也有一位新疆的爱好者，并且是摄影家，与我有同好，何不一见。我听了，如闻空谷足音。不久，我们真的见面了，他就是丁和。他带来了他拍的西部的大片子，他说日本人吹他们用"4×8"的片子，这算什么了不起，我偏要用"8×10"的片子，超过他们。我听了这话，真是心胸大快！及至我看了他的片子，更是奇光异彩，令人赏心悦目，爱不释手。交谈间，我更知道他去新疆也已不下七八次了，而且有的地方我还未去，如罗布泊、楼兰等地，他却早已去过了，这更使我艳羡和佩服。

我们随意谈到我将于 2005 年与中央电视台一起去帕米尔高原、罗布泊、楼兰等地拍摄，目的是探索玄奘归国的故道。他听了十分感兴趣，希望能同行。他说他上次去罗布泊和楼兰，觉得没有过瘾，意犹未

251

足，还想拍一点更理想的镜头。于是我们在 2005 年 9 月 25 日，开始从库尔勒出发，作大漠之行。我与他从营盘开始，经米兰、罗布泊、楼兰、龙城、LE 遗址、白龙堆、三陇沙，入玉门关到敦煌，整整十七天。我看着他整天背着几十斤重的摄影器材，爬上爬下，有时在危峰之顶，有时又隐没不见，不知躲到哪个角落去寻找拍摄点了。我真佩服他的坚强毅力和吃苦精神，特别是他的求真求实、精益求精、一丝不苟的精神，真是大艺术家的风度。

我们完成了此次考察玄奘归路的楼兰、罗布泊之行，大家都自然地回去休整了，谁知道他却不顾疲劳，连续作战，立刻又回到民丰，进入尼雅，又到热瓦克、安迪尔等地拍摄。回到上海大概已是 11 月了。更想不到的是隔了不久，12 月底，他又到了哈密，拍了哈密的魔鬼城、大河唐城等奇景，特别令人艳羡的是他竟拍到了交河城的雪景，而且不是飘两点雪花，而是雪压交河，这真是奇闻奇景。我曾去过交河五六次，并且我还围绕着交河城在城下的河底绕交河城走了一圈，把交河从上到下连四周围都看了个够，我还从悬崖爬上交河东边的台地寻找古车师贵族墓葬，至于交河城里的衙署、地下密室等也曾反复琢磨过，我还寻到交河城西边一个山坡，走到山的半高台地，刚好可以略有俯视角度拍到交河城的全景，共用了 11 张底片衔接，放大后长 11 米，堪称交河城的一张最大照片了。但我想不到在火焰山下的交河城，竟还有大雪覆盖的奇景，这实在值得为丁和庆祝，有时老天爷对于苦心人是会特赐钟情的，所以丁和拍摄交河城的大雪，任何人不用忌妒，这是他的虔诚的回报。

他的摄影画册快要付印了，他的摄影大展也迫在眉睫了，前不久，他寄来一大卷照片，其中还有长卷，要我写序言。我打开来一看，简直是惊心动魄，真正是"忽魂悸以魄动，恍惊起而长嗟"。我的这种惊喜和震动是无法形容的。我想紧紧地拥抱这些精彩绝艳的画卷，因为拥抱它就是拥抱我们伟大祖国西部的奇山异水、西部的兄弟民族、西部的历史文化、西部的民情风俗。我曾为之发出傻想，我想，丁和啊，你如果早生一百年，你就可以把斯坦因他们未能做的事加以完成，即在一百年前，当斯坦因他们劫夺我国西部的历史文化宝藏时，他们挖掘的挖掘，切割的切割，骗取的骗取，恣意所为，任情掠夺，他们也拍了一些镜头，但那是极为局部的外部环境，还有是他们掠夺的宝物。当时，要能像丁和那样把整个或重要地区的外部环境较完整地拍下来，那末现在我们来看一百年前的西部，楼兰、罗布泊、米兰等等的外部环境，该有多好啊！我这当然是傻想。但是我这傻想换一个角度，往未来想想，就不见得是傻想了。十多年前我曾去过米兰，去年9月我再去米兰时，米兰已完全是另一个样子。十多年前我们去米兰时，许多古迹都被一个个沙柳包包围着，除了佛塔高耸外，其余古迹都淹没在沙柳包之间。这次我再到米兰，最大的变化是米兰成为一片沙丘，寸草不生，一丝半点沙柳包的痕迹都没有了。所以我初到时以为搞错地方了，经询问向导，才知道，那些沙柳包都被老百姓挖去当柴烧了，所以仅仅十年之间，米兰就完全变了一个样子。还有我最早看到的阳关、玉门关、河西走廊、敦煌的月牙泉，也与今天都不一样了。幸好我还有当时拍的照片而且已印成书，可以对照。由此而看，丁和的这部摄影集，是21世纪初西域人文历史地理的外部环境的卓越的真实纪录，是具有划时代的意义的。我相信，再过二十或三十年来看这部书，后人就会感谢丁和，就会感谢他把历史、地理、风光、民俗的外貌，用最真实而又最艺术的手段定格下来了。不管以后的山川地理如何变，被定格在这部书里的现实世界是永恒不变的了。这就是这部书的第一个珍贵价值。当然我希望丁和继续不断地拍下去，把应该拍而尚未拍的地方统统拍下来，以这个主题，完成他的一代巨著。

我细读丁和的这些照片，正是浮想联翩，思接千秋。可以说丁和所拍摄的这许多地区，绝大部分是我去过的。有的地方我还反复去过多次，所以特别容易引起我的共鸣，甚至引起我的激动。例如他拍的《雪压交河》是多么难得的历史镜头啊！交河是西域的一座特殊城市，它从原始时期起，经历了无数次的历史变迁，至今虽然城内房屋衙署、佛塔、作坊等都已是遗迹，但它特殊的像一艘大军舰似的独特的台地地貌还在，它也曾一度是西部军事政治的重心。它处在火焰山下，最大的特点是"热"。历史上也曾经有过冬天下雪的记载，但那是千载难逢的机遇，但这个机遇被丁和遇上了，拍下了"雪压交河"的奇景。是的，历史上交河曾有过下雪的记录，但历史上又有谁把这一记录真实地拍摄下来了呢？以往只是空白，填补这个历史的空白的是丁和，所以我说丁和是天之骄子。

我前面说，丁和的摄影把西部的历史、文化、宗教、民俗、山川形胜的外部风貌定格下来了，这句话是强调了摄影的特点和共性。但丁和的摄影并不仅仅止于此，他的摄影还有另一特色。

例如上面提到的交河城一景，它隐括了多少历史内涵。尤其是楼兰古城，孤处在罗布泊深处，汉晋时代，它是一个多么重要的西域邦国，但后来突然消失了，自从百年前重现，至今对它的研究仍旧未完，关于它的照片，自然也包含着丰厚的历史内涵。还有塔什库尔干的"石头城"，这是处在帕米尔高原上的一座古城，据《大唐西域记》的记载，玄奘归来，曾在此停留二十多天，这又是一处激动人心的文化遗址，我曾为它上去三次。这不仅仅是一座古城，它关系到中印文化的交流，联系到佛教传承史的一页，看了这张照片，也会使你浮想联翩。

还有古龟兹国（今库车）的"昭怙厘寺"。此寺分东西两寺，两寺中间有一条河隔开，西寺是在平地上，东寺是在山上，因为有河道阻隔，所以我去过五次，都只能到西寺。为什么我一直想去那里呢？因为这也是玄奘到过并在《大唐西域记》里记载过的地方，而且现在来对照玄奘的记载，其基本情况仍相符合。我直到第六次去库车，朋友告诉我有一条可以绕行的路，可以绕过那条河，从另一面过去，这样我总算了结了这个心愿，尽情地饱看了这个汉唐的遗迹，也拍过照片。但丁和的这张照片太理想了，基本上把东寺的全貌拍下来了，而且利用光照和当地红色土壤的特点，感觉效果也特别好，当然丁和也没有放过西寺，这也是必要的镜头，所以看这类照片，它会引发出更多的历史背景和遥远的历史感。你如在读《大唐西域记》时能看到这些实景，也自然会帮助你理解该书的叙述。还有一幅《草原石人》，也引起我的联想，我在上世纪80年代，曾去过昭苏，这里是古代的乌孙国。这是一个天然的地理环境，偌大的一个大平原，四周都被山包围着，仿佛是这个国家的城墙。到昭苏最引人注目的就是这个草原石人，图片里的石人是最典型的一件，据说是突厥王的像。我曾专门到像前仔细看过，还为这个像题过诗。这里还有一个特出的景点，就是一个个排列有序而且面积很大的乌孙墓，我从昭苏去怪石沟再到克拉玛依的魔鬼城时，一路见过不少乌孙墓，有的墓还有墓碑。所以丁和的这一张典型的"草原石人"，又会自然牵动深厚的历史文化积淀，使我们看到突厥文化的遗存。尤其是那幅穿着红色衣服的墓室壁画，那是在龙城土垠附近的一个楼兰贵族墓的壁画，墓室不大，仅能容二三人进去，因为面积小，很难拍摄，丁和能拍得如此完整且色彩鲜艳，更是难得。这幅照片，就进一步地涉及西域楼兰文化的具体内涵了。

总之，丁和的摄影，有着丰富的历史文化内涵，如果要一幅幅解释下去的话，恐怕要写一本书，这当然不是这篇短文所能承担的了。

丁和的摄影还有一个独特之点，也不妨趁此说一说我的感受。丁和是一位卓有成就、卓有构思的摄影家，但我觉得他的摄影构图和用光大胆而创新，毫不受约束。我是一个摄影爱好者，只知道拍，对摄影的许多理论一窍不通，我自己说，我只是"跟着感觉走"，觉得这个景点好，立刻就拍，构图与拍摄差不多是同时进行的，因为我不懂摄影的许多理论和规矩，所以也就无所拘束。我看丁和是明知许多摄影的规矩和理论的，但我常感到他似乎不守规矩，只以画面的需要为准，也有一点"跟着感觉走"的味道，所以我读他的摄影作品，特别能投入，能共鸣。由此我要说，从摄影最基本的要求来说，从画面的构图、风光、色彩来说，丁和的摄影也是独具特色的。他的摄影，并不是干巴巴的尽是历史或文化，如果作这样理解，那是大错而特错。上面我说的他的摄影的地貌形态、历史文化等等独特的方面，都是融合在他的完美的构思和超人的效果之中的。读他的摄影，第一感觉是"美"！这是最根本也是最引人之处。然而当你津津有味地欣赏他的"美"时，你会感到他"美"得与人不一样，他不是仅仅给你看一点风光的美，而是引起你的深思，甚至引起你的激情，引起你的叹息。例如那罗布泊仅剩的一点积水，在浓重的暮色中，画面却闪着一点亮色，与天上的晚照互映。人们都以为罗布泊滴水不存了，但是丁和告诉你还有这一点点水，而画面是那样凝重，似乎充满着历史的忧虑。又如罗布泊的龟裂地貌，画面突出地显示着有如龟背一样宽大而连接不断的裂缝，让你感到这就是干涸到如此龟裂的罗布泊。但是还有一幅像火烧一样的罗布泊，那是在夕阳照射下罗布泊的盐碱地貌，让人感到地面正在燃烧似的，这就是艺术家别具慧眼的取景。还有那幅《日月经天，江河行地》，真是尺幅千里，这是天鹅湖的特写，这使你感到新疆不仅仅有无边无际的沙漠，而且还有浩瀚无际的湖泊。特别是那湖水像蓝宝石一样的透明晶亮的"赛里木湖"，湖边是连绵的雪峰，这是一个神话一样的世界。画册中那些奇妙得不可思议的镜头画面，那种鬼斧神工般的造形，那种绚丽无比的色彩，那历经千年风霜苍老的胡杨树，仿佛是天上下来的神龙。那矗立地表的克孜尔尕哈的烽火台，忽然周围向四面放射出宛如灵光一样的云彩，简直像是佛陀的灵光。那克里雅河深处的沙漠人家，它让你知道在这个世界上，还有这样的居住环境和生活方式的地方，那青年人头上的黑帽子，据说已是他们的唯一标志了。我在南疆还见到过妇女除挂上黑面纱以外，头顶上还有像倒扣着的黑色小酒杯一样的小帽子，这据说也是稀见的装饰了，我还特意向她们买了一顶回来。还有那幅《虬龙潜行》，画面上一条条的红色长龙，仿佛在奔腾回翔，这真是一个龙的世界。

要从风光的角度来说，丁和照片的风光艺术也是说不完的，而且各人有各人的体会，无需我啰唆。最后我赠丁和一首词，作为本文的结束。

八 声 甘 州

赠丁和

对茫茫瀚海、问苍天，浩劫几千秋。看营盘残骼，楼兰废堑，罗布龟丘。处处繁华猝歇，百代风流休。惟有白龙堆，依旧西游。　我到流沙绝域，觅奘师圣迹，江河恒流。纵千难万险，九死不回头。有良朋、危途险峰，历巇岩，犹似御轻骝。终尽把，山川灵秀，珊瑚网收。

2006 年 6 月 20 日于瓜饭楼

读书 游山 看画

——《历代游记选》序

　　古人说"读万卷书，行万里路"，这两句话，把读书和行路联系了起来。当然，这里的行路，不是指一般的行路，而是指游览，用现代的话来说，叫做旅游，或者也可以叫做考察、调查等等。古人是很重视这一点的，试看古代的大学问家、大诗人，大都经历过所谓漫游的生活，司马迁是如此，李白、杜甫等人也无不如此。

　　上面两句话里，最重要的是两个"万"字。读书必定是"万"卷，行路必定是"万"里。当然，不是说九千九百九十九就不行，所以强调"万"字，也就是要求多读、多行，意在"多"也。因为书读得少了，书本知识也必然少，无从融会贯通，无从援古证今，也就不能充分开发他的智力。行路少了，局促于一隅，见闻隘陋，如吴牛之喘月，蜀犬之吠日，人以为常者，他以为奇，这样自然也就处处碰壁了。所以这两句话里的两个"万"字，无非也就是"多"的意思，不是说要死抠数字。

　　然而，上面两句话，还有更重要的一层意思，这就是读书与行路的关系，我自己多年来的体会是读古人书，就像与古人对话，听他向你倾诉，或者是欢乐的高唱入云，或者是哀愁的峡猿啼血，或者是丝丝入

258

扣、曲折动人的低诉，或者是奋臂戟指、扼腕捶胸的痛斥，总之，古人的书里各有各的心声，真是千奇百怪，千腔万调，你愈是细心去领略，你就愈会感到其味无穷。但是当你领略古人的心意，感受他的悲喜，了解他所反映的生活的时候，你就会感到这万卷书里，包含着万里路在。试想，一部太史公的《史记》，上下古今，纵横东西南北，光从地域上来说，其所包括的，岂止万里路而已。如果有那么一位痴人，或者叫做笃行君子，按照《史记·项羽本纪》所记的路线走一转，从项羽的老家宿迁（下相）开始，然后到吴中，然后渡江而西到广陵，到盱眙、东阿、定陶、彭城、安阳、钜鹿、殷墟、新安、咸阳。项羽在咸阳分封诸侯以后，诸侯军又开始了反项羽的斗争，经过多次重大的战役，项羽又节节东归，最后到安徽灵璧附近的垓下才彻底失败。以上还只是简单的一个路线，但是这样一个路线，就要包括多少的路程。再如我们读杜诗，从杜甫的老家河南巩县开始，到洛阳，到长安，以后又经过甘肃秦州入川，到了成都，在成都时期又流浪过几个地方，一直到最后出峡，还在忠州、夔州等地停居，最后死在湘江的船上。如果按照杜甫诗里所反映的这些地方都跟着走一转，又要走多辽远的路程。所以这万卷书里，确实又包括着万里路在。古人读书，讲究"左图右史"，这就是说读书时，一边放着地图，从地图上寻找引证书中所涉及的路线及地理环境，从而加深自己对文章或书本的地域观念的理解，这等于是依据书本在地图上神游一遍，特别是当你读《水经注》、《大慈恩寺三藏法师传》、《徐霞客游记》这类书时，更会尝到这种神游的滋味。

　　这就是说，当你读万卷书的时候，也就从书本上行了万里路。

　　然而，书本上行万里路，并不等于真正在地球上行万里路。陆放翁说："古人学问无遗力，少壮功夫老始成。纸上得来终觉浅，绝知此事要躬行。"他讲出了一条真理，即光有书本知识，不身体力行地进行实践是不行的，特别是就旅游而言，绝没有光从书本上旅游的旅行家。因此，除了从书本上行万里路外，还必须真正地行万里路。

对于这方面，我是深有所感的。我喜欢旅游，就是在"文革"期间的干校里，我也是常利用假期，悄悄地独自一人出去旅游的。因为当时对所谓的游山玩水是禁止的，游山玩水，简直就是一种犯禁的行为，所以只好一个人单干，不能成群结队地大规模行动。在干校三年，我两上黄山，两上庐山，一到雁荡，一登泰山，我还游过桂林、阳朔，游过富春江，我从新安江到梅城，然后登舟顺流而下，游富春江七里泷、严子陵钓台，然后直到杭州，游西湖后登上北高峰、南高峰。我还到过绍兴，饱赏过山阴道上的风光，找到了著名的兰亭，还寻访过诗人贺知章的遗迹以及秋瑾女士以之命名的鉴湖，还登临了大禹陵。这是司马迁游历过的地方。在苏北，我还到过古黄河入海处的滨海。总之，我在干校确实跑过不少地方，而且都是"乘危远迈，杖策孤征"，有时到天黑还在深山里，如我游雁荡山的一次；有时遇到大暴雨，如我游黄山的一次，我从后海冒着倾盆大雨下山，一直走到温泉住宿，我就像从水里出来一样，虽然有点艰苦，但一路上"有山皆喷泉，无处不飞瀑"，这样的奇异景色，也实在是不容易遇到的。

我为什么那么喜欢游山玩水，说实在话，我有自己的目的。我认为从广义来说，天地皆文章，宇宙一大书。因此，游山玩水，也是另一种方式的读书。譬如游黄山，从历史的角度讲，你可以知道，黄山古称黟山，因传说黄帝到过此山，所以从唐以后，改称为黄山。从旅游的角度来说，你可以联系徐霞客的《游黄山日记》前后篇来读，也可以参考石涛、梅清等人画的黄山图，如石涛画黄山汤池有一图，并题诗云："游人若宿祥符寺。先去汤池一洗之。百劫尘根都洗净，好上峰顶细吟诗。"这个古汤池，现在已被改成黄山温泉浴室旁的一个仓库，而祥符寺，就是对岸黄山管理委员会所在地，至于现在的玉屏楼，则就是当年的文殊院。如果细心地寻找，我们还可以从黄山人字瀑"人"字中间的悬崖上，看到当年登山的石壁古道。这隐隐的石级，都是开凿在悬崖上的，可见古人登山之难。徐霞客《游黄山日记》说："过汤池，仰见一崖，中悬鸟道，两旁泉泻如练。余即从此攀跻上，泉光云气，撩绕衣裾。"可见当年的徐霞客，正是从这条鸟道攀登而上的。

我游四川广元，参观了皇泽寺内武则天的塑像，参观了附近的摩崖造像，这就是杜甫入蜀经行之处，杜甫诗中有记载。我还沿着嘉陵江上游上溯，经青凤峡、明月峡，一路细雨濛濛，山色迷人，我在两峡的峭壁上，找到了古代栈道的遗迹，那悬岩上一孔孔一尺见方的孔穴，依次排列，就是当年栈道横梁插入处，栈道就是悬跨于嘉陵江上。过两峡再往前，就接近诸葛亮当年屯兵的筹笔驿，李商隐那首著名的《筹笔驿》诗，实在把诸葛亮的神威写得太好了，可惜因天雨难行，我们只得退回。一路重看这嘉陵江的山水，确实峰峦重叠，碧波萦回，境界既幽且秀。唐代李思训曾在大同殿上画三百里嘉陵江山水，金碧辉耀，自然包括这些山水在内。我到了剑门关，距关数里即下车步行，为的是看看这天下闻名的雄关，并且要寻找陆游当年骑驴而过的古道。放翁诗云："衣上征尘杂酒痕，远游无处不销魂。此身合是诗人未？细雨骑驴入剑门。"这条古道，居然还在，是一条用大约一尺高、三尺长的石条连接起来铺成的，斜斜地通向这天下雄关。我走在这条古道上，仰视两旁悬崖壁立，剑关的雄姿依稀可见。

总之，我一路经行之处，与历史联系起来，与书本联系起来，与古人的诗词联系起来，便增加了不少的旅游乐趣，更深深地感到，行万里路，实际上也就是从另一角度，用另一方式读万卷书，而且是读活的书，而不是死书。因为古人的书是死的，不会变动了，而历史是不断发展变化的，同一个地方我们可以看到古今历史的变迁，可以看到古代各个时期名人的题跋或记载，这就增加了我们的历史感，懂得了事物的变迁发展。

　　"江山如画"，"天开图画即江山"，这些话都是形容祖国山河的壮丽，而且都是说她美得像画图一样。确实这种"江山如画"的感受，任何一个稍有旅游经验的人都会有同感的。事实上只有真山真水，即大自然的美，超过了画图的美，也即是大自然还有画图所难以完全表达的美。当然，画图的美有它自己的美的特征和价值，我们并不忽视它，更不贬低它，但就两者的关系来说，当然后者的美是来自前者，而且大自然的美是永远不可穷尽的。我相信任何一个伟大的山水画家，他终究不能穷尽天下山水之美。我的家乡有这么一则故事：明代的画家唐寅坐船去无锡游龙山（即惠山），在船里对着龙山写生，一连换了几十个稿子，终于没有画成。为什么没有画成呢？据说是龙山变化太多，只要稍走几步，山的神态就变了。这则故事正好说明了画图难以穷尽真山真水的美的原因，因为真山真水的美是活的，变化的，不是死的，不是永远不变的。例如1964年冬天雪后，我登上了终南山顶，遥望秦岭，峰峦连绵起伏，一碧如蓝，在太阳光的照耀下，蓝得几乎像是透明体，又像是它自身也要发出蓝色的光芒来，那种美景确实是令人难忘的。还有一次我在黄山玉屏楼上，早晨太阳刚刚露脸的时候，霎时间对面的天都峰，旁边的莲蕊峰都同时披上了一件紫红色的外衣，真是好看极了。但真正只有一瞬间，山色立即又变换了。据玉屏峰的工作人员说，这样的奇景他们长年住在山上的人也难得一见。所以要求山水画能表达出这样转瞬即逝的特殊美景，确实是困难的。这是说大自然的真山真水的美，以及这种美永远难以穷尽的原因。

　　但是，山水画自有它自身的美。它的美虽然源于大自然的美，但它又具有真山真水所没有的美。例如画家笔墨气韵的美，画家把万里江水移置于几案之间，悬之于墙壁之上，使人们如置身于千丘万壑之中，令人产生美感，这样的美，又是与真山真水的美不同的，也是真山真水所不可能有的。正是由于上述这种关系，所以我们一方面会产生游山如读画，即"江山如画"的感受；另一方面，我们也产生读画如游山的感觉。古人常常喜欢把天下佳山水收入纸墨间，借以神游，或者叫做"卧游"。《宋书·宗炳传》："炳好山水，爱远游。有疾还江陵，叹曰：'名山恐难遍睹，惟当澄怀观道，卧以游之。'凡所游履，皆图之于室。"这就是卧游的一例。

所以，我感到读书、游山、看画这三件事是有密切关系的，是可以联系起来的，如果把这三件事联系起来，反复实践，互相印证，那么，无论是对书本的认识，对大自然的认识，对山水画的认识就一定能更加深入，了解得更加透彻。

特别要指出，"好书不厌百回读"，游山也是如此。海粟大师已经九上黄山，我自己已经五上黄山，我深深感到每登一次山，就是读一部书，就会对大自然，对祖国的文化历史以及对祖国山河美的认识深入一步，同时也是对自己意志力的一次考验和锻炼。每次上黄山，我都要登上天都峰和莲花峰。黄山谷说"历险心胆元自壮"，我感到这句话讲得十分确切。我两次上华山，第二次是在 1981 年 10 月，在过苍龙岭时已经是月亮升上来了。我们从苍龙岭口走到金锁关，再从金锁关走到玉女峰（中峰），然后再从玉女峰走到南峰，一路上两山夹峙，古树参天，月光透不到路上来，我们一直在黑暗里摸索前进，好不容易走到南峰，在南峰旁的一片松林里，我们同行三人一起坐下来休息。只见松间明月如水，远处群山起伏，奇形怪状，蓝色的夜空中，疏星点点，纤云不卷，整个山头静得除风声外，一点别的声音也没有。近处四周围的山峰都静静地蹲在那里，好像是在环侍着我们，对此情景，我们顿时忘记了疲倦，大家或坐或卧，都不愿马上离去，在这里停留了很久。后来，当我们借着月色穿过松径，向南峰草庵敲门问宿时，庵中老道却不敢贸然开门，经说明情况后，才被接纳。这确实是一次难忘的夜游，之后，我每每提到此事时，总爱开玩笑地称这次游山叫"夜走苍龙岭"。这次同游的，有我的老同学陆振岳和老朋友陕西人民出版社的姜民生。这次"夜走苍龙岭"料想他们两位也是毕生难忘的。

我每游一次山，就像重读一遍书，重新考验一次自己的意志力。我每读一书，总要从头至尾读完，每游一山，也总要直上顶峰，才算快意。否则总觉得书未读完山未尽，意犹未惬，总会使你感到遗憾。

以上，算是我对游山玩水的一点体会。

近年来，林邦钧在从事山水游记的选注，他常到我处来谈论此事，也常常向杨廷福兄请教，最近他的稿子已完成，要我写一篇序。我看他的工作做得很扎实，选文精当而注释又很切要。山水游记注释之难，在于没有身历其境的人，很难确切地把握文章中的具体描写，如果是有名的风景点或名胜古迹，还好琢磨一些，最难的是对山水的某些描写，你如未经其地，就很难琢磨。这一点我也是很有体会的，如我早先读李孝光的《大龙湫记》，读到下面这段文字：

> 望见西北立石，作人俯势，又如大楹；行过二百步，乃见更作两股相倚立，更进数百步，又如树大屏风，而其颠谽谺，犹蟹两螯，时一动摇，行者兀兀。不可入，转缘南山趾，稍北，回视如树圭。

对这段文字我就一直琢磨不准，不明白写的是什么，及至我到了雁荡山，去大龙湫时，突见路前远处的剪刀峰，初见时确如一根笔直的大柱子（大楹），再往前走，渐渐看出"两股相倚"，再往前走，角度又有变化，则确是看到"其颠谽谺"，"犹蟹两螯"，很像是一把大剪刀了。但再往前走，离得远了，角度又变了。回头再看，则又确实像是树立在那里的一块上尖下宽的大玉圭。所以李孝光的这段文字，其实是写出了从不同角度观察剪刀峰所见的不同姿态。不是身历其境，要透彻地了解这段文字，就会感到没有把握。我看林邦钧同志的注释，遇到类似这种情况，他一方面是广搜各种资料，另方面是尽可能地请教到过这些地方的人，这样虽然不能身经天下，但也就注释得比较切实了。所以我认为邦钧同志是做了一件大有益于社会的工作。

游山玩水的名声似乎一向不大好听，但是孔老夫子倒并不那么古板，他说："知者乐水，仁者乐山。"（《论语·雍也》）他把喜欢山水的人看做是"仁者"和"知者"。其实，这倒也不可一概而论，如果认真地把游山玩水当做读大自然的书，对它进行社会的、历史的、地理的、自然的考察和调查，那不仅是好得很，简直是不可缺少的一课，至于是否算"仁者"或"知者"，那倒不必斤斤于此了。如果做不到这一点，退而求其次，欣赏欣赏祖国的壮丽河山，看看祖国雄伟壮阔的气魄，增加一点爱国主义感情，这又有什么不好呢？

所以我觉得邦钧同志的工作是有意义的，是做得很及时的。

1984 年 3 月 1 日凌晨于宽堂

罗雪村为予画像即为题记

　　画家罗雪村为予作小像，甚佳，惟略年轻。盖雪村不愿见予老迈而美化之也。昔崔兴宗为孟浩然画像，亦特画其盛年佳好时，王辋川为题诗云："画君年少时，如今君已老。今时新识人，知君旧时好。"雪村画予，亦"知君旧时好"之意也，因为题今体诗云：

　　　　你就是我，
　　　　我就是你；
　　　　不知是你像我
　　　　还是我像你？
　　　　总之，是先有我，
　　　　而后才有你。
　　　　不论是我，也不论是你，
　　　　归根到底，还就是"一"！

　　　　我仔细看看你，自知现在我不如你，
　　　　你还是那么精神，没有衰意，

罗雪村为予画像即为题记

我现在却已是白发满头，腿脚不济。
看来你还停留在前天，
我已经过了昨天到了今天。
——我很想等等你，
只是时光它不肯依！

2004 年 8 月 10 日

怕鬼的故事

读了何其芳同志的《〈不怕鬼的故事〉序》以后，受到很大的启发。那些勇敢地与鬼怪斗争的人，如宋定伯、于公、姜三莽等，真可谓是正气凛然而又勇敢机智，善于战斗，值得人们学习。因此联类所及，又使我想起了几桩怕鬼的故事。我想事情总是相反相成的，读了不怕鬼的故事，固然可以增加我们克服困难的信心和勇气，但如果读一二则怕鬼的故事，看看过去有些人因为怕鬼而弄出来的许多笑话，也可以使我们引为前车之鉴，不致犯同样性质的错误。

故事之一：

> 有赴饮夜归者，值大雨，持盖（雨伞）自蔽。见一人立檐下溜，即投伞下同行。久之，不语，疑为鬼也。以足撩之，偶不相值，愈益恐，因奋力挤之桥下而趋。值炊糕者晨起，亟（急）奔入其门，告以遇鬼。俄顷，复见一人，遍体沾湿，踉跄而至，号呼有鬼，亦投其家。二人相视愕然，不觉大笑。

这看来是一桩笑话，却为我们揭示了世上是没有鬼的。不过，这个故事给我们的启示并不仅仅如此，还值得我们进一步地深思。

在我们的工作中，有少数同志对待困难缺乏认真地调查研究、科学地分析的态度，缺乏在战略上藐视困难的革命气概、在战术上重视困难的求实精神，在困难面前有些惊慌失措，束手无策。久而久之，他们一听到困难，就谈虎色变，杯弓蛇影地惊惶起来，仿佛像那两个人怕鬼一样。这样他们在精神上，首先就做了困难的俘虏，甚至在困难并不存在或者困难不大的情况下，也是瞻前顾后，畏首畏尾。其实并不是困难压倒了人，而是这些同志怕困难的思想，压倒了他们自己，正像这个故事给我们的启示一样：并不是有什么鬼在作祟，而是人们自己怕鬼的思想在作祟。对于这样的同志，这个故事，不是帮助他们医治怕困难病的一服很好的发汗药么？

故事之二：

> 嘉靖中，锡人王富、张祥俱有胆，素不畏鬼。夏日同饮溪上，日且晡，未醉。王曰："隔溪丛冢中，昨送一新死人，吾能乘流而过，出其尸于棺外。"张曰："吾能黑夜出之。"王曰："果尔，输汝腊酿（酒）一瓮。"俄而日没，张子方欲入水，而王亟（急）归家取酒。张遂过溪，迂回而上，见棺已离盖，方疑之。忽棺中出两手抱张颈。张惧，私祝曰："汝少出，俟我睹胜，明日当莫而埋汝。"言毕，抱益急。张大叫，声渐微，溪旁人家闻声，群持火来照。抱张颈者，乃王也。盖诡言取酒，从阔处先渡，出尸而伏棺中耳。

这个张祥，看来是有点勇气，在一般的情况下，大致确实是不大怕鬼的。但是他却经不起考验，在王富的提弄下，终于露出了怕鬼的马脚。当怕鬼的念头在他的思想上占了上风的时候，他再也没有先前的那点子勇气了，终于在困难面前屈服了。

为什么这个"素不畏鬼"的张祥会被假鬼的虚威所慑服？归根到底，他只是胆子比别人大些，却并不是一个唯物论者，没有真正的无神论思想，当然更不要说科学的彻底的战斗的唯物主义了。

我们在从事伟大的社会主义建设，我们一定会遇到很多困难，例如帝国主义和现代修正主义的捣乱，国内残余反革命分子的破坏、天灾以及科学技术上的困难等等，我们必须用对付魔鬼的办法来战胜这一切困难，因此，首先使自己成为一个彻底的唯物主义者，使自己具有革命的彻底坚定性，这样当这些困难像魔鬼一样伸出双手来与我们搏斗的时候，我们就能以大无畏的勇气、革命的彻底坚定性、顽强的战斗精神，英勇地战胜它们。毛主席说："彻底的唯物主义者是无所畏惧的。"让我们百倍认真地学习毛泽东思想，做一个不怕魔鬼，不怕一切困难的无所畏惧的彻底的唯物主义者！

1961 年 2 月 23 日

季 生 治 鬼

读了《定伯卖鬼》篇，偶然想起了两个"鬼"故事。颇有新意，抄录下来，以供同好。其一：

> 嵇中散常于夜中灯火下弹琴，有一人入室。初来时面甚
> 小，斯须转大，遂长丈余，颜色惨黑，单衣草带。嵇熟视良
> 久，乃吹火灭。曰："耻与魑魅争光。"

其二：

> 阮德如尝于厕见鬼长丈余，色黑而眼大，着皂单衣，平上
> 帻。去之咫尺。侃徐视，笑语之曰："人言鬼可憎，果然。"鬼
> 惭而退。

这两篇"鬼话"，都收在冯梦龙的《古今谈概》里。对于"鬼"，自然人人都是憎恶的，所以我们对那些危害人民的东西，常常给它加上个"鬼"字，如对美帝国主义的侵略兵，就叫他"美国鬼子"之类。可见

我国人民对于"鬼"是深恶而痛绝之了。但是也有些人，虽然憎恨"鬼"，却又有点害怕"鬼"，生怕它弄点"鬼把戏"，使出"鬼花样"，自己没有办法对付它，反而被"鬼"迷住。

其实，并不是"鬼"有什么可怕的地方，相反，倒是这些人的思想里患着比较严重的怕"鬼"病。不信，请看嵇中散是怎样对付"鬼"的。他面对着这个丈余长的"颜色惨黑"的"鬼"，非但毫无惧色，而且还对它认真地进行观察，然后对他蔑视地说"耻与魑魅争光"，干脆就把灯吹灭，使"鬼"无所现其形，无法施其技，于是这个"鬼"也就无可奈何了。

尤其可爱的是那个阮侃，他非但不怕"鬼"、蔑视"鬼"，而且竟还对着这个一丈多长的"大眼鬼"调侃起来，说它不漂亮。使得这个"大眼鬼"也感到自惭形秽，不得不逡巡而退。

上述嵇、阮二公的故事，告诉我们一条真理：不是人怕"鬼"，而是"鬼"怕人——只要你有藐视"鬼"的勇气。

写到这里，又想起了这部书里的另一个"鬼"故事：

> 临川王行之，为广东龙泉尉。表弟季生来访，泊船月明中。夜半，有鬼长二尺，靘身朱发，倏然而入。渐逼卧席，冉冉腾身行于腹上。季素有胆，引手执之，唤仆共击，叫呼之声甚异，顷刻死，而形不灭。明旦，剖其肠胃，以盐腊之。藏箧中，谓之"鬼巴"。或与谈神怪事，则出示之。

这个季生真是了不起，他不仅不怕"鬼"、蔑视"鬼"，而且竟然动手捉"鬼"、杀"鬼"，还把死"鬼"腌起来，做成"鬼"标本，放在皮包里，到处宣传，以发扬正气，扫除"鬼"气。我想季生这个人，要算是治"鬼"的能手了，就使《捉鬼传》里的钟馗复出，恐怕也不过如此了吧。尤其值得称道的是他把死"鬼"做成标本，到处宣传，使人人知道治"鬼"的办法，这真是扫尽了"鬼"的威风！

"鬼"，自然是不存在的，它对于我们，不过是各种困难的一个共同的代名词而已。那么，如果我们用季生治"鬼"的手段来对付困难，困难自然也只能像那个"靛身朱发"的"鬼"一样，入我囊中，成为我们宣传克服困难的一个典型事例了。

1961 年 2 月 4 日

多 算 必 胜

　　我国古代伟大的军事家孙子曾经说过"多算胜，少算不胜，而况于无算乎"。可见，要战胜敌人，要克服困难，要办好事情……都离不开这个"算"字。

　　什么叫做"算"呢？"算"，就是对客观情况进行认真的调查研究，然后根据这些可靠的材料，经过分析，进行正确的判断和决策。

　　我国历史上曾经出现过不少多谋善断的政治家和军事家。我国古代的小说家，更塑造了许多善于"算"因而能够百战百胜的英雄人物。当然，他们的"算"，与我们今天用马克思主义的分析方法、对客观情况进行正确的分析判断的"算"，有着原则的区别；但是他们重视客观情况，善于根据客观情况来进行冷静的认真的分析判断的精神，却仍然对我们有借鉴的作用。

　　《三国演义》里的诸葛亮，是家喻户晓的神机妙算式的人物。他还没有出山，就把整个天下（中国）"算"了一"算"，作出了鼎足而峙、三分天下的正确的判断，从而规定了刘备的政治、军事路线，使奔走半生、无所栖止的孤穷的刘备，自从得了诸葛亮以后，竟有"如鱼得水"之感。诸葛亮所以能作出正确的分析判断，是因为他对当时的斗争形势了如指掌，也就是说，他胸中对客观情况是很"明"的缘故。

诸葛亮不仅善于"算"全局，"算"天下大势，而且还善于"算"局部，"算"天下小势。

当曹操以八十三万人马，诈称一百万，浩浩荡荡杀奔江南而来的时候，孙权的小朝廷里，文官武将，七嘴八舌，要和要战，乱哄哄地闹成一团。孙权是想打的，但却踌躇不决，毫无定见，因为他实在有点害怕曹操百万人马的声势。当此江南半壁危急存亡之秋，这位卧龙先生，又来给他们"算"了。他说："曹操之众，远来疲惫。近追豫州（刘备），轻骑一日夜行三百里。此所谓'强弩之末，势不能穿鲁缟'者也。且北方之人，不习水战。荆州士民附操者，迫于势耳，非本心也。今将军诚能与豫州协力同心，破曹军必矣。操军破，必北还，则荆、吴之势强，而鼎足之形成矣。"一席话，把当时斗争的形势，曹操的弱点，"算"得一清二楚：军队疲惫，远离根据地是曹操的第一个弱点；不懂水战是他第二个弱点；没有群众基础是他第三个弱点。根据这些情况，他作出了正确的判断：在蜀吴联合作战的条件下，必能战胜曹军。经过他这一算，原来踌躇不决的孙权，"顿开茅塞"，立刻发兵破曹。而后来也果然打败了曹操。

孙权为什么踌躇不决，拿不定主意？其原因，是对曹操的虚实不清楚，胸中无数。一句话：没有调查研究，情况不明，所以决心不大。反之，诸葛亮是与曹操交过手的，对曹兵的情况十分熟悉，所以能作出正确的判断。

由此可见，要能够作出正确的判断，首先要能够正确地全面地了解情况；正确的情况，是正确的判断的根据，没有前者，就没有后者。

然而，客观情况，总是不断地在变化的，如果把客观情况看做是一成不变的死东西，那末仍不免要失败。尤其是作战的双方，互相都在侦察对方的行动，也就是说双方都在进行"算"。你"算"我，我又

"算"你，矛盾的双方构成了一个十分复杂、变化多端的局面。在这种情况下，如何能战胜敌人？归根到底，还是要"算"。不过，这里的"算"，不仅要求你算清对方的一般情况，而且还要求你必须把对方的"算"也一起"算"进去。不如此，便不足以克敌制胜。

诸葛亮之所以常常能够战胜敌人，就是因为他具有这种多谋善断的本领。当曹操败走华容道的时候，诸葛亮和曹操，这两个都以能"算"闻名的人，开始了一场面对面的决"算"。曹操看见华容小道有烽烟数处，大路上毫无动静，按常理说，烽烟起处，必有埋伏，是应该回避的，但是他却偏偏决定走这条华容小道。为什么？据说因为他能"算"！且听他"算"道："岂不闻兵书有云：'虚则实之，实则虚之。'诸葛亮多谋，故使人于山僻烧烟，使我军不敢从这条山路走，他却伏兵于大路等着。吾料已定，偏不教中他计！"然而，他恰恰中了诸葛亮的计，因为诸葛亮也在"算"，而且连他方才的那点"算"头，也早被他"算"进去了。于是棋高一着，缚手缚脚，在这一场决"算"中，曹操终于输给诸葛亮了。

这里，我们可以真正体会到孙子所说的"多算胜，少算不胜"的那句名言了。为什么少算不能胜？因为在这种复杂的情况下，少算——也就是简单的算，不能符合这种复杂的客观情况。主观与客观不符合，当然就要碰钉子；反之，诸葛亮因为多算，因此主观与客观就能完全或者基本上符合，所以他就能够赢得胜利。

历史是发展的，不论古代的那些杰出人物如何多谋善断，在今天，他们仍不过只能称作是"少算"。我们是社会主义新时代的人，我们应该学会为人民算，为天下算，为伟大的社会主义事业而算的崇高精神，做一个真正能够理论联系实际的、多谋善算的无产阶级的知识分子，为伟大的新中国的光辉前程而算！

1961 年 3 月 26 日

脑子要复杂一点

毛泽东同志教导我们说："世界上的事情是复杂的，是由各方面的因素决定的。看问题要从各方面去看，不能只从单方面看。"他又说："中国的问题是复杂的，我们的脑子也要复杂一点。"（《关于重庆谈判》）毛泽东同志的这些话，给了我无穷的启发，也引起了我深深的思考。我觉得凡是我们工作做得比较好的，究其原因，往往总是我们的脑子比较能够"复杂一点"的，也就是比较能够从各方面去看问题，从实际出发，实事求是地去研究问题，解决问题的；反之，凡是我们工作做得不好或者不够好的，则往往总是由于我们的脑子考虑问题简单化了，只从单方面看问题的缘故。

这里，想举几个思想方法不太简单甚至颇有几分复杂化的古人的故事来谈谈。

在古人中，我觉得颇值得一提的，是那个曾经忍受胯下之辱而终成大功的淮阴侯韩信。当着楚汉相争，刘邦屡次被项羽所困，以致他的军事干部纷纷弃他而逃的时候，韩信却断定最后胜利的是刘邦而不是项羽，并向刘邦指出了项羽的强大，只是暂时的现象，它必然要向弱小方面转化。他说：项羽"不能任属贤将"，只是凭"匹夫之勇"；不肯论功行赏，干部得不到他的好处，只是"妇人之仁"；"不居关中而都彭城"，失去政治军事的有利形势；"有背义帝之约，而以亲爱王，诸侯不平"；"所过无不残灭者，天下多怨，百姓不亲附"，因此他"名虽为霸，实失天下心"。根据以上这些对政治、军事经常起着重大作用的因素来判断，他断然指出"其强易弱"，指出项羽的强大，是必然要走向他的反面的。不仅如此，更重要的是他还正确地为刘邦制定了加速这种转化的战略方针。针对项羽的弱点，他教刘邦"反其道"而行："任天下武勇，何所不诛！以天下城邑封功臣，何所不服！以义兵从思东归之士，何所不散！"由于刘邦采纳了韩信的这一整套战略方针，最后终于打败了项羽，迫使项羽"身死东城"。

从这里，我们可以看到韩信思想的过人之处，他不仅能看到强弱之间互相转化的可能性而且还看到这种转化的必然性，尤其可贵的，是他看到了在这种转化过程中，人们的主观能动作用，从而用一整套的方法来加速这种转化。韩信这种看问题的方法，对待现实的态度，对我们有着比较现实的借鉴作用。

写到这里，我又想起了我国古代另一位有名的军事家孙膑，我觉得他的头脑，确乎是比较复杂的。他曾创造过"围魏救赵"、避实击虚的有名的战略，又曾用"增兵减灶"之计，一举歼灭了庞涓所率领的全部魏军。这里且介绍他的一个有趣的小故事：齐将田忌，常和齐国的公子们赛马，并且以重金作赌注。马分上中下三等。孙膑看到田忌的马力比对方的马力差得不太远，就对田忌说：你用下等马对他们的上等马，用上等马对他们的中等马，用中等马对他们的下等马。这样，比赛的结果，田忌一输两赢，终于赢得了齐王的千金。（摘译自《史记·孙子吴起列传》）很明显，如果没有孙膑，这场比赛田忌是输定了的，然而由于孙膑的头脑复杂化了一下，将马临时作了调动，结果却取得了胜利。我觉得这个故事很能发人深思，有些事情，如果按着一般的情况去看，似乎困难很多，是不可能取得成功的。但是你如果脑子复杂一点，好好调查研究一下客观情况的特点，做到"知彼知己"，然后有的放矢地针对客观实际的特点，采取有效的措施，那末你也可能赢得胜利。不过有一点不能忽视，就是具体的条件，孙膑是认真地考虑了这一点的，他看准了田忌马力比对方差得不多，因此他利用了这个有利条件，夺取了胜利。如果否认这一点，那末你的脑子仍旧不免流于简单化。

韩信善于从困难中看到胜利，而且善于发挥主观能动作用去争取胜利；孙膑则是善于分析客观情况，找出对策，组织力量，迅速地夺取胜利。这两个人的思想，在古人中，应该说是颇有几分复杂的。

自然，不同的时代，不同的阶级，对脑子"复杂一点"的要求，是有不同的标准的。那末，我们今天如何使自己的"脑子复杂一点"呢？答曰：深入实际，进行调查研究；学习和运用唯物论辩证法来观察事物，分析问题，处理工作。这样，就有可能使我们的思想避免简单化，而在实践过程中不断地接近客观真理。

1961 年 4 月 30 日

勇 可 习 也

"不怕鬼的故事"，给了我们很深的启发。它告诉我们要战胜魔鬼，要克服困难，首先要有不怕魔鬼，不怕困难的大无畏的勇敢战斗精神。所以我们在与魔鬼斗争，与困难斗争之先，必须解决这个"不怕"的问题。如何解决这个问题，我建议同志们读一读柳宗元《三戒》中的《黔之驴》这篇寓言：

黔（贵州）无驴，有好事者船载以入。至，则无可用，放之山下。虎见之，庞然大物也，以为神。蔽林间窥之，稍出近之，慭慭（音银，敬谨的样子）然，莫相知。

他日，驴一鸣，虎大骇，远遁，以为且噬（咬）己也。甚恐，然往来视之，觉无异能者（发觉它没有什么特殊本领）。益习其声，又近出前后，终不敢搏（不敢惹它）。稍近，益狎（亲近），荡倚冲冒，驴不胜怒，蹄（踢）之。虎因喜，计之曰："技止此耳！"（就这一点点本领）因跳踉（跳跃）大㘎（音淡，大嚼），断其喉，尽其肉，乃去。……

这个寓言，很值得我们玩味。

人们知道，老虎是兽中之王，在动物界是横行霸道惯的。而且它行动起来，从来都是威风凛凛的。俗话说"云从龙，风从虎"，它的尊驾还没有到，它的前站——风，先就为它长啸喝道了。由于上述原因，人们习惯地把老虎看做是凶兽，甚至干脆在它的名字上面，加上一个"猛"字，叫它做"猛虎"。

然而，柳宗元的思想，却颇有点不一般化。他不像别人那样一提起老虎，就"谈虎色变"，光知道它的猛，它的胆子大。他却偏偏写出了它的胆子如何由小到大的过程。

我觉得这个老虎对待这头驴子的态度，是颇值得我们深思的：首先它没有被这个庞然大物所吓倒，虽然它面对着这个从未见过的怪东西，心里实在是有点害怕的，但是它却不逃避困难，相反，它还隐蔽在树林里作认真的观察；以后又渐渐地靠近它；"往来视之"，反复地对它作调查研究；最后，当发觉它"无异能"以后，又故意向它"荡倚冲冒"地作些试探性的动作，看看它的反应如何。果然，这头驴"不胜怒，蹄之"了。哪里知道，就在它一抬腿之顷，一切深不可测的神秘便完全打破："技止此耳！"结论出来了，原先在老虎思想上的重重顾虑，一下便烟消云散。当它对客观事物有了正确的认识，掌握了它的特点、规律以后，它的胆子就立刻大了起来，于是勇气百倍，信心十足，终于"过屠门而大嚼"，一顿就把这头驴吃个精光。

这个老虎研究困难，战胜困难的过程，难道不正是一个认识过程，一个实践过程吗？这个过程，对于我们，难道没有普遍的认识意义么？

或曰："此兽道耳，何足以喻人！"

那末，我再讲讲"人道"。举一个人的例子，《三国志·魏书》卷二十三《魏志·杜袭传》注引《九州春秋》说：

建安六年，刘表攻西鄂，西鄂长杜子绪（即杜袭）帅县男女婴城而守。时南阳功曹柏孝长亦在城中，闻兵攻声，恐惧，入室闭户，牵被复头。相攻半日，稍敢出面。其明，侧立而听。二日，往出户问消息。至四、五日，乃更负楯亲斗，语子绪曰："勇可习也。"

这个故事里的柏孝长，最初是害怕战争的，听到战斗声，他就害怕得"入室闭户，牵被复头"地躲了起来。但是经过了半天战斗声的锻炼后，他的恐惧病就略略减退了些，稍稍敢从被子里露出头来了；过了一夜，胆子又大了些，已经敢站起来听了；又过了两天，胆子更大了，开始敢正视现实，竟能"出户问消息"了。当他明白了战斗的情况，解放了思想，破除了害怕战争的怯懦病以后，他终于也变成了一个战士，背起楯牌来亲自上阵作战了。当他在战斗的实践中医治好了自己的怯懦病以后，他心情愉快地说出了自己的心得和体会，他说："勇气是可以从实践中锻炼出来的。"柏孝长的最后这句话，我觉得是真理，不论对待任何困难，我们都应该从斗争中来锻炼我们的勇气！

无论对待什么困难，都不能像柏孝长开头那样"入室闭户，牵被复头"地躲起来，而要像他后来那样勇敢地"负楯亲斗"，同时还要像那只老虎一样，不怕困难，不被这个"庞然大物"的虚威所吓倒，而要用认真严肃的态度，对困难进行详细的调查研究，摸清它的底，找出它的规律和弱点，最后战胜它！

1961 年 3 月 9 日

疑心生暗鬼

俗话说："疑心生暗鬼。"这种暗鬼，是来无影去无踪的，只要你稍稍脱离一下实际，心头发生一些疑神疑鬼、患得患失的想法，那末，它立刻就会趁虚而入，迷住你的心窍，弄得你忐忑不安。

最近翻阅古书，发现一些古人被这种鬼迷住的故事。《列子·说符》中有这样一个故事：

> 人有亡鈇（斧）者，意其邻之子（怀疑是邻居的孩子偷的），视其行步，窃鈇也（看他走路的样子，像是偷了斧头心虚的样子）；言语，窃鈇也；动作态度，无为而不窃鈇也（动作态度没有一点不像偷斧的样子）。俄而，扬其谷（偶然一次挖水沟），而得其鈇。他日复见其邻人之子，动作态度，无似窃鈇者。

这个故事，十分生动地描绘了这个古人被"暗鬼"迷住时的思想状况。我觉得这种"鬼迷心窍"的情景，颇可以对我们起一些"惕然自警"的作用。

也许有的人会说，这段故事虽然很生动，但这种"鬼迷心窍"的事毕竟不会很多吧！然而且慢，事实告诉我们，被这种鬼迷住的人的确多得很。仍拿古人来说，就连封建时代的"圣人"——孔老夫子，也是被它迷住过的。不信？且听我再讲个故事。《吕氏春秋·审分览第五·任数》篇：

　　孔子穷乎陈蔡之间，藜羹不斟，七日不尝粒，昼寝。颜回索米，得而爨（煮）之，几熟，孔子望见颜回攫（用手抓）其甑（锅）中而食之，孔子佯为不见之。选间（一会儿），食熟，谒孔子而进食，孔子起曰："今者梦见先君（今天我梦见死去的父亲），食洁而后馈（饭如果干净的话，我来祭奠他）。"颜回对曰："不可！向者（刚才）煤炱（煤灰）入甑中，弃食不祥（我觉得把饭扔掉不好），回攫而饭之（我就把它抓起来吃了）。"孔子叹曰："所信者目也（我所相信的是眼睛），而目犹（尚且）不可信；所恃（依靠）者心也，而心犹不足恃。弟子记之：知人固不易矣（了解一个人真是不容易啊）！"

这位自称四十岁就"不惑"的"圣人"，到了六十开外以后，仍旧免不了被这个"暗鬼"迷住。这个事实，应该使有些过于麻痹的人知所警惕了吧！

其实，没有根据的盲目自信，也是被这种鬼迷住的一种表现。由于这种盲目的自信，因此，使他虽然终日落在疑神疑鬼的"迷魂阵"里而仍不自觉。所以对于这样的恶鬼，我觉得光凭"不怕"的勇气已经不足以制服它了，必须要有一个具体的抗鬼办法。这办法，我想还是可以从这两个故事里获得：第一，就是认真地调查事实。因为这种由疑心而引来的"暗鬼",它最怕事实的对证,一碰事实,它就没有任何藏身之处。那个丢斧人的鬼迷病,就是无意中用这种方法治好的。第二,就是坦率地自我批评,这种自我揭露的方式,也是最有效的治"暗鬼"的办法,但是这种办法必须与第一法相辅而行,在查清事实以后,再来一下自我批评,像孔夫子那样,那末,这个"暗鬼",就再无别法可想了。

有人问,这种暗鬼有无鬼名鬼号,可资识别?答曰:有!其大名曰:唯心论。其小号曰:主观主义!

1961 年 5 月 18 日

锦 绣 园 记

　　吾乡前洲，南屏龙山，北倚长江，东峙鸿皋，西接平畴。太湖卫其前，君山拱其后，中间良田千顷，稻菽连云，桑麻荫浓，鱼沼水深，诚东南之乐土，人间之沃壤也。然在古为湖泽，称芙蓉湖。宋明之间始堰堤为田，称杨家圩，而地势低洼，其形如釜，周高而中凹，水不得泄，于是水涝频仍，民不得食。忆予幼时，年年水灾，秋冬历春，皆以瓜菜为食，民未尝知饱餐之乐也。洎乎近岁，乡之贤守，倡为水利，数经艰难而水患除，再经经营而乡镇工业起，于是骎骎而前，蒸蒸日上，为举国乡镇之冠矣。嗟乎！地仍其地，而苦乐前后有如天壤之异。人定胜天，事在人为，信有征矣。今乡之贤守，集父老人民之意，复创为斯园，亦衣食足而后知礼义之意也。环视吾乡，山川如画，前程似锦，乃以锦绣为名焉。爰作歌曰：

　　龙山之阴，太湖之阳。猗欤前洲，物阜民康。乃建斯园，与民休养。崇阁巍巍，清流汤汤。四时佳卉，流连景光。凡我妇子，乃颂乃扬，亿万斯年，永葆其昌。

公元1989年，岁在己巳重九

宽堂冯其庸撰并书

后　记

　　我原有一本散文集子叫《秋风集》，现在我把后来写的一些散文也收到这本集子里，"文革"前我还写过一些杂文，分别发表在《人民日报》、《北京日报》、《光明日报》和《文汇报》等报纸上，上世纪60年代初，也就是大家常说的"三年困难"时期，毛主席让何其芳同志编了一本《不怕鬼的故事》，号召大家与困难作斗争。我在《人民日报》发表了《怕鬼的故事》，意思是说怕鬼是没有用的，只有敢于与鬼作斗争，才能克服困难，所以我在文章中举了几件因怕鬼而闹出笑话来的故事，从反面来说明只有不怕鬼才是正确的态度。这篇文章登在《人民日报》副刊版的头条，反映也很好。没有想到"文化大革命"一来，我这篇文章便成为一大罪状，其罪名是"反对毛泽东思想"，因为毛主席说"不怕鬼"，我偏要说"怕鬼"。现在看来这样的"理由"，其头脑之简单，真叫人无法相信。但这却是千真万确的事实，单是因为这篇文章我就挨过不少次批斗，因为他们只看题目，不看文章，抓住"怕鬼"两个字，就硬说我是"反对毛泽东思想"。我自身经历的惨痛教训，当然永远也不会忘掉。但一场"文化大革命"，我自己保留的剪报和发表我其他文章的杂志，统统被抄家抄走了，"文革"后，我也无心再去查阅报纸了，

287

现在要编集已无法找到这些文章了。想不到我与任晓辉学弟提到此事后，他很快就去把当时各报发表的我的文章都找回来了，发在《文汇报》上的文章，是《文汇报》的朋友帮忙查出来的，这真出我意想之外。

还有收在这本集子里的《闲话蟋蟀》一文，是1942年我初中时发表在无锡的《锡报》上的，《澄江八日记》是发表在1947年无锡的《大锡报》上的，我手里都还有剪报。但"文革"时为避批斗，我把这些剪报上我的名字和报纸的名字、时间都剪掉了。剪报则夹在我小时候读的几本旧书里，所以抄家没有抄走。现在《澄江八日记》的原报已在无锡查到，刊载《闲话蟋蟀》和我的词作（我手头也有剪报）的《锡报》还未找到，可能很困难了，因为这还是抗战时期的报纸。

特别是收在这本集子里的《回乡见闻》这篇文章，是我在"文革"中挨斗受批的一个物证，是被造反派们定为"反党反社会主义的大毒草"的一篇重点文章，我为这篇文章受过很多苦，我在《重读〈回乡见闻〉书感》一文里简略地叙述了一下。当时我被押在语文系楼前接受批斗的情景依然浮现在我的眼前，那些声嘶力竭的叫喊声，仍在我的耳边回荡……

记下以上这些往事，也许可以帮助读者了解这些文章产生的背景。

冯 其 庸
2009 年 12 月 26 日

再 记
—— 我的土地证

　　我的家乡无锡前洲镇，是 1949 年 4 月 22 日傍晚时解放的。那时，我在胶南中学教书，地处锡澄公路的边上，离江阴长江也很近。我是 1947 年与无锡国专的地下党组织发生联系的，但那时还是外围组织，直到 1948 年下半年，我才直接与党组织联系。1948 年无锡国专毕业后，我就在前洲镇树德小学教书。1949 年 2 月又转到胶南中学教书，这也是组织上派去的。去后不到二个月，4 月 22 日下午，我亲见大批国民党军从锡澄公路上往南撤退，还拉走了我校的几个学生，之后就是公路上一片沉寂。到黄昏天黑时，解放军过江，从锡澄公路上跑步进军，直向无锡。我们在公路边准备了多处茶水，以迎接解放军，为他们指路。4 月 23 日，无锡就解放了。我即于 23 日早晨，徒步走向无锡，找到了组织，当时就决定参加解放军，在苏南行署工作。这年 8 月，又到无锡市第一女中工作，这时我还是部队编制，还未脱离军籍。

　　记得无锡解放后，当年下半年我的家乡就开始土地改革，我们的村子小，只有 40 多户人家，村子又贫穷，村名"冯巷"，别人就说是"穷巷"，全村没有富农，生活最好的也只是中农，所以土改完成得较快。

1950 年上半年，我回到家中，家里人就告诉我，村里的土改已完成，我与我母亲是一户，二个人（当时我还未结婚），我分到一亩八分多土地，一间房，我母亲与我一样，合起来是二间房，三亩多土地。那时我虽已在无锡女中工作，但还未脱军装，我是穿着军装回去的。当时土改虽已完成，土地证还未发下来，我匆匆又回到无锡，之后我再也未过问土改的事，到 1954 年 8 月，我就调到北京中国人民大学了。

因为我出身很穷，又在家种了十多年地，而且每到秋天总要饿肚子，吃南瓜、金花菜等充饥，加上土改又分到了地和房子，因为中农和中农以上的人家，是不能分土地和房子的，只有下中农、贫雇农才能分到土地和房子。所以我从来没有想到我的家庭成分和个人成分会有什么问题，也没有到家里去看过土地证。想不到 1966 年"文化大革命"中，我第一个被批斗，开始还只说我是"反动学术权威"、"中宣部阎王殿的黑干将"、"刘少奇、周扬"等的黑线人物，等等。

更想不到有一次造反派的代表人物，却来找我，拿来一件草拟好的"文件"，要我签字。"文件"的内容说我的成分是"商人"。当时我立刻意识到要我承认是商人，是为了要把我打入资产阶级的行列，这样他们就可以更残酷地打击批斗我，给我定"罪"。我当时非常愤怒，就质问对方，我说：你们有权改变土改时给我定的成分吗？再说我哪一天做过商人，你们拿出事实来。我告诉他，土改时我分得一亩多土地和一间房子，这该是什么成分！我坚决拒绝在他们捏造的"文件"上签名，他们被我反驳得无言回答，只好空手回去。

但是，这时我还只知道土改时我分得了土地和房子，却一直未见到土地证。最近，家乡为我成立学术馆，要陈列我的家庭历史，我问我的侄子当年的土地证是否还在，他说土地证早已经过运动找不到了，何况那时他还是小孩，他的母亲又在"文革"中遇难，所以连他也未能见到土地证。我即将土改时我分得土地和房屋的事告诉他，嘱咐他到当地的

再　记

土地局去查档案。果然他从档案局查到了我分得土地的档案，档案上明确记着我是户主，我与母亲一户共二人，每人分得一亩多土地和一间房屋，连分得的土地的地名都写得清清楚楚，如"大堇头"、"环轮里"、"大秧田"、"秋猪里"、"棉花田"等等，别看土地的名称虽很多，但每块土地的面积都很小，所以连我母亲分得的加在一起，也只有三亩多地。而且这些地，我都很熟悉，至今还记得我童年和青年时期在那些地里干活的情景，如"棉花田"，实际上并不种棉花而是种的桑树，所以我家春秋两季养蚕，都要在这块地里采桑叶，如"大秧田"是靠我家后门河边的一块田，是年年用来育秧的，等到秧苗育成后，都要在这块地里拔秧，然后插到大田里去。

看到了这张土地证的存档，我想到了童年和青少年时期的艰难和辛酸，更想不到"文革"中我本人遭大劫大难外，红卫兵们竟会跑到我的老家去向诚朴的农民、我的家人施行威胁和恫吓，竟至造成惨剧。

一场"史无前例"的"文化大革命"，给国家和人民带来的灾难是无法统计的，也真是中国历史上"史无前例"的，它的破坏性也是说不尽的，尤其是对人的心灵和社会道德的破坏，绝不是短时间能够修复的。今天，我们的经济发展了，科学发展了，神九上天了，但是千万不能无视"文革"造成的国民心理素质的跌落，社会道德的跌落。我的忧虑，并不只是我个人的，我不过是千千万万怀此忧虑的人中的一个，我要呼吁，赶快医治我们的社会病态！从速提倡、恢复我们的社会传统美德！"文化大革命"的灾难永远不能忘记，"文化大革命"的历史，也永远要载入史册，不能让它模糊过去，要永远让它成为我们的历史鉴戒！

2012 年 7 月 7 日夜 12 时

图书在版编目(CIP)数据

冯其庸文集. 第1卷,秋风集 / 冯其庸著. —青岛:青岛出版社,2012.12
ISBN 978-7-5436-8990-9

Ⅰ. ①冯… Ⅱ. ①冯… Ⅲ. ①冯其庸—文集 ②散文集—中国—当代
Ⅳ. ①C53 ②I267

中国版本图书馆 CIP 数据核字(2012)第 294717 号

《冯其庸文集》版式总设计 陈耀华
《冯其庸文集》装帧总设计 王运天 姚伟延
《冯其庸文集》影印总监制 汪大刚

责任编辑 刘 咏 董建国
责任校对 常 颖 高海英

书 名 冯其庸文集
著 者 冯其庸
出版发行 青岛出版社
社 址 青岛市海尔路 182 号(266061)
本社网址 http://www.qdpub.com
邮购电话 13335059110 (0532)85814750(兼传真) (0532)68068026
出版日期 2013 年 3 月第 1 版 2013 年 3 月第 1 次印刷
照 排 青岛新华出版照排有限公司
印 刷 上海中华商务联合印刷有限公司
开 本 16 开(720mm × 1020mm)
总 印 张 440.5
总 插 页 544
书 号 ISBN 978-7-5436-8990-9
定 价 1980.00 元(全十六卷)

编校质量、盗版监督服务电话 4006532017 (0532)68068670
青岛版图书售后如发现质量问题,请寄回青岛出版社出版印务部调换。
电话 (0532)68068629